经济金融前沿译丛

金融危机和美联储政策

The Financial Crisis and Federal Reserve Policy

劳埃德·B.托马斯（Lloyd B. Thomas） 著
危勇 审校
危勇 贾茜 胡颖 译

中国金融出版社

责任编辑：张智慧
责任校对：孙　蕊
责任印制：丁淮宾

图书在版编目（CIP）数据

金融危机和美联储政策（Jinrong Weiji he Meilianchu Zhengce）/托马斯著；危勇，贾茜，胡颖译.—北京：中国金融出版社，2012.5
（经济金融前沿译丛）
ISBN 978-7-5049-6339-0

Ⅰ.①金…　Ⅱ.①托…②危…③贾…④胡…　Ⅲ.①金融危机—研究—世界②货币政策—研究—美国　Ⅳ.①F831.59②F827.120

中国版本图书馆 CIP 数据核字（2012）第 059220 号

出版发行　中国金融出版社
社址　北京市丰台区益泽路 2 号
市场开发部　（010）63266347，63805472，63439533（传真）
网上书店　http://www.chinafph.com
（010）63286832，63365686（传真）
读者服务部　（010）66070833，62568380
邮编　100071
经销　新华书店
印刷　保利达印刷有限公司
尺寸　169 毫米×239 毫米
印张　14
字数　206 千
版次　2012 年 5 月第 1 版
印次　2012 年 5 月第 1 次印刷
定价　46.00 元
ISBN 978-7-5049-6339-0/F.5899
如出现印装错误本社负责调换　联系电话(010)63263947

译者前言

当中国金融出版社邀请我承担本书翻译工作时，我毫不犹豫地欣然应允。基于工作关系，一直以来，我对中央银行危机管理怀有浓厚兴趣，我的博士论文研究也是围绕这方面而开展的。

始于2007年的美国金融大危机（the Great Crisis）的持续时间之长、影响程度之深，为20世纪30年代大萧条以来所罕见。在这次危机处理中，美联储秉持实用主义原则，在政策理念上奉行积极干预原则，在政策工具上大胆创新，在政策操作上激进、灵活。美联储的努力在促进宏观经济和金融体系稳定方面发挥了积极作用，得到各方的广泛肯定和普遍赞誉。本书正是对这一历程的全景式回顾。本书内容丰富、见解深刻、表达通俗，深入、全面、客观地展示了美国大危机及其相关事件，相信阅读本书必将是一次愉快的学术之旅。

尽管本书写作的时间跨度大、涉及内容广，但是重点仍然非常突出，始终围绕危机的产生及管理而展开。为了便于读者阅读，我概括了三条线索以供参考。

第一，明斯基"金融不稳定理论"的回归。著名后凯恩斯主义者海曼·明斯基在20世纪80年代提出的金融不稳定理论，在美国金融大危机后重获主流经济学家认可，以至于现实中以资产价格崩溃为特征的金融危机爆发都被形象地称为"明斯基时刻"。根据明斯基的金融不稳定理论，这种存在于投资决定、投资融资、预期利润和债务结构之间的关系，决定了现代金融体系中的天然的内在不稳定性，并由此导致了资本主义经济的周期性波动。正如明斯基所说，稳定孕育不稳定，潜在的稳定背后总是蕴藏着各种不稳定的因素，驱使着资产价格膨胀和信用过量以致引发周期性的波动与全面衰退的经济危机。本书正是以明斯基"金融不稳定理论"为基本分析框架，阐述了大危机的产生及其后果。

第二，大危机中对最后贷款人角色的颠覆。维护金融稳定和防范道德风险对最后贷款人来说都不可偏废。根据传统的“巴杰特原则”，最后贷款人只向有清偿能力、信誉良好的金融机构提供流动性，且收取优质抵押品和惩罚性贷款利率。但从大危机的救助实践来看，美联储的行动彻底颠覆了传统的最后贷款人角色。美联储的流动性注入对象已经扩大至非金融机构，收取的抵押品范围大幅扩大、品质下降，且既没有征收惩罚性利率，也没有限制规模。由于金融机构资产负债表的密切联系和金融市场的深度一体化，美联储还根据自己的判断，对某些系统重要性机构（SIFIs）开展个体救助。尽管在对贝尔斯登公司和美国国际集团实施救助的过程中，美联储也附加了严格的条件，但普通民众仍然认为救助行为更加扭曲收益和风险之间的不匹配关系，加剧华尔街金融机构的冒险激励。

第三，美联储宽松货币政策的推出。在美国金融大危机中，美联储以维护宏观经济稳定、降低宏观经济风险为货币政策操作的出发点。为了促进货币稳定，面对货币乘数的大幅下降，美联储大幅扩张资产负债表而注入准备金，实现了基础货币的大幅增长，有效保证货币流通正常和稳定，避免了大萧条时期的错误。为了使宏观经济尽快与金融动荡相隔离，美联储采取了激进的降息策略，自 2007 年 9 月至 2008 年 12 月，分 10 次将联邦基金利率从 5.25% 下降到史无前例的 0 ~ 0.25% 区间。通过恢复金融市场正常功能，2007—2009 年美国真实 GDP 仅下降 3.8%。大危机也延伸性地引发了对两个问题的讨论：一是考虑到资产价格大幅波动对金融稳定和实体经济的影响，货币政策是否有必要关注资产价格？二是随着经济复苏步入稳定轨道和通货膨胀抬头，宽松货币政策的退出时机、顺序和工具的选择。这些在书中都有涉及。

本书第一、二、三、八、十二章由我翻译，第四、五、六章由胡颖翻译，第七、九、十、十一章由贾茜翻译；全书由我负责校对。由于译者水平有限，书中错误难免，对此责任在我，敬请读者包涵指正。

危勇

2012 年 4 月于广州

目　录

前　言

金融危机总是尾随经济稳定悄然而至。“稳定孕育不稳定”，2007—2009年“大危机”前四分之一世纪的经济极度稳定验证着以上观点。事实上，经济学家将以上时期称为“大稳健”时期。战后美国共发生了12次经济衰退，其中两次影响程度最轻、持续时间最短的经济衰退就发生在1991—2001年间，美国历史上最长的连续性经济增长也发生在这段时期。在“大危机”之前的20年，美国的失业率要低于在此之前20年的平均水平。通货膨胀率也维持在不同寻常的低位，平均每年为2.5%。在2000年前，由于在促进经济繁荣和前所未有的稳定方面的完美表现，美联储主席格林斯潘被冠以“货币政策大师”的称号。

不幸地，正如过去所常见的，美好时光和长时间的经济稳定导致了傲慢情绪的产生。借款人、贷款人、投资者、监管机构、美联储和其他机构都错误地认为，金融工程师们创立的神秘的衍生工具能够有效降低金融市场的风险，并将剩余风险配置给那些既乐意又有能力承担风险的主体。金融产品创新的发展和货币政策操作的改进，让人们以为高失业和高通胀已经成为过去。过于自信助长了某些经济主体的骄傲自满，诱使他们为了追求高收益而更激进地承担风险——所有这些促成了灾难时期的来临。

写作此书的决定受以下的简单事实所驱动：我是一名经济学家，开始于2007年的金融危机是我一生所经历过的最重要的经济事件——准确来说是过去75年。这本书着眼于为围绕大危机的关键问题提供清晰和直接的答案，因此它是为大量有阅读兴趣的读者而写，包括那些没有受过正规经济学训练的读者。它也应该能够吸引大量金融与货币经济学领域的学生和并不专注于这一领域的经济学家。

本书阐述的有关重要问题如下：

“大危机”为什么会发生？金融危机为什么成为资本主义的周期性特征？

开始于美国的“大危机”为什么会扩散到全世界？

金融危机通过哪些渠道溢出并导致了自“大萧条”以来最严重的经济衰退？

美联储采取了哪些行动来避免2008年9月发生的连串事件蜕变成第二次“大萧条”？

与“大萧条”时期相比，美联储在“大危机”期间的表现如何？

美联储在未来几年实施“退出战略”可能遭遇哪些问题？

21世纪第一个十年发生的这些事件将从哪些方面对未来几年的高通货膨胀预期产生影响？

哪些金融改革能够降低未来危机发生的频率和减轻其影响？2010年通过的金融改革法案在多大程度上解决了这些问题？

本书寻求洞察这些重要问题。强化对“大危机”的研究需要关注它付出的沉重代价。在2008年、2009年和2010年，美国损失的产出和收入估计是潜在GDP水平的6%，美国每年的潜在GDP为15万亿美元，那么每年损失的产出也就接近9 000亿美元。在过去3年的时间里，美国人均收入损失超过8 000美元。尽管这些损失正在缓慢消失，但经济活动要重新恢复到充分就业的水平至少要花上5年时间。

当然，这些代价并没有被公平地分担，它们不相称地集中于800万失业人口身上。特别具有破坏性的是，2010年10月的长期失业劳动力（指连续失业27周以上）比率比1987—2007年间的平均水平还要高5倍。长期失业不仅代价沉重，而且对失业者打击特别大，因为这些受影响的工人的技能和激情不可避免地随时间而消退。许多中老年个体并非由于自身过失而失业，也许他们永远不能从这种失败中恢复过来。

然而，“大危机”的代价不仅限于失业。很少有美国人能够幸免于“大危机”的影响。例如，许多美国家庭虽然保住了工作，但失去了自己的房子。传统上美国中产阶级家庭最基本的财富构成就是房产。房价史无前例的下降摧毁了7万亿美元的财富。房产缩水以及股价下跌，意味着数以百万计的接近退休年龄的美国人被迫推迟退休。许多最近退休的美国人要么重新进入劳动大军，要么面对急剧下降的经济环境。

“大危机”给许多城市和州造成的损失在当今时代也是没有先例的。几乎所有50个州都遭遇了税收收入的大幅下降，这也使得财政紧缩计划的实施成为必然；数以万计的教师被辞退，学生福利也前景不明；由于缺乏资金，数以千计的囚犯被从监狱释放；公路和水务系统已经老化；最弱势公民的必要公共服务也被取消。

与州政府面临的情况不同的是，联邦政府的支出并不受当前收入的限制。然而，财政收入的锐减，以及为减轻衰退严重程度而实施的经济刺激计划急剧推高了美国和其他许多国家的财政赤字。截至2009年，美国的财政赤字超过其GDP的10%，这是美国非战争时期从来没有出现过的状况。赤字上升加剧了美国的财政困境，与之类似的还有希腊、冰岛、西班牙、葡萄牙和其他正在经历2010年春季出现的欧洲主权债务危机的国家。越来越多的著名经济学家认为，美国不会幸免于主权债务危机。当2010年下半年脆弱的经济复苏清晰显示出步履蹒跚的信号时，外国投资者对美国的财政责任承诺失去信心的担忧明显阻止了迫切需要的财政刺激计划的实施。

本书前面三章讨论了过去几个世纪发生在不同国家的金融危机的类型，提供了对导致金融危机的信贷和资产泡沫产生原因展开解释的分析框架。为了揭示最近的“大危机”，本书分析了先前美国发生的一些金融危机，包括20世纪80年代的储贷机构危机、“大萧条”，以及直接促使美联储产生的1907年大恐慌。

第四章分析了房地产和信贷双泡沫的形成，讨论了“动物精神”因素在其中所起的作用，以及认为股市、石油、黄金和房地产的价格不可能下降的短视看法。在双泡沫膨胀过程中的重要推动因素还包括：贷款人和借款人双方的不审慎和不计后果的行为，监管机构缺乏必要的监督，评级机构的不胜任和欺诈行为，以及对房地产业无限制的信用供给。信用爆炸是多种因素共同作用的结果。这些因素包括：经过证券化的抵押贷款被包装成可销售证券和相关神秘工具、不受监管的影子银行体系的快速兴起和发展、中国和其他国家对美贸易所形成的大量顺差资金在美国寻求投资出路、美联储实施的极度宽松货币政策等。

第五章略述了引发泡沫破裂的系列事件，它们发生在2006年中期房价开始下降和信贷开始收缩之后，演示了房价下降、房屋止赎、强制拍卖的恶性循环怎样招致了一连串的破坏性事件。这个过程以金融体系中标志性机构的失败而到达顶点，如雷曼兄弟公司和美林证券公司的破产、对货币市场共同基金和大量影子银行机构的挤兑、政府资助而私人所有的房地美和房利美的破产和政府接管。第六章详述了“大危机”导致消费、投资和其他形式支出严重收缩的渠道，因而也就解释了为什么“大危机”是自“大萧条”以来影响最深和持续最长的经济衰退。

相对于研究“大危机”的其他著作，本书的一个明显特征就是对美联储政策的扩展性研究。本书认为，美联储在处理金融危机方面承担了主要责任，然而，虽然美联储所采取的特殊和勇敢行动阻止了可能的经济崩溃，但在当代媒体对银行、“政府”和其他代理机构开展批评的报告和分析中，这一点却被忽视。本书深入分析了美联储应对“大危机”所采取的行动，并与“大萧条”中美联储的行动展开对比。第七章提供了美联储实施货币控制的总体框架，解释了美联储为什么能够决定短期利率水平和货币供应量的增长趋势，概述了美联储实施货币控制所运用的工具。

第八章讨论了 20 世纪 30 年代早期的“大萧条”事件，分析了从 1929 年至 1930 年货币供应量下降 30% 的影响因素。经济学家认为，货币供应量的收缩催生了通货紧缩，通货紧缩是影响“大萧条”严重程度与持续时间的标志特征与决定因素。这一章讨论了美联储所犯的几个致命错误，研究了当时美联储决策官员的心态。这部分内容非常有趣，本·伯南克作为一个研究“大萧条”的一流经济学家和其在美联储所扮演的角色——他在 2006 年出任美联储主席，并在“大危机”中及其之后主持美联储的工作，两者都令他成功地赢得了声望。

第九章解释了美联储为阻止“大危机”蜕变成第二次“大萧条”所采取的行动。随着 2008 年秋季雷曼兄弟公司的破产，银行和其他机构为恐惧所吞噬，连接基础货币和货币供应量的货币乘数呈现出比“大萧条”时期更急促的下降。为了抵消这种影响，美联储快速扩张自身的资产负债表，给正常信用渠道已经关闭的机构提供创新性的贷款计划，不久之后又直接收购了大量的抵押贷款支持证券和其他相关证券。美联储采取的这些措施，导致银行准备金和基础货币快速增长，阻止了货币供应量的下降和通货紧缩的破坏性降临。

第十章分析了一旦经济复苏最终变得足够强劲，美联储实施退出战略所准备采用的工具。美联储意图阻止其在“大危机”时期注入银行体系的大量资金以银行信贷形式膨胀性地释放出来。在这方面，美联储正在进入一片未知的水域。目前，美联储试图引领经济从“大衰退”中复苏过来，而不以破坏性的高通货膨胀为代价。这一章研究了以上过程中挑战美联储政策制定的政治和经济因素。

第十一章讨论了用货币政策规则代替相机决策的货币政策问题。这一章深入分析了泰勒法则，并以它为标准对美联储在“大危机”、“大萧条”以及美联储犯下政策错误的其他事件中的货币政策展开评价。

第十二章研究了一系列不正当的激励机制对导致大危机的行为所产生的影响。它也解释了尽管目前正在通过立法和其他手段来矫正扭曲的激励机制，但是经济学家仍然相信周而复始的金融危机是不可避免的。

总而言之，本书着眼于为研究大危机提供一个全方位的视角。我希望，专注的读者能够紧紧抓住以下三方面的内容：大危机的起因和后果、货币政策在减轻危机后果中所发挥的作用、降低金融体系脆弱性的金融改革。如果能够达到这一目的，写作本书所付出的努力也就“劳有所值”。

致　谢

如果没有许多人的帮助和鼓励，这本著作将不可能完成。芸芸 . Lv 每天都在为这个项目忙碌，其工作远远超出一个研究助手的范围。芸芸负责该书大量数据的处理和书中图表的编制，进行了大量的实证检验，以及完成其他许多不能一一列举的任务。她的奉献、执著和忠诚值得高度赞扬。丽莎・泰勒也提供了及时和力所能及的帮助，包括构造第十一章的图表。

我要感谢布鲁斯・贾菲安排我前往印第安纳大学商业经济和公共政策系享受公休，他的友谊和支持值得珍惜。印第安纳大学的克里斯蒂娜・罗伯逊愉快地承担了该书所有表格的打印工作。在印第安纳大学，我有幸与于尔根・冯・哈根共用一间办公室，他在文献方面的渊博知识，给我提供了很大帮助。感谢印第安纳大学的迈克尔・贝叶、迈克尔・富莱希尼、艾里克・拉斯穆森、卡他林・斯特法内斯库和堪萨斯州立大学的帕特里克・戈姆利、艾德・奥尔森、丹尼斯・魏斯曼的参与讨论与提供文献参考。丹尼斯・魏斯曼对第十二章金融改革提供了精确和建设性意见。我的前同事和长期好友迈克・格林伍德也给我提供了很多重要的灵感和支持。迪夫・曼迪，密苏里大学经济系主任，在 2010 年 6 月写作的关键时期友好地给我提供办公室；杰克・莫里斯，爱达荷大学商业和经济学院院长，在 7 月份也给我提供了一间办公室；劳瑞・哈丁，麦克米兰出版社的编辑，多次给我指导和鼓舞，蒂芙尼・霍福德，助理编辑，面对我不停的询问，用洋溢乐观情绪的邮件信息来振奋我的精神。

最重要的感谢应该给予我的妻子——莎莉，她的包容、忠诚和支持是我已有一切成就的动力。当我专注于这一项目时，她忍耐了许多没有我陪伴的日子，甚至很多次我们就在同一所房子里。莎莉特意为本书创作设计了封面。我的女儿，莉斯・托马斯・霍恩，给予我必需的鼓励。此外，她仔细审查了每一章，她的突出才干有效改善了本书的架构，使得本书的陈述变得更加清晰。我的同胞兄妹——玛莎、艾伦、莉莉、查利、珍妮——他们给予我大量的支持和鼓励。最后，19 个月大的索菲·霍恩是我写作的灵感之源，她的微笑使一切辛劳都值得为之付出。

第一章　金融危机：概览

I．简介

2007 年，起源于美国次级贷款市场的问题引发了一场过去 75 年不曾经历过的世界性金融危机。在这场危机中，数以百万计的美国人失业，上万亿美元的财富湮灭，无数家庭流离失所，成千上万家公司破产，这其中包括超过 250 家银行。金融危机直接导致美国几乎所有州的财政危机，联邦预算赤字也陷入只有全面战争时期才会出现的紧急困境。金融危机具有毁灭性特征，这次金融危机位居最大破坏等级之列，因为，它不同于 20 世纪 80 年代的拉美金融危机和 90 年代的俄罗斯金融危机，这次危机产生于世界上最重要的金融中心。

危机并非独钟情于美国，它几乎波及全世界每一个国家。造成危机广为传播的原因一方面是引发危机的基本因素也在其他国家发生作用，另一方面是危机具有强烈的传染性。这种流行性传染有点类似于流感。1918 年的流感开始于堪萨斯州的赖利堡，之后迅速扩散，2 年内共造成 6 万美国人和全世界估计超过 3 000 万人的死亡。大型金融危机也是从起源地螺旋性地向外扩散，最终影响远离起源地的无数人民。这次美国金融危机的负面影响迅速向外溢出，传染到从冰岛到西班牙再到菲律宾的众多国家。

当一场由预期推动的经济泡沫不可避免地破灭时，金融危机也就发生了。金融危机可以被定义为金融市场、金融机构和经济活动的大破坏和大崩溃，它通常伴有前期私人和公共债务或货币供应的快速扩张，最后以房地产价格、股票指数，很多情况下也包含对外汇率的急剧下跌为标志。具有讽刺意味的是，资本主义制度的优越之处在于：它鼓励创造更加美好的生活——在这一制度下，人们倾向于创新和冒险，但它同时也容易遭受具有严重破坏后果的经济泡沫的攻击。

2007—2009 年世界范围的金融危机，现已被冠名为“大危机”，它仅是过去数百年来发生在全世界的数以百计的金融危机中的一次。金融危机的历史可以追溯到许多世纪前金融市场最初形成之时，它伴随着几千年前古代文明中金属货币的引入而诞生。在那个时代，国王为军事扩张和其他开发性融资而大量铸造货币，这通常导致严重的通货膨胀。

金融危机的表现形式多种多样，每种金融危机的特征、起因和后果将在这一章被勾勒。第二章集中讨论一种特殊的金融危机——在“大危机”中有典型表现的银行危机，提供理论分析框架，以使我们更好地理解引发银行危机的原因和其为什么频繁发生。

Ⅱ．金融危机的类型

金融危机主要有四种类型：主权债务危机、恶性通货膨胀、汇率危机和银行危机。最近几十年，遭受主权债务危机和恶性通货膨胀的主要是欠发达国家和新兴国家。尽管发达工业国家成功避免了主权债务危机和恶性通货膨胀，但却饱受汇率危机和银行危机之苦。事实上，考虑到人类行为的特质，消灭这些危机似乎并不可能。在60岁以下的经济学家中，很少有人相信有生之年不再发生大型金融危机。最近的“大危机”可以被归类为银行危机，这里的银行也包含影子银行体系，它包括对冲基金、投资银行以及其他从事金融中介活动的非银行机构。

主权债务危机

主权债务危机指一国政府在债务到期后不能偿还本金和支付利息。尽管所有国家都发生过银行危机，但主权债务危机却较少发生在发达国家。然而，纵观历史，也只有美国、加拿大、澳大利亚、新西兰和其他少数国家从未遭受过这类危机。大多数发达国家，如德国、日本和英国，在某一时点上也曾出现过债务违约事件。法国、西班牙、俄罗斯、土耳其和许多其他国家则连续出现主权债务违约事件，例如西班牙政府在历史上出现过超过12次的债务违约。

GDP是一国在给定年份生产的所有最终产品和服务的总值。2007—2009年间出现了世界性经济收缩，全世界的GDP——所有国家GDP的总和——出现下降，这是20世纪30年代“大萧条”以来第一次出现这种情况。这次危机衍生出来的经济大衰退使得许多欧元区国家的债务问题在2010年浮出水面，其中希腊、葡萄牙、冰岛、西班牙和意大利等国的问题较为严重。经济衰退导致税收急剧下降，同时实施的财政刺激计划致使财政负担加重，两者共同推升上述国家（包含英国和美国在内）财政赤字/GDP 至两位数的水平，也将其中一些国家的债务/GDP 推至危险境地。表 1－1显示了 2009 年末几个欧元区国家以及美国、英国的财政赤字/GDP 和政府债务/GDP 指标的情况①。

表 1－1　　　　2009 年部分国家财政状况指标

国别	政府赤字/GDP（%）	政府债务/GDP（%）
希腊	13.6	115
冰岛	14.3	64
英国	11.5	68
美国	11.5	81
西班牙	11.2	53
葡萄牙	9.4	77
德国	3.3	73

资料来源：欧洲统计局和美联储数据库。

2010 年春夏季节，希腊的财政问题占据了媒体的头条。在华尔街投资银行的帮助下，希腊政府运用复杂的金融衍生交易来掩盖真实的预算赤字。希腊政府因此声名狼藉。在德国和其他欧元区国家正在讨论救助希腊的条件之时，国际信用评级机构调低了葡萄牙主权债务的等级。同时，西班牙和冰岛等其他欧元国家也遭受严重财政问题，这已经威胁到欧盟的和谐和稳定。这从表 1－1 德国与希腊、冰岛、葡萄牙这些欧元区国家财政状况的对比可见一斑。

2010 年夏天，希腊似乎陷入一种危险的境地，政府债务/GDP 比率超过 100%。伴随着庞大的预算赤字和对债务违约担忧的上升，希腊国债收益率飙升。极高的国债收益率意味着这些债务的维系正在推动预算赤字和政府债务/GDP 比率快速上升。2010 年 5 月，希腊国债收益率已经超过 20%，这离其最高点又近一步，欧元区国家和 IMF 共同提出了一个超过 1 万亿美元的一揽子救助方案。作为回应，希腊政府必须同意实施史无前例的紧缩政策，包括削减工人工资、大幅削减预算——此举将减少官僚政府数以千计的工作职位和大量补贴，增加税收，同时确保打击大范围的逃税行为。

尽管协议的对外公布立即减轻了市场对希腊债务违约的担心，但金融市场还是察觉到希腊发生危机的严重可能性。这种严重可能性传染开来，扩散到西班牙、葡萄牙、冰岛，以及其他正在与快速上升的大规模债务负担作斗争的其他欧元区国家。这些国家为降低预算赤字而实施的严厉紧缩措施很可能将欧洲经济拖入衰退之中，对美国经济复苏也将产生不利影响。在传统意义上，德国是欧元区财政最为稳健的国家，但它坚持反对欧元区国家实施加重财政负担的财政刺激政策。欧洲危机可能持续很多年，16国组成的欧洲货币联盟能否度过2010年也并不确定（此书写于2010年10月），包括发生在工业化国家的主权债务危机的可能性，时至今日仍然存在[2]。

恶性通货膨胀

第二种形式的金融危机就是恶性通货膨胀，事实上它也是一种债务违约——一种比主权债务危机更巧妙的债务违约形式。在恶性通货膨胀下，政府和其他债务人以急剧贬值的货币单位支付利息，偿还本金[3]。欠发达国家和新兴国家比工业化国家更容易发生恶性通货膨胀。

如果我们将年通货膨胀率超过100%定义为恶性通货膨胀，很少有国家能够宣称自己从来没有发生过恶性通货膨胀。20世纪20年代早期，德国便经历过这种极端的通货膨胀。1923年，购买一件商品和服务动辄需要10亿马克，而在10年前花1马克就能得到这些。在20世纪20年代早期波兰和俄罗斯的通货膨胀率超过10 000%，20世纪40年代中期的匈牙利、希腊和中国也发生过这种情况。在20世纪80年代和90年代，阿根廷、玻利维亚、巴西、秘鲁等拉美国家则饱受超过1 000%的通货膨胀率折磨。甚至美国也发生过一次恶性通货膨胀——在革命战争时期的1779年，通货膨胀率超过150%[4]。

恶性通货膨胀经常发生在具有以下特征的国家：不稳定的政局和腐败的政府、欠发达的金融体系、有待发展或事实上不存在的税收体系。由于没有令人满意的税收体系，政府必须靠借款来维持运转——政府长期处于赤字状态。但是，考虑到缺乏发达的债券市场、民众贫困缺少储蓄和普遍性的政府信用缺失，政府通常通过建立附属性的中央银行来为赤字融资。为了维持开支，政府直接向中央银行借款或者简单地大量印制钞票。政府花掉的钞票最终会流入私人手中，而它并不需要政府通过税收收入或者发行债券进行偿还。当政府购买商品、劳务和支付雇员工资时，货币的数量也就增加。

货币供给的快速扩张导致支出快速上升，因为它推动商品和劳务价格上涨。在经历一段高通货膨胀时期之后，恶性通货膨胀开始降临。让我们来看看这究竟是怎么发生的。通货膨胀实质上就是对货币征税，税率就是通货膨胀率，货币真实价值的下降比率等同于通货膨胀率。当通货膨胀率上升，税率增加，人们相应地就会减少对货币的需求——也就是说人们以货币形式来持有财富的意愿降低。当通货膨胀率达到一个关键的临界点后，上升中的通货膨胀预期就会促使人们更快地花钱，以应对预期的价格飙升。在这种情况下，人们就会追逐商品、劳务和房地产。当货币供给速度加快，价格就会以比货币供应更快的速度上升。一旦这种机制被嵌入，消除通货膨胀就会变得非常困难。在许多情况下，尾随恶性通货膨胀而来的就是货币经济崩溃，人们不再愿意接受货币作为支付手段，交换过程重新回到以物易物阶段。植根于以物易物的低效率意味着经济萧条几乎不可避免。

汇率危机

第三种类型的金融危机就是汇率危机，也称货币危机。新兴国家——不如工业化国家富裕，但又不似非洲国家贫穷——特别容易遭受汇率危机。在过去20年，有以下国家发生过货币危机：墨西哥于1994年，泰国、马来西亚、中国香港、印度尼西亚、菲律宾和韩国于1997—1998年，俄罗斯于1998年，阿根廷和土耳其于2001年。除了资产价格下跌和银行部门出现严重问题外，汇率危机的标志性特征是大范围的资本外逃，资金往往被抽走和流向更具乐观经济前景的国家。金融资本的流出引发货币汇率下跌、通货膨胀上升、利率上升、资产价格下降和银行破产增加。

汇率危机发生之前一段时期，通常存在大量和持续的金融资本流入。这些资本流入通常起因于市场自由化。通过解除政府管制、国有企业私有化和消除国际贸易障碍，经济自由化进程极大地促进了竞争。这些改革往往给人们一种感觉：在可以预见的将来，该国的经济前景充满希望和资产回报将非常可观。外国企业总是倾向于投资预期回报最高的国家，早前被抑制的经济体系的自由化趋向于创造这种投资机会。随着资本逐年持续流入，该国将累积大量的对外债务，其在GDP中将占据很大比重。在这个时候，面对不可预期的外部冲击，该国将变得十分脆弱。一旦外部冲击来临，资本流入趋势逆转，该国货币将大幅贬值。

20 世纪 90 年代早期的墨西哥货币危机提供了一个典型例子。随着 1982 年债务危机结束，在 20 世纪 80 年代中期，国际间已经形成的一致看法是：通过实行市场自由化政策，墨西哥的经济繁荣和增长指日可待。接下来，国有企业被私有化，关税被削减，进口障碍得到消除。

1988 年，卡洛斯·萨利纳斯当选总统，组建了由毕业于常青藤大学联盟的经济学家和博士构成的政府。此后不久，布拉迪计划出台，建议对墨西哥在此前十年所借外债给予减免。北美自由贸易协定（NAFTA）也由美加两国扩大到墨西哥，墨西哥出口到美加两国的贸易前景为之一亮。萨利纳斯总统的自由贸易倡议和市场自由化将给墨西哥带来永久利益。考虑先后顺序，北美自由贸易协定扩大至墨西哥，布拉迪计划建议的外债减免和萨利纳斯总统的市场自由化措施，这些因素共同推动墨西哥的经济前景产生重大变化。外国资本开始流入墨西哥，仅 1993 年就超过 300 亿美元。

在墨西哥案例中，当大量的预算赤字和快速增长的政府债务开始让外国投资者担心债务违约时，即将迫近的危机早期信号也就出现了。与临近危机相关联的经济不良预期使得对于外国投资者而言私人债务的风险变得非常大。墨西哥经济的转折点是 1994 年 3 月总统候选人唐纳德·卡洛西奥被暗杀事件，同时，南部非常贫穷的恰帕斯州发生叛乱。这些事件使得政治持续稳定的希望破灭，资本开始外逃。

在这种情况下，政府缺乏充足的外汇储备以阻止货币贬值。通常，新兴国家多采用盯住美元的汇率制度，以降低通货膨胀和维持汇率稳定。在固定汇率制下，问题迫近的强烈信号导致对新兴国家货币的单边投机性攻击，因为对投机者来说，本国货币或者贬值，或者不变，这是非常明确的。事实上，本国货币也没有升值的前景，这种情况让投机者处于一种“正面我赢，反面我没输”的境地。这种单边的投资攻击经常迫使一国货币主动贬值。

尽管贬值使本国货币在国际市场上更具竞争力，但它也会产生一些问题。在墨西哥、阿根廷、俄罗斯等新兴国家，企业的外部债务通常是以外国货币如美元来标价，而非使用比索、卢布等本国货币来标价。比索贬值意味着它只能兑换更少的美元。为了偿还外部债务，债务人就需要支付更多的比索来购买美元。这样，贬值增加了本国企业的债务负担，企业净值因此下降，这意味着更多的本国企业有可能资不抵债。货币的大幅贬值导致本国企业和其他借款人的破产增加，同时伴随大范围的债务违约。情况继续恶化将使银行破产上升。

此外，货币的崩溃通常导致更高的通货膨胀，因为以本币标价的进口商品价格也会相应上升。由于过去的经历，新兴国家中央银行的可信度通常较低。货币贬值和与之相联的通货膨胀率上升快速推动通货膨胀预期，引发货币汇率的下降压力。在这种情况下，通货膨胀和汇率贬值的恶性循环也就形成。除非贬值的同时实施让市场参与者相信情况得到很好控制的改革措施，不然这个过程有可能进一步加深。整个国家则易遭受这样一种破坏方式的冲击：资本外逃、货币贬值、通货膨胀、进一步的资本外逃和与之相关联的货币贬值。

这个过程就是1994年墨西哥的真实写照。大量资本外逃导致比索贬值50%。由于债务是以美元标价的，比索大幅急剧贬值加重了债务负担，提高了对债务违约的担忧。由于债权人要求补偿风险溢价，利率也急剧上升，这恶化了政府的财政问题。主权债务危机最终溢出到实体经济中。严重的衰退随之而起，墨西哥的产出下降了近8%，数以千计的公司倒闭。

2001年阿根廷货币危机也与以上事件的路径高度一致。几十年以来，阿根廷政府有着习惯性的赤字历史，预算赤字最终靠发行货币来弥补。通货膨胀已经成为一种拉美病。举例来说，在20世纪80年代，阿根廷的通货膨胀非常之高，它从80年代初的100%上升到1989年的超过2 000%。1989年，新总统卡洛斯·梅内姆上台，他领导的政府实施了一整套改善经济前景以确保取得充分成功的政策。

梅内姆政府从几方面着手来处理可怕的通货膨胀问题。首先，通过削减开支和增加税收来减少预算赤字。其次，阿根廷建立了将比索牢牢捆绑住美元、固定两者兑换比率为1:1的货币局制度。在货币局制度下，阿根廷人被允许按照1:1的比率自由兑换美元，阿根廷中央银行被要求持有充足的美元以确保上述制度的运行。通过要求流通中的每一比索都以一美元的储备作支持，新的货币局制度确保了阿根廷政府不能通过发行货币来弥补政府赤字。在货币局制度下，阿根廷货币的命运与美元捆绑在一起。采用货币局制度这一根本性决定提供了控制通货膨胀预期的必要可信性，降低了旨在根除严厉通货膨胀的政策成本。最后，梅内姆政府也推行经济自由化计划，消除贸易障碍和实施国有企业私有化。

以上政策一度执行良好。通货膨胀率急剧下降，1994 年降到了不到 5% 的水平。随着产出在 3 年内增长超过 20% 和失业率急剧下降，市场对改革计划和经济的信心开始飙升。外国银行开始购买阿根廷政府债券，外国私人投资者也开始购买刚被私有化企业发行的债券，外国资本重新流入这个国家。伴随着通货膨胀预期下降的资本流入，降低了利率水平，利息支出减少有助于降低政府预算赤字，这也有利于政府发行债券。一个良性循环开始形成。

不幸的是，好时光总是很短暂。问题不久开始重新出现。不受中央政府控制的阿根廷省级财政开支快速扩张，引起整个国家总的预算赤字上升。也许最重要的是，尽管在 20 世纪 90 年代阿根廷通货膨胀率急剧下降，但它仍要高于美国的水平。考虑到比索对美元的汇率是严格固定的，这意味着比索的真实汇率（按间接标价法）正在上升。按真实贸易条件，比索升值超过了 50%，这将阿根廷置于严重不利的贸易地位，净出口急剧下降。通过这个事件得出的教训是：像阿根廷这类被迫贬值的国家，其货币贬值幅度应充分有利于保持本国出口产品在国际市场的竞争力。

重蹈墨西哥的覆辙，资本开始流出阿根廷和其他拉美国家。这减少了贷款供应，推动了利率上升。它对消费和投资产生了不利影响，也增加了发行债务的成本。伴随净出口下降，导致了 20 世纪 90 年代中期的严重经济衰退，失业率超过 15%。经济活动严重下降导致税收收入骤减，进而推高了国家的预算赤字。

不久，主权债务危机和货币贬值的可能性得到确认，资本外逃增加。这进一步加剧了阿根廷的问题。在 2001 年晚些时候，阿根廷政府停止支付到期债务。由国内银行持有的政府债券的价值大幅下降，加上不断上升的贷款违约造成银行资本损失，最终引发了阿根廷严重的银行危机，情况急转直下。考虑到缺乏存款保险和银行破产增多，存款人陷入恐慌和试图从银行提取存款。一场全国范围的银行危机已经铺开。政府的反应是严格限制提取存款的行为，这导致了严重的政治危机，国内动乱开始扩大和升级，2001 年 12 月暴乱和抢劫变得随处可见。

总统被迫辞职，货币局制度被终止，比索大幅贬值，引发了进口成本急剧增加和生活水平下降。比索贬值导致以美元标价的债务负担大幅上升，这又导致企业破产增多。在2000—2002年衰退的最严重时期，失业率超过20%。最终，比索贬值逆转了经济的向下势头。在2002年后，随着出口强劲扩张，经济开始复苏。但是，在金融危机中，阿根廷付出了失业飙升、产出和收入骤降的痛苦代价。

银行危机

在四种类型的金融危机中，银行危机最为普遍，对于美国、英国和欧盟国家等发达国家来说，这类危机也最难处理。美国共经历了1819年、1837年、1857年、1873年、1893年、1907年、1929—1933年和2007—2009年等一系列银行危机。

在银行危机中，经济状况中没有被预期到的变化诱发的大范围贷款违约，系统性地降低了银行资产的净值。银行资本等于资产减去负债后的剩余，通常银行的主要资产是贷款，而主要负债是存款和其他借入资金。银行从存款者手中借入闲钱，然后把它们贷给那些需要资金拓展业务、购买房产的人。在经济困难时期，当一家银行的大部分贷款变成坏账，其资产价值也就下降，资本相应减少；当一家银行的总资产下降到总负债以下水平时，银行资本变成负数，此时它也就破产了。

所有国家都会经历商业周期的兴衰变迁——在这种经济生活的老式节奏中，繁荣过后就是艰困，继而是复苏，繁荣继起，永不中止。一旦经济进入下降周期，或者遭受其他严重冲击，就会出现贷款违约和银行恐慌上升，这将导致银行资本下降。当经济环境变坏和越来越多的借款者无力偿还贷款，贷款违约增加。借款者的抵押物——房产、商业资产、股权等将被银行查封，随之这些资产在市场上被大量地降价倾销。这个过程将引发资产价格下降、要求增加抵押、贷款违约以及银行破产上升的恶性循环。银行资本缩水以及伴随着对经济前景恶化的担忧，导致贷款标准收紧。使事情变得更糟的是，随着产出、就业、商业和消费信心的恶化，居民和企业不再愿意承受债务。这些因素共同导致经济活动的螺旋式下降。在一个负反馈的循环中，上升的失业率和下降的经济活动，导致更多的贷款违约、更多的银行破产和更多的信贷紧缩。

1929—1933年银行危机是由传染性的银行恐慌所引发，公众担心存款安全，蜂拥至银行提取未被保险的存款。由于银行只持有很少部分的现金和其他高流动性资产，为了尽力满足公众的提款需求，银行被迫收回贷款和出售债券。当银行收回贷款和拒绝对到期贷款展期，许多借款者的合理和必要的贷款需求也就被切断。这中断了经济活动，引发经济下行，增加坏账概率。同时，当数以千计的银行为了获取现金而匆忙抛售债券，其后果只能是债券价格急剧下跌。这降低了持有债券的全部银行的资产价值，恶化了许多银行的财务状况，这当然也包括那些账面上几乎没有坏账的银行。这个过程是有传染性的，因为一家银行破产会导致公众对其他银行的挤提。此外，因为大量银行破产导致经济活动收缩，在经济大环境作用下，数以千计银行的正常贷款变成坏账，银行财务状况进一步恶化。在 20 世纪 30 年代的“大萧条”时期，超过 9 000 家银行倒闭，银行贷款急剧下降。

2007—2009 年的“大危机”由房价下跌引发。“大危机”之前，美国和许多国家的房价在投机狂潮中被哄抬到不可持续的高位。当房价开始下降，那些支付很少甚至没有支付按揭首付款的购房家庭接到了贷款机构增加首付的要求。许多家庭因没法满足这一要求而失去房子。银行收回房子，然后拿到市场上出售。当这类行为变得很普遍时，房价就以自我强化的方式，以无法想象的幅度螺旋下跌。以按揭贷款打包发行的证券价值也相应急剧下降，这严重危害到持有这些证券的成百上千家金融机构的财务状况，这其中也包括几家全美最大的银行。随着银行资本金下降，数以千计的银行开始减少贷款，这个过程被称为去杠杆化[5]。尽管美联储作出了极大努力——给银行提供了大量资金，但在早前繁荣时期极易得到的银行贷款已变得遥不可及。通过这些渠道，“大危机”最终导致大衰退。

Ⅲ. 结论

这本书讲述了 1996—2006 年间，在美国和几个其他国家大量因素交织而导致信贷和房价双泡沫的故事。它描述了双泡沫的产生与膨胀，以及引起美国经济活动自“大萧条”以来的最具破坏性收缩的过程。该书也详述了“大萧条”时期美联储在处理银行破产浪潮方面所犯的难以理解的错误，对比了美联储和其他主要中央银行在阻止 2007—2009 年“大危机”恶化成经济大灾难方面取得的非凡成绩。该书继而告诉我们这些坚强而创造性的努力如何没能阻止大衰退——75 年来最大幅度的经济下行。该书最后以充满警示而希望的注解结束：警示是因为金融危机是周期性事件，其对资本主义是固有且无法被根除的；希望是因为美国和其他主要国家正在推动的金融改革，有可能降低下次危机的破坏性。

注释

① 如果一国赤字/GDP 之比超过 GDP 增长率，那么该国债务则比 GDP 增长更快，债务/GDP 之比则随着时间而增长。当这一比率到达临界点，投资者就会开始预期到投资违约的可能性，并要求更高的收益率以作为风险溢价。正如表 1－1 所显示的，相对于其他国家，希腊似乎更为脆弱，并于 2010 年到达临界点。除了德国，坐在一起的其他所有国家，包括美国，都对投资者中蔓延的猜疑情绪无能为力，这种情绪迫使这些国家提高债券的收益率，但这又将恶化这些国家的财政状况。基于这一原因，额外的财政刺激尽管基于经济稳定非常必要，但在一定时期内仍然被排除。事实上，许多国家在 2010 年下半年实施的财政紧缩政策，有可能阻碍世界范围的经济复苏。

② 2010 年 4 月，当投资者出于安全考虑抛售希腊债券而买进美国国债，希腊债券的风险溢价飙升。希腊债券违约担保的成本，通常用信用违约互换价格来表示，基本上为债券价格的 4% 左右。这是美国国债违约担保成本的 10 倍。在欧元区国家和 IMF 提出一揽子救助计划后，希腊违约的可能性下降。然而，情况依然不太稳定。

③ 凯恩斯在其早期著作《和平的经济学后果》是这样描述的：在通货膨胀的连续过程中，政府能够秘密而不公开地征用居民的部分财富。对于颠覆现存社会基础，没有比货币贬值这种方式更为巧妙、更为保险的了。这个过程把经济学原理中破坏性一面的所有被隐藏因素都充分运用起来，这种方式不是百万人力能够完成的。

④ 1800 年以来美国最高的通货膨胀率发生在内战时期的 1864 年，当时物价上涨了 24%。在过去 60 年里，通货膨胀率在 1980 年到达最高点 13%。2010 年前的 50 年里，按 CPI 和 GDP 平减指数计算的通货膨胀率分别为年均 4.1% 和 3.6%。

⑤ 去杠杆化是杠杆手段应对经济下行趋势的具体反映。如果银行传统上贷款/资本之比为 6，其有 1 亿美元资本，则可以放贷 6 亿美元。如果不良贷款侵蚀银行资本 1 亿美元，银行则必须减少贷款 6 亿美元，以将贷款/资本之比降到通常为 6 的水平。这个现象就被称为去杠杆化。贷款机构资本的大量损失导致去杠杆化这一破坏性现象。

第二章　银行危机的本质

Ⅰ. 简介

自20世纪以来，美国已经历了不下十次银行危机。为了更好地理解为什么银行危机不断在世界各个国家重演，本章首先将给出一个理论框架。事实上，只有很少部分银行危机仅局限于一个国家，大部分危机的发生似乎呈现“集群效应”，几乎同时发生于多个国家。2007—2009年间的金融危机就表现出强烈的传染性，从美国迅速蔓延到全球各个国家。本章将会探讨这种现象背后的驱动因素以及金融危机在各国间传导的渠道。此次危机让美国监管部门措手不及，由此也产生了一个争议不休的问题：究竟是否能够通过认真监测风险的新的表现形式来预测危机的发生，从而及时采取措施减轻其负面影响，这也是本章的讨论内容之一。最后，本章将分析银行危机的发生对宏观经济的影响，并阐释危机引发的经济收缩的破坏性后果比正常经济状况下的衰退更为严重。

Ⅱ. 明斯基金融危机理论

在20世纪八九十年代出版的一系列著作中，海曼·明斯基发展出一套关于金融危机的重要理论①，该理论有助于我们理解金融危机产生的原因，以及危机为什么有规律地发生。明斯基一生大部分时间供职于学术机构，例如美国布朗大学、加州大学伯克利分校和圣路易斯华盛顿大学，他于1997年逝世。经历1981—1982年间席卷全球的严重经济衰退过后，美国和其他发达国家保持了近四分之一个世纪的经济稳定，这种状态一直维持到21世纪初。这段不寻常的经济稳定时期使得明斯基的著作并不为人所知。但是，由于其金融危机理论在解释2007—2009年间的系列危机事件中表现出先见之明，他的理论现被许多经济学家引用，并赢得广泛赞誉。

明斯基认为资本主义存在一个严重缺陷，即循环往复的金融危机和经济不稳定正是资本主义的内在特征。他认为，银行和其他金融机构在变得越来越相互依赖的同时，它们的本质特征将不可避免地导致严重的金融危机，从而使国家经济遭受重创。在明斯基的理论框架中，信贷供给对解释金融危机产生起着主导作用。

经济繁荣时期的信贷扩张

在商业周期的扩张阶段之初，企业认识到未来新投资项目的潜在收益。这种对前景看法的改变起源于某一事件，例如一项重要新技术的兴起、一个国家的金融自由化、战争的结束，或者其他重大突破和变化。明斯基把这些事件称为“转换”。

“转换”推高了许多未来投资项目的预期收益，这些项目的初始投资主要来源于贷款，而投资使得国家的经济增长率迅速提高。这反过来又改善了人们对经济前景的看法，从而导致更多企业和创业家上调这些投资项目的预期收益率，并由此扩大投资空间，使得许多项目的预期收益率大大超过贷款利率，于是现存企业和创业家增加贷款需求，以期利用好这些充满希望的投资机会。

与借款者一样，贷款者也表现出日益增长的乐观情绪，不断下调对未来贷款的风险评价，并放松贷款标准以适应日渐增长的贷款需求。在此阶段，股票和房地产价格通常呈现上扬趋势。因此，现在和将来潜在借款者所提供的抵押物价值也不断上升，进一步支持了银行信贷的扩张。借款者和贷款者的风险厌恶水平双双下降，以前那些被认为风险过高的贷款请求也得到了银行的批准。

受到对未来经济前景乐观情绪的渲染和信贷需求不断扩张的影响，许多新银行纷纷成立，一些其他贷款机构也不断涌现[②]。新的竞争局面迫使原有银行继续扩张贷款业务以保持市场份额。由于经济进入了商业周期的繁荣阶段，经济活动变得异常蓬勃。银行和其他贷款机构的贷款损失减少，进一步刺激这些机构降低房地产交易的最低首付款，以及放松股票交易的保证金要求。负债程度的不断加深推动资产价格大幅上升。在这个过程的初期阶段，借款的不断增加可能并不会显著提高借款者的杠杆率（负债与资本净值之比或负债与收入之比），因为资产升值会刺激资本净值和收入的提高。但不久过后，负债程度的不断加深意味着杠杆率会有相当大的提高。相比借款者的收入和资本净值，负债的增加使得借款者难以应对未来经济形势的任何恶化。

在信贷和资产价格泡沫不断膨胀的狂热阶段，借款者更倾向于寻求快速的资本收益。赚钱在当时看来似乎毫不费力。大家看到自己的朋友和周围其他人通过房地产、股票市场和其他风险投资一夜暴富，便也想加入其中。人们购买资产的目的不在于从未来数年的预期现金流中得到回报，而在于希望迅速将资产以更高的价格出售。于是，这种从股票、房地产和其他资产中迅速获利的行为变得普遍起来，股票市场的新手通过网上经纪公司进行日间交易的行为比比皆是[③]。人们被狂热而兴奋的情绪包围，忘记了以往对金融市场的失望和悲观。人们甚至在建筑工程开始前就购买商品房，并打算在工程完工时再转手卖出。在此阶段，信贷总额强劲增长，经济到达周期的顶点。

经济衰退时期的信贷紧缩

随之而来的经济衰退期或是自发产生的，或是由一些负面冲击引起的，例如一个举足轻重的公司宣告破产，中央银行突然提高利率和其他不计其数的重要事件。即使没有特定的负面冲击，经济也会不可避免地在某个时点开始放缓，正如一辆正在减速的自行车，在完全停下来以前，所有事情都存在不稳定性。类似地，资产价格常常大起大落，没有稳定的过渡区间。或许因为随着生产水平已接近产能，国内总产出增长不可避免地放缓，资产的真实收益率开始下降，预期收益率也亦步亦趋地迅速下降。真实和预期收益率很快就下跌至贷款利率水平之下，而贷款利率是在经济繁荣时期被市场力量鼓吹起来的，此时贷款对于借款者来说不再有利可图。于是，在“负利差”阶段开始不久，他们开始变卖资产以偿还贷款。

与此同时，股票、房地产和其他资产的价格也在下降。那些杠杆率高的借款者，包括在房地产抵押贷款交易中支付零首付款或低首付款的人和大量贷款购买股票及其他资产的投机者，为此遭受沉重打击，因为房地产和股票价格的下跌降低了支持这些贷款的抵押物的价值。此时，贷款者向借款者发出追加抵押物的通知，借款者迫于压力变卖资产，这进一步降低了资产价格。随后，房子变成负资产的购房者陆续对先前的抵押贷款违约。整个过程自行持续，而银行止赎和清算房地产的行为更加速了资产价格的下跌。

紧随其后的是经济衰退和失业率上升。关于经济的负面消息接踵而至，人们的信心备受打击。股价大跌使社会财富缩水，人们支出减少，国家产出下降，失业率攀升。人们找不到工作使得越来越多的银行贷款得不到偿还，于是银行的资本水平下降，不得不在疲软的市场上变卖资产以达到规定的资本金要求。不断下降的资产价格，不断增加的债务违约，攀升的失业率，以及更多银行的破产，形成了一个恶性循环。浓厚的悲观情绪取代了以往的乐观态度。消费和投资支出的减少使得贷款需求收缩。另外，银行也提高了贷款标准，从前大肆发放的贷款如今变得难以申请。对商品、服务的需求以及产出和就业率都暴跌，从而加速资产价格的下降、经济活动的收缩和信贷发放总量的萎缩。此时，经济跌至周期的谷底。

对冲、投机和“庞氏融资”方式

明斯基认为，个人和企业融资有三种方式，分别为“对冲融资”、“投机融资”和“庞氏融资”。在“对冲融资”方式中，借款者能够用投资项目产生的未来现金流来偿还贷款的全部本息。所以，一个为了扩大自身生产规模而发行债券的公司能够在债务到期日支付利息，同时偿还本金，资金都来自于扩大规模的项目所产生的现金流。在“投机融资”方式中，借款者能够在贷款到期日支付利息，但却无力偿还本金。他们无法从投资项目产生的收入中获取现金来归还贷款本金，而必须在贷款到期日进行再融资。在“庞氏融资”方式中，借款者甚至无法从投资项目中得到充足的现金流来偿付利息。这些未偿付的利息也被计入本金，从而债务就像雪球一样越滚越大。采用“庞氏融资”的借款者实际上是在赌博，他们孤注一掷地希望自己贷款购买的资产价值能够稳定持续地上升。如果事实与这种预期相反，这些个人和企业借款者将遭遇大麻烦。

在抵押债务方面，采用“对冲融资”的借款者对抵押贷款采取定期支付、按月摊销的还款安排，每月定期偿付部分贷款本金。当抵押贷款到期时，正好贷款全部还清，抵押买房者即能完全拥有房子。在“投机融资”中，买房者仅按月支付利息；当贷款到期，他们必须另外申请一个与原先贷款额度相当的新贷款，这就是通常所说的借新还旧。在这种融资方式中，买房者面临的风险是续借贷款的利率和月付息额可能比原先贷款的要高；而同时他们购买的房产的价值可能会降到很低的水平，低到足以变成负资产。若出现这种情况，将抵押贷款展期的前景不甚乐观。在“庞氏融资”中，借款者无力偿付抵押贷款的月利息，他们对贷款本金偿还采取负摊销的方式，贷款余额随时间而无限增加。如果房产价值的上升与贷款规模的增加不同步的话，借款者就会资不抵债。于是，贷款者就会要求借款者增加抵押物，从而导致借款者的违约。

明斯基的主要假设是，在经历持续繁荣阶段后，金融体系会逐渐从一种稳定状态转换到另一种不稳定状态。在经历很长的繁荣时期后，保守的“对冲融资”主导的金融结构，不可避免地会让路于“投机融资”和“庞氏融资”主导的金融结构。这使得金融体系逐渐变得脆弱和不稳定，危机的发生只是早晚的事情。例如，在经济繁荣时期，如果中央银行为了降低由“投机融资”和“庞氏融资”引起的通货膨胀而提高利率，借款者不得不变卖资产以满足更高的付息要求。因此，原先的许多“投机融资”者被迫变成了“庞氏融资”者，而那些原先就采用“庞氏融资”的借款者将不得不变卖其贷款购买的资产。这很可能会导致连锁反应，即股票、债券和房地产价格下降、相应的债务违约和银行破产增加。

从本质上讲，明斯基认为长时间的经济稳定后接踵而至的必是严重的不稳定。这源自人们的心理倾向呈现出“羊群效应”，即人们购买某种资产并不因为其根本价值，而仅仅因为别人在购买它。但上述行为与理性预期理论并不一致。自20世纪70年代“理性预期革命”发生以来，理性预期成为宏观经济分析中的主导性假设。因此明斯基的理论在其生前并不与当代主流经济分析相一致。但是，由于明斯基的理论预见了始于2007年的金融危机，该理论又重新赢得关注和尊重。

如上所述，明斯基的理论同样能很好地解释2002—2006年间发生的事件，在那期间信贷和房地产价格双双出现泡沫，而此前20年间不寻常的经济稳定直接导致了借款者、贷款者、美联储和众多监管机构的过分自信和盲目自满。经济主体信心满满，相信货币政策理论和操作上的进步以及新金融技术能够造就“新经济”局面，从而避开过去那种繁荣—萧条交替的周期。但实际上并不是这样，殊不知新技术的发展仅仅只是表面上降低风险，并把剩余风险重新配置给那些貌似能够最能评估和承受风险的主体。

正如明斯基的模型所预测的那样，当经济从“对冲融资”主导转变为“投机融资”盛行，最后进入“庞氏融资”主导的状态时，人们的行为变得越来越轻率。举一个简单的例子来说，即备有详尽证明的20%首付款的固定利率抵押贷款，逐渐被无证明的零首付或低首付的浮动利率抵押贷款和负摊销贷款所取代。在后期过渡阶段，过于乐观的买房者无力偿还第二套房子的按揭贷款，参与的其他更大数额的房地产交易也均告失败。日渐激进的不诚实的贷款者诱使无知的借款者开展无证明、零首付和负摊销借贷，这些贷款的按揭利率大多超出借款人的可承受范围。

Ⅲ. 集群效应，国际传导和银行危机预测

银行危机的发生经常呈现集群效应，即若干国家几乎同时遭遇危机。这种集群效应的产生有两个原因，第一，许多国家常常遭遇相同的问题，这些问题最终导致危机的产生；第二，金融危机具有高度传染性，往往从发源国，即危机中心点，向众多其他国家传导。由于银行危机代价巨大，且呈现出相同的特征，经济学家们开始探讨究竟金融危机是否能够被预测。如果它们能够被预测到，也许我们可以事先采取措施来减轻其危害并改变其后果，这些问题将在本节中进行讨论。

银行危机的集群效应

回顾历史，我们可以举出好几个国家同时发生金融危机的很多例子。在众多例子中，通常是由于许多国家遭受相同的冲击而引发集群效应。例如，大宗商品价格是由世界市场决定的，如果石油、铜、棉花、咖啡或者橡胶的价格大幅下降，生产这些商品的企业会面临严峻问题进而引发贷款违约，因此许多国家将直接暴露在危机之中。1907 年、20 世纪 30 年代早期以及 80 年代早期的银行危机就是由大宗商品价格的暴跌引发的。举例来说，在 1907 年，美国铜的价格大幅下降引发恐慌（见第三章的详细介绍），这同时影响了其他生产铜的国家，例如智利和墨西哥。在 20 世纪 30 年代的“大萧条”中，大宗商品的真实价格（经通货膨胀率调整后的价格）下跌了一半，严重影响了依赖大宗商品出口的新兴市场国家，例如阿根廷、巴西、墨西哥和中国。类似地，1981—1983 年间全球经济衰退导致大宗商品价格急剧下跌，引发了包括阿根廷、巴西、墨西哥、哥伦比亚、厄瓜多尔、乌拉圭以及菲律宾在内等国家的银行危机和主权债务危机。

在大危机的前几年，美国金融危机的直接起因——房地产泡沫，不仅存在于美国本土，同时也存在于许多其他国家。实际上，2002—2006 年，在美国以外的一些其他国家，房地产的真实价格上升得更快，如法国、西班牙、丹麦、波兰、冰岛和新西兰。在互联网和全球即时通信发达的时

代，催生泡沫的乐观积极情绪几乎不可能仅局限于一个国家。因此，房地产泡沫最终破裂从而导致多个国家发生银行危机，也就一点也不奇怪。

多国间的信贷膨胀和资产价格上升常常是银行危机的前奏，而大规模和持续的外部资本流入则加剧了信贷和资产价格泡沫。在大危机前的十年间，美国的经常账户呈现巨额赤字，且伴随大量资本流入④。同样在这段时期，爱尔兰、西班牙、英国、冰岛和新西兰也有大量资本流入，促使了这些国家信贷和房地产双泡沫的膨胀。另外，正如第一章中所讨论的，对经济前景看法的改变而导致的资本流入的突然逆转，造成了 20 世纪 90 年代中期拉美国家（墨西哥、阿根廷和巴西）的货币和银行危机，以及 90 年代末亚洲新兴国家和地区（中国香港、马来西亚、中国台湾、泰国和越南）的银行危机。

银行危机的国际传导

集群效应的发生主要是由于金融危机具有传染性。在美国和日本等国，由危机引起的经济衰退迅速通过多种渠道作用于对发达国家存在出口依赖的其他国家，严重破坏其经济活动，并且削弱其银行体系。例如，始于 2007 年的经济大衰退直接降低了美国和欧洲对亚洲的出口需求，从而削弱了亚洲国家的经济，增加了其发生银行危机的风险。此外，2007 年美国经济放缓，继而在年末进入衰退期，美国的利率大幅下降，造成美元在外汇市场贬值，美国的贸易伙伴国的货币则相应升值，使得它们出口到美国的商品价格上升，从而进一步加剧了这些国家的出口萎缩和危机风险暴露⑤。

墨西哥、危地马拉、哥伦比亚和尼加拉瓜等国有很多人在美国工作，这些国家的海外汇款构成当地的主要购买力。经济大衰退使得美国建筑业和其他行业的外来工就业机会枯竭，拉丁美洲国家也因此受到不利影响。

全球货币市场高度关联。当一个主要国家遭遇金融问题时，会很快波及到世界其他货币市场，造成破坏性影响。举例来说，商业票据本是信誉良好的企业为日常经营之需而发行的短期债务凭据。当美国著名投资银行巨头之一的雷曼兄弟公司在 2008 年 9 月申请破产时，它所发行的商业票据随即变成一张废纸。由于各国货币市场基金是其商业票据的主要持有者，雷曼兄弟公司破产的消息引发了国际市场的恐慌。同时，全球大型银行间的同业拆借市场也受到影响，因为有富余资金的银行担心它们的同业借款者持有大量雷曼兄弟公司的商业票据，从而到期无法偿还贷款。同业拆借利率迅速上升4个百分点，该市场几近瘫痪。这反过来又使得许多银行缺少资金给可靠的企业发放贷款。

非常重要的是，全球主要金融机构都持有其他国家发行的大量债券。英国是19世纪世界上最发达的国家，在19世纪40年代，英国发行的铁路债券风靡一时，世界上许多金融机构都持有它。当这些债券得不到偿还时，持有债券的金融机构遭受了严重损失，导致好几个国家的银行危机。联系到近期的大危机，欧洲、亚洲和其他各国的银行、养老基金和其他机构，持有大量在美国发行的AAA级的抵押贷款支持证券以及相关证券。随着美国房价下跌，这些证券变成有毒资产，持有它们的外国金融机构的财务状况恶化。欧洲的机构尤其深受其害，不同于美国企业通常可以直接在资本市场发行公司债券、商业票据和股票，欧洲企业更加依赖于银行贷款。随着欧洲的主要银行遭受沉重损失，它们在中东欧的分支机构显著提高贷款标准，例如匈牙利、乌克兰和波罗的海国家。发源美国的大危机由此传导到西欧，并最终传导到众多东欧国家。

金融危机可以被预测吗?

有几个突出的指标往往能预示金融危机。上面提到，危机发生前常常有一个信心爆满的狂热阶段，此时人们存在不切实际的预期，泡沫也随之产生。泡沫有朝一日破灭，往往导致危机的发生。因为从定义上来看，泡沫是一种或几种资产的不可持续的价格上涨。许多以往的金融危机发生前通常出现以下四种情况：房地产和（或）股票等资产价格的异常上升；家庭和企业以负债与收入之比或负债与资本净值之比衡量的杠杆率上升；大量国际资本流入和经常账户赤字；总产出增长的放缓。在经济周期的狂热阶段，当人们预期远离现实时，这些指标变得愈发突出。

金融危机通常是紧随着狂妄自大和过于自信情绪的盛行而发展起来的，人们普遍相信“这次有所不同”[⑥]。主流观点认为，当今时代特有的基本面的发展是资产高估值的充分保障。重大的技术创新、某国的金融自由化或其他开创性事件引发人们对未来繁荣的预期，而过分自信的情绪就不可避免地在这种预期中产生。

20世纪20年代末，美国股票市场的泡沫，代表了那十年间人们对美国经济不断上涨的信心到达顶点。当时，美国刚从第一次世界大战中赢得胜利，亨利·福特发明了汽车生产装配线，使得汽车价格大幅下降，政府开始在全国范围内推行公路建设。对于美国大量的中产阶级来说，拥有汽车和自由旅行的梦想开始步入现实。同时，大规模的电气化以及电话和收音机在家庭中的应用，都让人们感到前所未有的兴奋，这加速了股票泡沫的形成。

20 世纪 90 年代末美国股票市场泡沫——有史以来最大规模的泡沫——主要是两个重要事件共同作用的结果。第一，电信和信息技术的进步导致互联网和电子邮件的产生，使人们可以和全世界数以亿计的个人用户开展即时联系。信息技术革命改变了商业运作的模式，这引致了生产力在更大应用范围内的提高。从经济意义上来看，这个重大突破可以和铁路建设以及内燃机的应用相提并论。第二，由于新金融技术的发展和货币政策操作的改进，人们错误地认为我们已经进入“新经济”时期，不会再遭遇重大衰退和严重通货膨胀，这促进了 20 世纪 90 年代泡沫的产生。由于人们相信经济趋向于越来越稳定，对未来活动的风险评估标准被轻率地放松。

但是，与以往泡沫不同的是，先于“大危机”出现的信贷和房地产双泡沫并不是植根于根本性的技术进步。与 1990 年盖的房子相比，2005 年盖的房子建筑质量并没有明显改进。这次经济繁荣完全就是一次罕见的和纯投机性的泡沫，它只遗留下大批空旷和快速风化的房子，而没有对经济基本面的任何重大和持久的改进。

到 2005 年，在美国和其他几个国家，预示危机即将到来的指标出现异常。以传统方法计算的房地产价格已达到泡沫水平。债务的另一面——信贷，在 2002 年后以不可持续的速度扩张，私人和公共部门信贷均是如此，这将在第四章展开详细讨论。在危机的酝酿过程中，美国遭遇了大规模资本流入和经常账户赤字，赤字/GDP 之比高达 6%，对外国尤其是对中国的负债迅速扩张。同时，相比 1994—1999 年间的经济蓬勃发展，2000—2007 年间的经济增长大幅放缓，这使得美国偿还那些快速扩张的债务的难度进一步加大。因此，多个指标都预示着金融危机即将到来，尽管其发生的具体时间并不完全能被预测。

“大危机”的最突出预兆是 2000—2006 年间美国和其他众多国家房地产价格的暴涨。图 2－1 显示了 1890—2009 年间美国真实房地产价格的变化，即经通货膨胀率调整后的价格变化。正如图中所展现的，在前面一百年里，美国真实房地产价格平均每年以不到1%的速度增长，但在2006年前的十年间，增速几乎翻了一番。

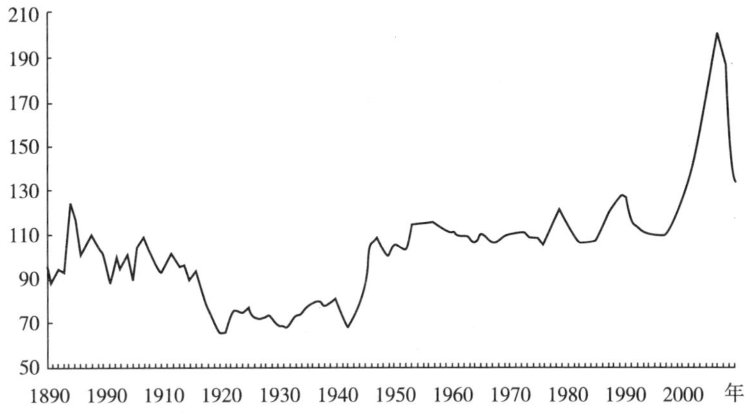

资料来源：罗伯特·席勒和标准普尔。

图2－1　美国真实房地产价格（1890—2009年）

考虑到金融危机代价沉重，如果经济学家和政府官员能够可靠而及时地发现初始泡沫，那至少可以采取措施来降低其严重性，最终将其对国家的危害最小化。受大危机刺激，预测金融危机的著作正不断涌现。利用如下的一些指标，例如资产价格上升程度、公共和私人债务扩张幅度、国际经常账户赤字的大小和持续时间，以及测量近期经济活动变化等指标，现有模型在解释以往危机的发生概率方面取得了一定进展。但是，这些模型却不能很好地预测危机发生的时间。通常，经济环境的变化累积到一个时间点，危机的发生已经不可避免，只是暂时缺乏引发危机的某种冲击而已。然而，从本质上来说，这种冲击是无法预测的，所以我们不可能预测到未来危机发生的时间。

另外，我们很难有十足把握去确定，究竟资产价格的异常上升是否由变化中的经济基本面所导致，尤其是在早期和中期阶段。同时，为了刺破泡沫而实施的货币和财政政策也存在时滞，所以，我们不知道这些工具的运用是否是对付泡沫的最优方法⑦。在明斯基周期的中级和高级阶段，经济从“对冲融资”向“投机融资”和“庞氏融资”状态过渡时，为了控制信贷和相关联的杠杆率过度增长，这时采取监管和其他方法似乎更为有效。我们将在第十二章详细讨论降低发达国家遭受金融危机影响的监管建议。

Ⅳ. 金融危机对宏观经济的影响

根据直观判断，与经济危机紧密联系的经济衰退总是比一般的经济衰退要严重得多，后者通常由消费信心的外生性下降或中央银行提高利率等因素引起。美国1990—1991年的经济衰退就是由消费信心大幅下滑引起的，当时萨达姆·侯赛因侵占了科威特的油田，似乎还准备进攻沙特阿拉伯。在这段只有8个月的短暂的轻微衰退期，真实产出从顶峰到谷底只下降了1.4%。

由于信息科技设备的投资支出大幅下降，2001年美国经历了又一次经济衰退。但是，由于政府采取了减税和扩张消费支出的措施，以及美联储及时实施货币刺激政策，在这8个月的衰退期中，真实GDP只下降了微不足道的0.3%。与这两次轻微、短暂的衰退相反，在2007—2009年危机引致的18个月的经济衰退中，美国真实GDP下降了3.8%。这是自“大萧条”以来，美国历史上真实产出下降幅度最大、持续时间最长的一次经济衰退。

经济危机增加了经济衰退中拖累消费和投资支出下滑的因素，主要原因是：这些额外因素既与债务和杠杆率的飙升有关，也与危机前房地产和其他资产价格的泡沫膨胀有关。房地产金融是高杠杆率行业，当房地产价格暴跌时，许多抵押贷款者遭受巨大压力，违约率也就升高。如果情况更严重的话，这种现象会损害发放抵押贷款的金融机构的资本。如果这些机构遭受了资本损失，通常它们要么筹集额外资本，要么压缩资产以满足资本充足率要求。在危机发生时，金融机构往往很难募集到资本，而三分之二的银行资产是贷款。因此，在危机时期，银行通常被迫提高贷款标准和减少发放贷款。于是，一个恶性循环就这样形成了：房产价格下跌，抵押贷款违约率增加，失业率上升，额外的贷款违约和银行倒闭，贷款标准收紧开始实施。

在这个过程中，当企业销售额和商业利润下降，失业率上升以及消费者和企业信心不足，股票价格也就不可避免地下跌。除了一些极其安全的机构发行的债券外，企业债券价格往往将下跌，因为恶化的经济形势和与之关联的信贷风险上升，人们相应要求更高的收益率作为风险溢价。于是，在金融危机时期，家庭财富的三个重要部分——股票、债券和房地产资产净值纷纷下降。

缩水的财富，以及下降的消费信心和上升的失业率，抑制了人们的消费支出。股价下跌也意味着企业缺少意愿通过发行新股来筹集投资资金。企业信心不足，银行贷款标准提高，信贷风险增加引致的企业债券利率上升，都使得企业投资支出收缩。随着经济衰退的到来，流入各州和地方政府的税收减少，不可避免地迫使它们削减支出。通过这些渠道，金融危机往往导致严重的经济衰退或者加重原已存在的经济不景气。

在一个对已往金融危机的实证研究中，莱因哈特和罗格夫检验了21次主要的金融危机，以建立起比较的基准[8]。该研究选取样本国家的标准是能否获得可信的数据，数据应覆盖以下这些重要的变量：房地产和股票价格、总产出、失业率和政府预算赤字和债务等。研究样本既包括一些发达工业国家，例如西班牙（1977）、挪威（1987）、芬兰（1991）、瑞典（1991）和日本（1992），也包括曾经历1997—1998年亚洲金融危机的国家和地区，例如泰国、中国香港、印度尼西亚、韩国、马来西亚和菲律宾。另外，其他国家还包括哥伦比亚（1998）和阿根廷（2001），以及经历2007—2009年“大危机”的几个国家，如美国、英国、爱尔兰、奥地利、冰岛、西班牙和匈牙利。这些过往金融危机的相关数据构成一道基准线，有助于对包括“大危机”在内的金融危机严重性展开比较。

莱因哈特和罗格夫的报告指出，危机的先行症状和后果在发达国家和新兴经济体的表现是相似的。事实上，危机的后果在多个国家间惊人地一致。首先，资产价格通常大幅度和长时间地下跌。平均来说，经通货膨胀调整后的房地产价格持续6年下跌，跌幅达到35%。日本的房地产价格连续17年下降，即使将它从样本里剔除，房地产价格下跌的平均时间也超过5年，随后才趋于稳定。股票价格连续3.5年下跌，跌幅达到55%。

真实GDP连续下跌两年，平均跌幅达到了9%。然而，样本国家的失业率平均上升了7%，上升时间通常会持续4年，大大超过总产出萎缩所持续的时间周期。之所以出现这个差别，很可能是因为劳动力数量随着时间而不断增长，而企业在确认经济开始复苏之前却不愿意雇佣额外的员工。莱因哈特和罗格夫也发现，新兴经济体的总产出萎缩比发达国家要更为严重，可能主要是因为新兴经济体更依赖于外部的信贷供给。外部资本流入的突然逆转带给新兴经济体更多的挑战，而发达国家往往很少面临这些问题。

也许最让人吃惊的是，在大型金融危机发生时，政府预算赤字会大幅增加，政府债务与GDP之比急剧上升。通常来说，在金融危机爆发后的前3年里，政府债务惊人地增长了86%，主要是因为经济衰退时期税收收入的大幅下降，而且应对危机的相机抉择的财政刺激方案往往也加剧了赤字和债务的扩张。相对于边际所得税税率较低且税收结构的累进率较为平缓[⑨]的国家，如美国和日本，在那些边际所得税税率更高且更陡峭的国家，自动财政稳定器发挥着更有效的作用。

当然，人们有许多理由怀疑这些基准数据是否适用于2007—2009年的“大危机”。首先，我们应该注意到，作为莱因哈特和罗格夫研究样本的金融危机通常都局限于单个国家，或者是局限于世界范围内一个相对较小的地区。相反地，“大危机”很明显是系统性的全球危机，由一个国家的金融问题引发并迅速传导到众多其他国家。若危机的发生仅局限于单个国家或地区，则该国或地区可以通过扩大出口（通过汇率贬值和其他方法）和向外国借款来摆脱困境。而对于全球性的危机来说，则无法通过这些渠道来摆脱危机。因此，在其他条件不变的情况下，人们有理由相信，“大危机”造成的后果比莱因哈特和罗格夫的基准数据更为严重。其次，相比汇率盯住“一篮子”货币的以往危机时期，近些年来许多国家负责货币政策的中央银行有了更大的灵活性。

由于实施前所未有的货币和财政刺激政策，“大危机”对美国宏观经济的影响似乎比基准数据要轻微一些。美国的失业率上升了5%，而基准数据是7%；实际总产出在6个季度的时间期里下降了4%，而基准数据是在2年时间里下降9%。另一方面，美国真实房产价格的下降幅度大致与基准数据的35%相吻合。尽管美国政府债务与GDP之比上升得很厉害，但相比基准数据仍算温和。与金融危机无关的人口统计因素，也许可以部分地解释这种对基准数据的轻微偏离。

V. 结论

在过去200年里，美国经常性地遭遇银行危机，而欧洲国家的危机历史甚至更长。在“大危机”以前，人们普遍认为，在过去25年里由于货币政策管理的改进和金融创新的发展，例如信用违约互换和其他衍生金融工具，我们从此可以免受严重银行危机的威胁。前美联储主席艾伦·格林斯潘和其他人曾宣扬，新金融技术的最大好处就在于它们方便地将风险分散到那些能够充分评估和承受风险的经济主体上。但是，“大危机”的灾难性降临粉碎了人们远离金融危机的理想。今天，人们一致相信，正是那些新技术助长了危机的产生，加剧了它的蔓延，并且放大了它的破坏性。正如沃伦·巴菲特的巧妙比喻，它们是“大规模杀伤性金融武器”。

明斯基的分析揭示了为什么金融危机是资本主义与生俱来的产物，它超越了所有可以想象得到的新金融技术和监管力量。通过分析几个美国金融危机的例子，接下来的章节将更深入地探讨这些问题。

注释

① 参阅海曼·明斯基的两本著作：《稳定不稳定的经济》，纽黑文，康涅狄格州：耶鲁大学出版社，1986；《金融不稳定假说》，工作论文第74页，杰罗姆·利维巴德学院经济研究所，1992年5月。

② 在“大危机”的形成过程中，许多新贷款是由“影子银行”发放的，该部门正在迅速扩张中，到2007年为止，其规模已大致相当于“常规”银行体系。

③ 这种现象首次出现在20世纪90年代末科技股泡沫的狂热时期，泡沫的膨胀使得纳斯达克100指数在7年时间里暴增了约10倍，该泡沫结束于2000年初。

④ 美联储提出，助长美国房地产泡沫的信贷激增并不是美联储政策所导致的结果，而是“全球过剩储蓄”在美国和其他发达国家找到了发泄出口。这种观点认为，美国和其他发达国家的大额持续资本流入来自于那些有着稳定经常账户盈余的国家，例如中国和印度，正是这些资本流入使得美国的利率下跌，并助长了泡沫膨胀。请参考本·伯南克题为“货币政策与房市泡沫”的发言，可参看 http://www. federalreserve. gov/newsevents/speech/2010speech. htm。这个假设目前备受争议。

⑤ 由于危机席卷全球，脆弱国家的恐惧投资者纷纷变现国内的资产，然后把资金转移到美国，因为那里长久以来都被视为最终的安全避难所。因此，美元大幅升值。上述大规模抛售资产的行为扰乱了它们自身金融市场的秩序，进一步加重危机的破坏性。

⑥ 这也是卡门·莱因哈特和肯尼斯·罗格夫的一本重要的同名著作中的主题，《这次

有所不同：八个世纪的金融愚昧》（普林斯顿，新泽西：普林斯顿大学出版社，2009）。这本书对从13世纪开始的金融危机历史进行了详细的实证分析。

⑦ 在2007—2009年“大危机”之前，美联储主席本·伯南克和他的前任——艾伦·格林斯潘都坚决反对美联储应该抑制资产泡沫的观点。但是，经历“大危机”的沉重代价之后，伯南克对这个问题的态度有所缓和。请查阅莱因哈特和罗格夫的前述专著《这次有所不同》，231页。

⑧ 参阅莱因哈特和罗格夫的前述专著，以及《美国的次贷危机那么特别吗——一个国际比较》，《美国经济评论》，98No. 2（2008）：339～344。

⑨ 在危机后的衰退中，芬兰和瑞典的政府预算赤字与GDP比值分别上升11.8个和15.4个百分点。相反地，在20世纪90年代危机引发的衰退中，墨西哥、泰国、韩国和印度尼西亚的该比值上升不到6%，美国在2007—2010年的衰退中也是如此。

第三章　1907年大恐慌与20世纪80年代美国储贷机构危机

I．简介

银行危机的根源可以追溯到百年前的部分准备金银行制度。在该制度下，银行和其他存款机构只持有很小一部分的存款债务作为准备金，广义上来说，即所谓的手头现金和在其他银行的存款。正如教科书中所说的，部分准备金银行制度最早由英国金匠演化而来。在近400年前，东印度公司和其他特许从事长途贸易的英国公司积累了大量黄金。在17世纪的伦敦，这些公司，以及商人和其他有钱人需要一个存放金银之类贵金属的地方。金匠们原先是珠宝商人，慢慢演变成私人企业。由于他们存放珠宝的地方十分安全，该场所自然而然地成为了贮存金银的不二之选。

金匠们从事贵金属贮藏的生意十分兴旺。他们替存放人保管金银，并且给他们发放纸质凭证——票据，直到所有者将自己的财物取出。这些票据是确认拥有一定数额的金银所有权的字据。在票据持有人的要求下，金匠们需支付票面数额的金银。由于这些票据是可完全赎回的，它们迅速成为购买商品和劳务的交换媒介并被广泛接受，与支持这些票据的金银发挥同样作用。

不久，金匠们发现，在任何星期或月份里，只有极少部分金银会被提取。很显然，没有必要为这些票据准备百分之百的金银。通过印发大于所保管的金银数额的票据，金匠们开始发放贷款，金匠们由此变成了银行家。他们把票据贷给企业和其他可靠的借款人，赚取该过程中可观的利息收入。而且，这种新尝试也给贵金属存放者带来好处，他们所需支付的保管服务费用相应减少。由此，存放人、借款人和金匠都获得益处。

无法满足票据持有人的兑付要求将导致生意失败，那么一个谨慎的金匠的贷款比例应该是多少呢？黄金保管量的20%，还是500%？前者似乎显得过于保守，因为只要绝大多数存放者不赎回票据的话，金匠们完全可以轻松应付日常的提取要求。为了赚取经济繁荣期和高利率期的可观利润，一个更为激进的金匠可能会发放数倍于其金银保管量的贷款。上述例子表明银行家的两个互相冲突的目标，一个是谨慎地确保安全经营，另一个是赚取更高的利润，这两个目标间的较量挑战了历史上无数的银行家。

将明斯基的信贷周期理论放回到17世纪，我们可以推知，长时间的经济繁荣不可避免地会使金匠们降低对风险的感知能力，金匠们变得更加乐观，从而发放大大高于其金银保管量的贷款。这种周期性的信贷松弛导致代价沉重的金融和房地产价格泡沫的产生。

本章将分析部分准备金银行制度的本质，并讨论19世纪的美国银行危机及1907年大恐慌，后者直接导致了联邦储备体系的诞生。另外，本章还将分析20世纪80年代的美国储贷机构危机。“大萧条”和“大危机”的细节将在后面章节予以探讨。

Ⅱ．部分准备金银行制度和美国历史上的恐慌时期

英国金匠是现代部分准备金银行制度的先驱，如今这种制度存在于所有发达国家。在该制度下，银行只保留很小一部分的存款债务作为准备金。在上述的金匠体系和现代部分准备金银行制度中，一国货币的数量并不严格与贵金属的贮藏量相挂钩，这种制度显然有很多优点。

首先，一国放弃以大宗商品为基础的货币制度，例如金本位制度，意味着该国只需投入更少资源来生产货币。这样，有限的资源可以被配置到更有用的地方，例如生产食物、服装以及服务。随着一国经济的增长，其货币数量的增长也要与经济活动的增长保持同步，以维持价格水平和经济的总体稳定。试想，如果一国为了提供足够的货币，而将大部分劳动力都投入到简单的金银开采工作中，而金银资源面临枯竭，且越来越难以获得，这种投入效率很低，它是对社会资源的浪费。

其次，一国管理货币数量以维持经济稳定的能力会给一个发达社会带来潜在利益。在高科技发达和物质充裕的今天，管理货币数量和掌控经济命脉已经不能再由发现金矿的运气来决定，这种听天由命的想法已经过时了。

但是，部分准备金银行制度也存在一些缺陷。例如，政治力量能够左

右政策制定者的决策，使一国货币供给过多，导致一系列与通货膨胀相关的问题。在前面章节讨论恶性通货膨胀中提到，历史上不乏这种政治手段干预中央银行决策导致错误的例子。

部分准备金银行制度还有一个重要含义，即该制度容易造成银行危机的周而复始。在缺乏某些特定机构，如一个可靠的存款保险体系和一个称职的中央银行的情况下，部分准备金银行制度似乎不可避免地会经历周期性的恐慌，从而波及一国的经济活动。的确，即使存在这些机构，现代工业国家也无法避免银行危机的厄运，尽管形式上与以前有所不同。

在部分准备金银行制度下，任何一个时点上只有一小部分存款人能够提取存款，因此该制度本身就存在内在不稳定性。由于贷款占用了大部分资金，银行手头没有足够多的资金。如果大部分存款人试图同时提取存款，除非有某种机制替代性地注入额外准备金，否则整个银行体系将可能崩溃并拖垮经济。纵观历史，周期性的传染性银行恐慌时有发生，给一国经济带来严重负面影响。

一家现代存款机构也许会将 3% 的存款作为准备金——现金及在中央银行存款，其余 97% 的存款都用于发放贷款或购买政府债券和其他证券。早期的金匠们就是这么干的，这种安排不应必然地被视为不够审慎，因为在任何一个特定时点，只有很小部分的存款人提取存款，而这些取款通常都能够依靠新吸收存款的准备金来抵消。

但是，如果相当一部分存款人同时提取资金，为了有足够资金来应付这些提款要求，银行不得不出售其资产组合中的证券，或收回已发放的贷款，或不为到期的贷款续贷。当存款人没有得到可靠的存款保险制度的保护，或者他们有理由地怀疑存款银行处于不良财务状况，这种大规模的、迅速的提款行为，即所谓挤兑也就容易发生。

银行挤兑常常具有传染性。一些亦真亦假的传闻也会导致人们对某个银行的挤兑，这往往又促使其他银行的存款人提取存款。银行天然地容易受到相同的经济基本面因素的影响，例如，经济衰退导致某家银行的贷款变成坏账，同样的情况几乎不可避免地会发生在其他银行身上。同时，银行之间是相互联系的，许多银行在其代理行也有存款，某家银行的危机会使在该行有存款的银行也受到牵连。存款人若观察到本地区有银行倒闭，或者听到邻近地区有银行陷入困难的传闻，他们自然而然地就会担心自己存款所在银行的安全状况。这是完全理性的行为，因为，同一地区的银行通常容易受到相同经济因素的影响。同时，审慎管理的银行也容易为问题银行所连累。因此，挤兑行为是具有传染性的、自我实现的预言。对银行陷入危机的恐惧会引发其他银行的倒闭，而对其他银行来说，这种恐惧可能根本就是无谓的担心。

在缺乏中央银行或其他能够为银行提供现金的机构的情况下，银行恐慌有可能对经济造成灾难性后果，这在美国历史上已被多次证实。当银行为了获得资金应对挤兑而大量抛售证券，证券价格将大幅下降，这会损害持有该证券的所有银行的资产和资本的价值，包括那些并未遭受挤兑且处于良好状况的银行。为了得到足够的现金以应付恐慌的存款者，银行会回收已发放的贷款，企业和其他借款者将陷入经营混乱。例如，依赖银行贷款的企业可能无法购买新设备，或者无法维持足够的存货数量或支付工资。

银行为了应对挤提而减少信贷供应，这将加剧恐慌对经济活动的损害。总支出和总产出下降，失业率上升，这使得本来处于正常状态的贷款出现违约。随着银行资本遭受侵蚀，更多挤兑发生，越来越多的银行倒闭以及银行信贷进一步收紧。于是，恶性循环产生，造成一国经济活动的连锁式螺旋性下降。

从货币供给机制角度来看，由恐慌引起的信贷萎缩会导致一国的货币供给相应收缩。为了筹措资金应对挤提，银行出售证券和回收贷款，证券购买者和贷款偿还者对银行开出支票。这意味着银行活期存款的减少。因此，以活期存款和公众手头现金定义的货币供应量下降，进而总支出减少，导致经济活动进入萧条阶段。

理解部分准备金银行制度的一个根本出发点是任何一家银行都能单独地通过变现资产来获得额外准备金，但这不适用于整个银行体系。一家银行出售国库券或收回贷款会收到现金，或通过其关联银行（如今是中央银行）的账户得到该笔资金。于是，该家银行准备金增加了，但却是以购买其证券或偿还其贷款的银行的准备金减少为代价的。

当恐慌时期一国成百上千家银行为了应付公众挤提而出售证券或回收贷款时，整个银行系统并没有得到额外的准备金。当不存在中央银行或为银行体系提供准备金的其他机构时，银行体系就无法获取所需的额外准备金来满足提款需求。这种徒劳的行为将导致信贷、货币和银行体系的破坏性萎缩，它在 19 世纪和 20 世纪早期已被反复证明。中央银行的最根本作用就是充当银行体系的最后贷款人角色，若没有一个可靠的中央银行，这个功能也就不将存在。

Ⅲ. 早期的银行恐慌，1907 年大恐慌以及美联储的建立

19 世纪的美国处于周期性、系统性银行恐慌的频发时期，在 1819 年、1837 年、1857 年、1873 年、1884 年以及 1893 年，美国均发生过大型银行恐慌。平均来说，每 17 年美国就会发生一次严重的银行危机[①]。1907 年的大恐慌与之前发生的恐慌有很多类似，但这次事件具有重大的历史意义，因为它直接促成了美国中央银行即美联储的建立。

19 世纪美国的银行业

周期性的繁荣和衰退很好地描述了 19 世纪的美国经济。通常，修建运河、延伸铁路或扩张城市的过程必然引起对土地需求的激增，此时房地产价格会快速上升。在这种经济繁荣阶段，经济基本面和非理性繁荣共同推动房地产价格和股票价格的惊人上涨，信贷也随之快速扩张。房地产和股票通常充当银行信贷的抵押担保品，而这些资产价格的上升进一步促进了繁荣时期的信贷扩张。

在资产价格猛烈上升一段时期以后，某个经济事件的发生将刺破泡沫。在一个典型例子里，这个事件可能是某个著名的投机家、银行或经纪公司面临破产的传闻。当投机者们变卖资产套取收益，房地产和股票价格将开始下降，随着贷款抵押品价值跌至贷款之下，银行会要求借款人增加抵押品，而借款人无法满足要求往往只能导致贷款违约。越来越多的违约行为致使一些银行倒闭，恐慌开始以挤兑形式向遭受怀疑的银行蔓延。19 世纪最严重的银行危机发生在 1873 年和 1893 年。这两次危机之后就是经济萧条，表现为银行破产增加，失业率上升，银行倒闭以及信贷紧缩，此时债务性的通货紧缩开始出现。

20 世纪早期处于经济上升周期的繁荣阶段。美国经济刚从 1893 年的大恐慌和随后的“大萧条”中恢复过来，重新焕发生机。但在 1905 年和 1906 年，经济开始出现困难的信号。1907 年夏天，经济又一次陷入岌岌可危的局面。美国国家经济研究所后来断定，衰退在 5 月份已经开始。3 月，

股票市场开始下跌，充当许多银行贷款抵押品的联合太平洋铁路公司股票价格暴跌。纽约市徘徊在破产边缘，它在6月发行的新债券无人问津[2]；7月，铜交易市场崩溃了；8月，由于违反反垄断法，标准石油公司被科以2 900万美元的巨额罚款，美国股票市场急剧下挫，而在德国、日本和埃及也出现了银行挤兑。

在那时，信贷呈现出典型的季节性特征，主要原因是农业在当时的美国经济中占据主导地位。通常来说，信贷需求会在秋天上升，因为中西部地区的粮食经销商需要资金向农民收购谷物。这往往导致资金季节性地从纽约流向农业区，以及利率提高和对华尔街的信贷收紧。在大多数年份里，从欧洲流向纽约的资金大大缓解了这种季节性的信贷紧缺。但是，1907 年出现的一些特殊问题阻碍了这种资金运动。旧金山的许多建筑都是由伦敦的保险公司承保的，1906 年的旧金山大地震使得资金不断从伦敦流向美国，这导致英格兰和欧洲的信贷短缺。自 1906 年底起，英格兰银行不断提高利率水平，从伦敦到美国的正常的季节性资金流动最终枯竭。

信托公司和银行

在美国内战之前，所有银行的营业许可都是由各州自行颁发的。《1863 年国民银行法》授权联邦政府颁发银行营业许可，于是双轨银行制度开始确立。国民银行在联邦政府注册，接受国民银行法的监管；在各州注册的银行则接受各州银行法规的监管。在缺乏中央银行的情况下，诸如清算所之类的机构在纽约等大城市产生。这些机构由许多银行共同发起设立，它将单个成员的资源集合起来，当有需要时为状况良好的成员银行提供存款担保和现金借贷。清算所适度降低了区域性恐慌演变成系统性恐慌的概率。

在 1907 年大恐慌的前 10 年，信托公司在纽约大量涌现。信托公司建立的初衷是为了管理镀金年代的巨富客户的地产。最初，由于它们经营保守，因此被认为十分安全，其经营活动也就比一般银行受到更少的限制。它们可以购买的资产种类更多，准备金要求不高。这意味着相比于银行，信托公司能把更高比例的存款投资到盈利资产中去。由于受到的监管少，它们还可以购买风险更高的资产。

信托公司比银行获利能力更强，给予存款人的回报率也更高。随着经济的新一轮复苏，以及对 1893 年银行恐慌和萧条的淡忘，这些信托公司开始从事风险更大的投资活动。在 20 世纪早期，信托公司的确赚取了丰厚利润。考虑到信托公司的高额回报，存款人开始成群结队地涌向它们，这又进一步促进了信托公司业务的增长。1895—1907 年，纽约的信托公司的总资产以两倍于银行的速度扩张，到 1907 年其资产规模与银行基本相当。根据明斯基的假设，经济繁荣时期容易产生借贷双方的过分自信，这可以从纽约信托公司越来越冒险的行为中得到验证。随着经济活动在 20 世纪初期步入繁荣阶段，这些信托公司开始在股票市场和房地产投资中大肆投机。最初回报非常可观，但随后状况急转直下。始于纽约信托公司的 1907 年大恐慌很快向全国的银行体系扩散。

1907 年大恐慌

1906 年春天，弗里茨・海因策从西部来到纽约。海因策是一位非常富有的投机家，他在蒙大拿州巴提的铜矿开采生意中积累了大量财富。抵达纽约后，海因策与一位名为查尔斯・莫尔斯的银行家展开合作，莫尔斯与海因策一样名声卓著。他们与众多银行、信托公司和保险公司联合，取得了多家公司的控制权并成为了其中董事会成员。

海因策持有大量蒙大拿联合铜业公司的股份，该公司的经营很不景气。海因策发现，许多投机者大量卖空该公司的股票，即先借入股票然后抛售，以后再以低价买回。于是，海因策和他的拍档拟订一个发财计划，即对这些投机者挟仓。在该计划中，他们通过向有联系的银行贷款，然后大量购买该公司股票来抬高股价，希望迫使那些卖空者以高价从自己这里回购股票。如果这个计划成功，他们会使卖空者破产而自己获益。

海因策之前已与查尔斯・巴尼建立了合作关系，巴尼是纽约最大和最受尊敬的信托机构之一的尼克伯克信托公司主席。尽管之前巴尼给海因策的一次成功投机行为提供过资金，但这次他拒绝了海因策的贷款请求。但海因策及其拍档仍然无所畏惧，利用自有资金和从关系密切的银行借来的资金，勇往直前地实施他们的挟仓计划。1907 年 10 月中旬，他们开始大量购买联合铜业公司的股票，使其股价大幅上涨。但是，这对拍档错误地估计了市场形势。早在股价被抬高之前，那些卖空者已经低价回购了股票来填补他们的卖空行为。在两天内，联合铜业公司的股价下降幅度超过 80%，这对拍档蒙受巨额损失。

恰在这时，海因策拥有的巴提储蓄银行所发放的贷款中，有大量是以联合铜业公司的股票作为抵押物的。当其股价大跌，银行要求增加抵押物，但借款人却无力满足。因此，很多贷款出现违约，银行不得不宣布破产。这则消息引发了对位于纽约的国家商业银行的疯狂挤兑，因为这家银行刚被海因策收购，它与巴提储蓄银行有着密切的业务联系。除了对海因策所拥有的银行的冲击外，存款人还从海因策的合伙人——莫尔斯所拥有的信托公司和银行中提取了大量存款。

当时，许多小银行都与大城市的大银行，尤其是纽约的银行建立有业务关系。在这种业务关系中，小银行持有在大城市的大银行的存款，大银行则为它们提供服务。当纽约发生恐慌的消息传播开来以后，许多小银行从纽约的银行提取存款。在这场资金的抢夺战中，几家银行和信托公司，包括莫尔斯和海因策所拥有的也算在内，都遭到挤兑，最后被迫倒闭。为了防止系统性恐慌在大银行中蔓延，纽约清算所迫使海因策和莫尔斯辞去在纽约银行委员会中的职务，这在短时间内抑制了恐慌。

然而，人们开始越来越关注有关那些声名狼藉的投机者、经纪公司、信托公司以及银行的似真似假的传闻。银行业本来是建立在公众信心基础之上的，现今人们的信心开始瓦解。10 月 18 日，星期五，有传闻称查尔斯・巴尼曾参与海因策的联合铜业公司股票挟仓计划，这引发了人们对尼克伯克信托公司的疯狂挤兑，该公司最终被迫在 10 月 22 日倒闭。第二天，挤兑浪潮波及到美国第二大信托机构——美国信托公司，而巴尼“凑巧”是其董事会的主要成员③。

约翰・皮尔蓬・摩根是美国钢铁公司的主要拥有者，也是纽约最受尊敬、最有见识以及最富有的银行家，虽然他和信托公司没有直接的财务利益往来，但他意识到，如果恐慌在大银行中蔓延，这将带来灾难性的系统性冲击和严重萧条，而其中关键一环就是信托公司发放给股票经纪人的有权随时收回的通知贷款。摩根预测，对信托公司的持续挤兑会迫使它们大规模收回通知贷款，这将引发股票经纪人抛售股票。股价下跌造成贷款抵押品价值不足以维持贷款，于是银行全面地回收贷款，这进一步迫使经纪人不得已以极低价格甩卖股票来偿还贷款。于是，银行资本下降，银行破产，更多的银行挤兑，更多的贷款清偿，信贷收紧以及资产价格进一步下跌，这将形成一个无休止的循环，最终结果是严重的经济萧条。

由于意识到信托公司倒闭会引发灾难性的全国性银行恐慌，摩根多次在深夜召集纽约最有权势的几位银行家在家中举行会议。他们要求那些状况良好的银行拿出数以百万计的美元来支持美国信托公司和其他遭受挤兑的信托公司和银行。摩根自己拿出了 2 500 万美元，如果需要，约翰·洛克菲勒也自愿拿出 4 000 万美元，美国财政部则提供 2 500 万美元，其他大银行也纷纷贡献力量。

10 月 24 日，华尔街观察家注意到，一些工人们带着成袋的黄金和纸币从美国财政部驻纽约办事处来到寻求帮助的信托公司和银行。消息传出后，公众的心理迅速发生变化。看来摩根带头做出的努力的确卓有成效。尽管仍然存在一些打击和挑战，但 1907 年大恐慌在 11 月初终于结束。这次恐慌只持续了 6 个星期，尽管有二十多家信托机构被迫关门，但只有几家银行倒闭。

这次恐慌直接导致 1907 年 5 月至 1908 年 6 月的经济衰退。在此期间，全国总产出下降了约 10%，失业率从 3% 上升到 8%。如果没有约翰·皮尔蓬·摩根的睿智和强有力的领导，事情将变得更糟。摩根以及其他一些银行家和财政部官员，在这次恐慌中扮演了中央银行最基本的角色——金融体系的最后贷款人。但是，稍加思考就能发现，对于一个年轻国家来说，继续依赖于个人的睿智和善心来维持经济的健康将是多么的愚蠢，尤其是个人不能完全回避利益冲突。显而易见，该是时候建立中央银行了。

美联储的设立

1908 年春，美国国会颁布了《奥尔德里奇—瑞兰法案》。根据该项立法成立了国家货币委员会，负责调查周期性银行恐慌发生的原因，并提出降低银行危机发生频率和减轻发生后果的有关建议和监管措施。在此一个世纪以前，英格兰和法国都建立了中央银行。时任国家货币委员会主席的参议员尼尔森·奥尔德里奇不久后前往欧洲，深入考察中央银行体系的运作。1910 年 11 月，尼尔森回到美国，随即在乔治亚州海边一个近乎荒芜的小岛上召开了一次秘密会议，与会者是富有影响的银行家，例如金融家查尔斯·诺顿、保罗·华尔堡，以及代表约翰·皮尔蓬·摩根出席的本杰明·斯特朗。斯特朗后来成为了纽约联邦储备银行的主席，即美联储的实际领导者。

国家货币委员会在 1911 年初向国会提交了最终报告，但在接下来的两年里，国会对设立中央银行的细节争论不休。争论焦点集中于决策权的合理划分，在新的中央银行制度下，政府和私人企业之间，城市和乡村利益之间，以及银行业、非银行企业和社会其余部分之间，究竟怎样划分决策权才合适。最后结果是这些竞争性利益之间的巧妙平衡。1913 年 12 月 22 日，国会通过了《联邦储备法案》，伍德罗·威尔逊总统在同一天签署了该法案。在运行 135 年之后，今天的美国已经有了一个永久性的中央银行。但是，新中央银行的建立绝不代表能够完全避免严重的银行危机，直至十多年以后美国才领悟到这个事实。实际上，美国历史上最严重的金融危机就发生在 1929—1933 年间，这段历史将在第八章进行讨论。在此，我们将探讨时间更近、危害更小的一次危机。

Ⅳ. 20 世纪 80 年代美国储贷机构危机

长期以来，让大部分美国人拥有自己的住房已被视为一个富有意义的目标。人们相信，拥有住房能够增进个人责任感、自豪感，强化职业道德，加强对教育的重视，以及促进社会团结。传统上，美国的住房拥有率通常要比欧洲和其他国家高出许多，这部分是因为美国政府给房屋拥有者提供大量补贴，而租房者则享受不到这些待遇。为了提高美国中产阶级的住房拥有率，20 世纪 30 年代国会积极推动储蓄和贷款协会（以下简称储贷协会）的设立。同时，国会还设立了联邦住宅贷款银行委员会来监管储贷协会，也设立了联邦储蓄和贷款协会来为储贷协会提供存款保险。

通常，储贷协会通过吸收储蓄存款和定期存款来借入资金，然后把绝大部分资金用来发放固定利率的长期按揭贷款。为了吸引存款人，支付给他们的存款利率必须高于短期市场利率，如国库券和货币市场共同基金的利率。同时，为了支付员工工资和日常营运费用，并维持一定的盈利水平，储贷协会必须从发放按揭贷款中获取合适的回报，即按揭贷款利率比支付给存款人的存款利率高出一个或两个百分点。

就像商业银行一样，储贷协会也是“借短贷长”。它们的资金成本取决于短期利率，而资产回报率则往往取决于长期利率。假设某个储贷协会的平均资金成本是 3%，其账面上按揭贷款的平均回报率是 6%，只要资金成本保持稳定，该协会就能赚取可观的利差——3%。如果收益率曲线是向上倾斜的，即长期利率明显高于短期利率，同时只要短期利率不突然上升，储贷协会就能获得很好的收益。从 30 年代到 70 年代，通货膨胀率和利率都稳定地保持在相对较低的水平，收益率曲线几乎总是向上倾斜的。因此，储贷协会的经理们能够过上很好的生活，而无需付出特别的聪明才智。

但是，储贷协会的概念从一开始就有缺陷。不同于商业银行，储贷协会受到严格的监管，它们无法实现资产结构多样化。特别要指出的是，它们85%的资产必须为按揭贷款，而且在80年代以前发放浮动利率按揭贷款是不被允许的。如果收益率曲线变成向下倾斜，即短期利率高于长期利率，或者短期利率（储贷协会的资金成本）突然大幅上升，那么储贷协会将承受严重的营业亏损。如果亏损状况持续相当一段时间，许多储贷协会的资本将被侵蚀，从而面临破产。回想起来，在80年代早期之前没有发生储贷机构危机实在有些令人惊讶。

从30年代到70年代中期的40多年里，储贷协会的经营十分稳健和兴旺。从60年代中期到70年代中期，尽管利率呈现上升趋势，但上升幅度平缓，储贷协会仍能维持良好的经营状况。不幸的是，70年代末，经济形势急转直下，严重的经济不稳定取代了过往的稳定态势。由于1973年和1979年原油价格两次大幅上升，以及美联储宽松的政策立场，70年代末美国的通货膨胀率攀升到了两位数，促使利率急剧飙升。作为通货膨胀预期上升带给债券市场参与者的自然反应，长期利率开始上升。70年代末到80年代初，在保罗·沃尔克的领导下，美联储实施严厉的紧缩政策。虽然该政策最终成功降低了难以接受的高通货膨胀率，但也导致短期利率大幅上升。90天期的国库券收益率从1978年3月的6%上升到两年后的15%。1980年12月，美联储将联邦基金利率提高到超过19%，1981年和1982年收益率曲线变得向下倾斜[④]。

尽管储贷协会本身并没犯错，但经济环境却让它们受到极大的束缚。储贷协会不得不大幅提高存款利率，以防止存款流向新成立的货币市场共同基金，这些基金向股东们支付非常丰厚的回报[⑤]。然而，储贷协会不能提高已发放的固定利率按揭贷款的利率，自然而然只有提高新发放的按揭贷款的利率，但新发放的按揭贷款通常只占到一家储贷协会所有按揭贷款的15%。虽然储贷协会试着将上升的资金成本转移到新购房者身上，然而，潜在的买房者对按揭贷款利率十分敏感。当按揭贷款利率大幅上升后，许多潜在的买房者不得不推迟买房计划。到70年代末，经济形势使得储贷协会遭遇前所未有的营业亏损。

我们可以把国库券利率作为储贷协会存款利率的参照物，而储贷协会按揭贷款的回报率可用近几年发放的按揭贷款平均利率来表示。当储贷协会获得的利差很低或为零的时候，即贷款回报率略高于国库券利率，储贷协会遭受亏损；当利差变为负数时，它们将遭受巨额损失，亏损幅度与负利差正相关；当利差为正且大于一个或两个百分点，储贷协会通常能够盈利。

图 3－1 显示从 1976 年到 2010 年间，国库券收益率与滞后 5 年的 30 年期固定利率按揭贷款的平均利率之间的关系。这段时期包括了储贷协会遭受沉重打击以及发生储贷机构危机的 1979—1982 年。

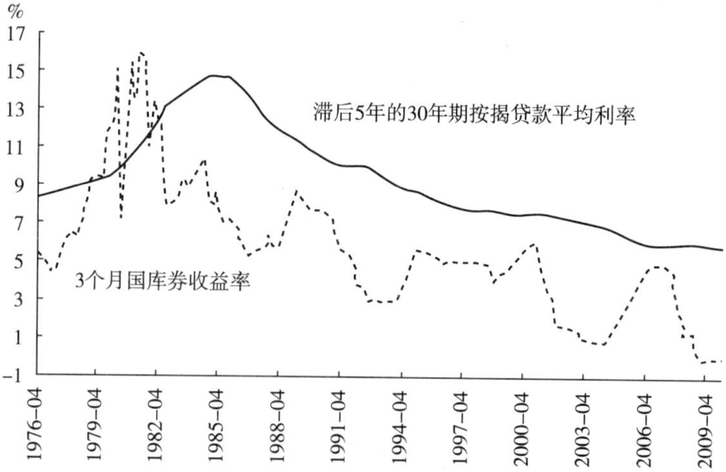

资料来源：FRED 数据库，http：//research. stlouisfed. org/fred2/。

图 3－1　滞后 5 年的 30 年期按揭贷款平均利率与 3 个月国库券收益率的比较

从图 3－1 中可以看出，在 70 年代末 80 年代初，短期国库券利率大幅飙升，这是因为面对过热的经济活动和两位数的通货膨胀率，美联储作出强烈反应。国库券收益率从 1977 年 3 月的低于 5% 升高到 3 年之后的超过 15% 。在 1980 年中期该利率有几个星期时间跌回个位数，但在 8 月又重新向上，在接下来两年里平均超过 12% 。1979 年 1 月，国库券收益率超过滞后 5 年的 30 年期按揭利率，并在随后三年半的大部分时间里，两者之差维持负的状态。从 1985 年到 2010 年，利差平均为 3. 9 个百分点，而从 1979

年1月到1982年6月，利差却平均为-1.5个百分点。

接踵而至的1980年和1981—1982年经济衰退中的高失业率造成的贷款违约以及负利差，导致了储贷协会的巨额营业亏损。1981年全美储贷协会的净亏损总计达到60亿美元，有85%的储贷协会遭受亏损；1982年净亏损总计达到50亿美元，2/3的储贷协会遭受亏损。由于1981年和1982年的巨额营业亏损，储贷协会的资本受到很大程度的侵蚀。到1982年底，约有60%的储贷协会实际上已经破产了。70年代共有3 500家储贷协会营业，但到了1982年底，约有1/4已经倒闭或被合并。估算的数据显示，所有储贷协会的净资产由1979年超过300亿美元下降到1982年的低于50亿美元⑥。

但大多数破产的储贷协会并没有被关闭。相反地，这些“僵尸”机构获准继续营业，并且只受到最低限度的监管。问题的严重性没有被公开，美国政府尽力掩盖事实，希望储贷协会能够把自己从破产边缘挽救回来。当时美国已从1981—1982年的严重衰退中复苏过来，短期利率下降到正常水平。

1982年，美国国会颁布了《刚恩—圣杰曼法案》，这也许是美国历史上最不合时宜的金融立法。这部暗中承认政府监管导致储贷危机的法案，极大地放松了对储贷机构的监管。当时全国大多数储贷协会的财务状况都极为糟糕，这部法案正好诱致了典型的道德风险。储贷协会不再被要求把按揭贷款作为其主要资产，自由之门已经打开。没有监管机构的监督，也就没有后顾之忧。许多“僵尸”机构孤注一掷，用存款人的钱进行致命一赌，希望在被监管当局查封和关闭之前挽回破产局面。可以预见，这些孤注一掷的行为无一例外都失败了，储贷协会使自己越陷越深。最后，在1988年总统大选结束后不久，美国联邦政府公开承认了储贷机构问题，开始关闭那些已经破产的储贷协会。这次危机最终给美国纳税人造成约1 500亿美元的损失⑦。

联邦政府在30年代创立储贷协会之时就规定固定利率按揭贷款必须占到其资产的85%，考虑到政府政策导致了70年代的严重通货膨胀，进而引发利率大幅上涨，因此我们有理由认为联邦政府应该为储贷危机承担主要责任。但近期的大危机不同于此，虽然政府提供某种救助，但华尔街机构、按揭贷款者和私人部门的其他参与者应该为大危机承担主要责任。

V. 结论

历史上，银行危机一直困扰着美国经济。存款人总是从被怀疑处于财务困境的银行提取存款，因此，部分准备金银行制度先天性地容易引发恐慌。在缺乏可信的存款保险制度和最后贷款人的情况下，这种信心崩溃将变成自我实现的预言，因为它会导致一连串传染性的银行倒闭、货币供给减少、信贷紧缩以及经济活动萎缩。在1913年成立联邦储备制度以前，大型银行危机每15～20年就发生一次。在1907年大恐慌以后，国会通过立法成立了联邦储备银行。尽管新的中央银行没能避免银行恐慌以及30年代初的“大萧条”，但在随后的40年里，美国没有遭遇大型银行危机的困扰。

80年代的储贷机构危机完全不同于之前的银行恐慌。它源于有缺陷的政府监管，即不允许储贷协会资产多样化，另外，政府政策直接导致了70年代末80年代初通货膨胀率和利率的飙升。通过发放可变利率的按揭贷款，快速上升的利率风险已部分从储贷协会和其他按揭贷款机构转移到借款人身上。但在之前，由于储贷协会只能把固定利率按揭贷款作为主要资产，这种风险几乎完全由储贷协会和其他储蓄机构所承担。

负责关键性投资决策的美国金融机构顶层的CEO和经理们似乎非常容易健忘。80年代的储贷机构危机是由“借短贷长”引发的，这也是“大危机”造成破坏性的主要原因。“大危机”最初源自金融机构无法为到期的短期债券进行再融资的流动性风险，而它们之所以无力再融资，主要是因为在2007年和2008年，越来越多的人认识到，受按揭贷款和与之相关证券的账面价值下降影响，许多金融机构已经面临破产风险。金融机构没有充分意识到自身无法偿债所带来的风险，而对风险的低估根本上是来自于它们认为房地产价格不太可能大幅下降。接下来的两章将讨论2007—2009年“大危机”。

注释

① 对19世纪美国银行恐慌的详细研究，请参阅查尔斯·卡洛米瑞斯和加里·戈顿的论文，《银行恐慌的起源：模型，事实和银行监管》，载格伦·哈伯德《金融市场

和金融危机》（芝加哥，伊利诺伊：芝加哥大学出版社，1991）。

② 在数月之后的银行危机高峰时期，钢铁大亨及杰出银行家约翰・皮尔蓬・摩根接到乔治・麦克莱伦市长的通知，纽约市很可能在下星期宣布破产。他立刻敏锐地意识到该消息的公布将对公众信心和脆弱的银行体系带来极大冲击，于是摩根同意以个人名义购买 300 亿美元的纽约市债券，以保持这个城市的稳定。

③ 1907 年大恐慌给巴尼及其家人带来巨大打击。尽管危机结束后他仍然身家丰厚，但巴尼却于 1907 年 11 月 14 日在家中开枪自尽。若想了解 1907 年大恐慌中涉及的人物与事件，请参阅罗伯特・布鲁纳和肖恩・卡尔的著作《1907 年大恐慌：从市场的完美风暴中吸取教训》（霍博肯，新泽西：约翰威立国际出版公司，2009）。

④ 例如，在 1981 年，90 天期的国库券收益率平均为 14.2%，而 30 年期的国债收益率平均为 13.4%。

⑤ 如果储贷协会不能大幅提高存款人的利率，存款人会转而投资货币市场基金和国库券，从而迫使储贷协会回收贷款以获取资金支付给打算离开的存款人，这会大幅降低储贷协会按揭贷款的账面价值。如果没有政府的救助，这很可能会使大部分储贷协会破产。

⑥ 1981 年 12 月，在储贷协会资产价值下降的低点，一个被广泛引用的估值是该行业的净资产是 -1 000 亿美元。1981 年利率的飙升，大大制约了按揭贷款的价值以及储贷协会所拥有债券的账面价值，这暂时使得该行业的净资产处于空前的最低点。在 1983 年末，长期利率从顶点大幅下降，使得债券和按揭贷款的价值上升，因此储贷协会行业的净资产恢复到正的水平。

⑦ 臭名昭著的“基廷五人”丑闻涉及五名美国参议员，他们共从查尔斯・基廷处获取了 1 300 万美元的政治捐款，基廷时任亚利桑那州林肯储贷协会的总裁。基廷多年来进行违规操作以及挪用储户的钱进行投机，他管理下的储贷协会购买垃圾债券、参与货币期货投机，以及私自把公司的 3 000 万美元转到其家人名下。正当监管当局准备重点调查基廷的时候，那 5 名参议员立即为他辩护，指责调查行动不符合当时的监管条例。旧金山联邦房屋贷款银行失去对林肯协会的司法调查控制权，林肯储贷协会的账本在一年多的时间里没被检查。在 1992 年，基廷被判犯了数起诈骗罪，并在联邦监狱服刑。而那 5 名参议员只接受象征性的惩戒。林肯储贷协会危机最终给财政部造成了超过 30 亿美元的损失。

第四章　房地产与信贷泡沫的形成

Ⅰ. 简介

始于2007年12月的经济衰退，是自20世纪30年代初期的“大萧条”以来持续时间最长、造成后果最严重的经济衰退。仅在2008年和2009年两年，衰退就使美国损失了800万个就业岗位和2万亿美元收入（平均每人6 500美元）。税收的骤减迫使各州和地方政府裁减师资，任由道路、桥梁状况恶化，就连为弱势公民提供的必要服务也被取消。2007—2009年的大衰退以及为应对衰退所采取的财政措施将本已脆弱的联邦预算赤字推至危险境地。经济学家们一致认为，这些成本可能在未来几年才能被慢慢消化。如果我们希望避免再次发生如此严重的危机，重要的是需要思考导致这次经济大灾难的最终因素。

此次大衰退的直接原因是始于20世纪末并在2002—2006年迅速膨胀的房地产和信贷泡沫的崩溃。2006年春季过后，房价的首次下降就像是催化剂，迅速在房地产市场上燃起一把大火，击垮了无数的房屋所有者、金融机构以及成千上万的企业，包括美林证券公司和通用汽车公司等标志性企业。房价下跌导致房屋所有者终止还贷和丧失房屋赎回权，抵押物止赎使房产的流动性恶化，由此形成一种恶性循环，并使危机最终蔓延至金融体系。商业银行以及杠杆率更高的投资银行、对冲基金和其他机构都面临严峻的财务压力，从而导致贷款标准严重收紧，进一步加剧了经济衰退。

本章讨论了导致房地产和信贷双重泡沫形成和发展的多重要素，以及其必然性破裂所引发的大范围经济灾难。双泡沫背后最根本的推动力量是认为房价只升不降的看法，这种荒谬与普遍的看法强化了部分贷款人增加贷款和借款人承担债务的意愿。这些因素加上不断扩大的贷款渠道和极低的市场利率，共同推动了住房需求的增长，并由此引发信贷需求（供给）的快速增长，最终导致“羊群效应”和房地产泡沫的形成。

需要重点关注的是，房价上涨和信贷增加之间的因果关系是双向的。期限宽松贷款易获性的增强刺激了购房行为，推高了房价。而房地产行业及其相关抵押贷款的空前繁荣，又激励了华尔街和抵押贷款行业推出新的金融产品，正是这些金融产品增加了房地产的资金供给，造成了借款人的财务危机。大量的金融创新产品，如抵押贷款支持证券以及由此衍生出来的复杂金融产品，强烈地推动了信贷泡沫的膨胀。其他因素还有影子银行体系的快速发展、大量中国资金的涌入、美国与其他国家的巨大贸易顺差，以及美联储在2002—2005年间一直维持的极低利率。

除了这些人为抬高房价的新金融产品，商业抵押贷款、信用卡贷款、汽车贷款、学生贷款以及其他用于非住房目的贷款的证券化，也极大地助推了信用的膨胀。这种状况有助于解释美国国内生产总值中消费品和服务所占份额由1998年的67%上升至2004年的70%以上。

最为重要的是，通过开发和运用这些非传统而且人们知之甚少的金融产品，金融机构的杠杆率迅速提高，风险大大增加。部分华尔街机构对新金融技术的信心让它们越来越自以为是，它们认为新技术能量化风险，并可以采取措施消除风险。事态的演变竟然与华盛顿放松监管的哲学完全吻合，并为日益燃烧的自由市场热情所推动。在危机前的25年里，美国的公共政策对政府监管采取日益放任自流的态度，这一趋势始于里根总统的当选，贯穿于民主党和共和党执政期间，并最终在布什总统时代达到高潮（2001—2009年）。

部分贷款人、借款人和监管机构的轻率及不负责任的行为越来越严重，集中体现为对无收入、无工作或无资产的群体提供的抵押贷款的不断增加。监管部门默许了抵押贷款行业贷款标准的弱化以及“2－28”可调整利率抵押贷款的快速增长，这也充分证明了规避监管的热情不断高涨。这些抵押贷款的特点是最初两年利率固定，导致贷款人对天真的借款人的掠夺性开发。随着最初两年固定利率的结束，这些借款人的月还款额急剧上升，致使其违约的可能性大增。另一个标志是“恶性忽视”，对抵押贷款支持证券及其衍生产品的评级服务，恰恰是由制造和销售这些金融产品的投资银行来埋单，金融市场监管机构则对此采取默许态度①。

简而言之，围绕房地产和信贷泡沫，外界充斥着多种多样的批评。在本章，我们研究了引发房地产和信贷泡沫必然性破灭的一系列事件的影响，这些事件将数千万的美国人以及欧洲和其他国家民众带入了一个十分艰难的时代。

Ⅱ. 信贷及债务增长

多年来，不仅在名义数量和实际数量上，而且相对于国内生产总值，私人部门债务一直保持增长，这在某种程度上源于金融技术的进步。信用卡的发明和广泛使用让家庭可以寅吃卯粮；商业票据能够让大型企业为存货和薪酬融资，这比从银行等金融机构融资的费用更低。更为重要的是证券化现象的存在，它将个人抵押贷款、汽车贷款、信用卡以及其他形式的贷款打包成百万美元为单位的证券对外出售。这些证券以包含在其中的债务工具作抵押，被潜在投资者认为十分安全。由于它们的收益率明显高于国库券及其他债务工具，拥有数十亿美元资金的投资银行、对冲基金和养老基金等机构对它们的需求十分旺盛。这项新技术增强了不同期限、不同种类贷款的可获得性。图 4 –1 显示了过去 35 年美国家庭及金融部门债务同 GDP 之间的关系。

从图中可以看出，在过去的 35 年里，家庭债务和金融部门债务的增长率明显高于 GDP。从 20 世纪 90 年代末期开始，这种趋势不断增强。其中家庭债务在 20 世纪 90 年代前 7 年的年均增长率为 6.3%，后 10 年的年均增长率则提高到 9.6%，相应的金融部门债务的年均增长率分别为 10.7% 和 11.5%。从占 GDP 的比重来看，在 20 世纪 90 年代末期以前，家庭债务与 GDP 的比率的增长较为平缓，之后则加速上升。尽管金融部门债务的增长率在 2000 年后高于家庭债务，但它们基本上呈现相同的趋势。2000 年初，家庭债务占 GDP 的比重为 66%，到 2008 年和 2009 年，这一比重上升至 96%。同一时期，金融部门债务占 GDP 的比率由 76% 上升至超过 110%。

我们从狭义角度来观察家庭抵押贷款债务总额。数据显示，在 1990—1998 年间该债务总额占家庭可支配收入的比值维持在 57% ~60% 这一较窄的区间范围内波动，而后快速上升，并在 2007 年到达峰值 99%。导致这一上升趋势的部分原因在于 2000 年后美国住宅自有率的提高，当然这种快速上升的趋势则是美国家庭在住房方面严重超支的几个危险信号之一[②]。

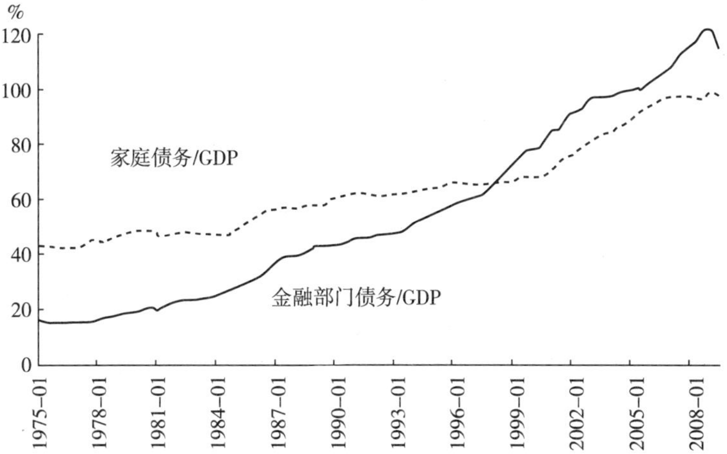

资料来源：联邦储备系统，资金流量表。

图 4－1 美国家庭债务和金融部门债务占 GDP 比重的变化趋势

Ⅲ. 房地产泡沫的推动因素

在 2000—2006 年间，推动房价快速上涨的特定因素包括历史上看买房置业能够获得丰厚回报的意识不断增强，以及多种因素导致的抵押贷款供应增加和成本降低。这些因素包括借贷标准的不断下降、抵押贷款证券化的出现、次级抵押贷款市场的发展、政府资助按揭贷款企业的行动（GSEs）以及影子银行体系的崛起。

买房投资

长期以来，美国房价上涨的速度快于物价水平年均约 1 个百分点。这个事实，加上买房相比租房在税收上享有优惠，以及拥有住房在心理上的优越感，使居民的买房热情高涨。几乎从一开始，美国就拥有比欧洲及其他国家更高的住房拥有率。房产收益构成了美国中产家庭最大的单一财富来源。当房价快速上升的时候，正如 20 世纪 90 年代末到 2006 年间的情形，拥有一套住房意味着拥有一项具有惊人回报的投资③。

从经济学角度考虑，假设购买一套价值 200 000 美元的住房，首期付款是 5%，即 10 000 美元。如果房子每年升值 10%，5 年之后它的价值上升至 322 102 美元，净赚 122 102 美元。10 000 美元的初始投资在 5 年内获得了免税的年均65%的回报率。如果房价每年上涨14%，就像21世纪初的第一个5年内美国20个大城市房价指数的增长一样，则平均每年的投资回报率为79%[④]。即使房价以每年5%的速度平缓增长，每年的回报率也会高于40%。这就是杠杆的本质，通常新购房者的行为具有高度的杠杆属性。

基于上述考虑，加上人们普遍对房价抱有只升不降的信心，有助于解释导致2007—2009年金融危机和经济大衰退的原因。自20世纪30年代“大萧条”后到2006年以前，整体性的全美平均房价从未在任何一个年份出现下降。随着时间的流逝，虽然不同地区房价上涨速度不同，但全国房价呈现持续上升趋势。20世纪初的前几年，房价开始快速上涨，投机成为住房需求爆炸式增长的重要因素。经过几年超常的价格上升，房产的未来预期资本收益的现值开始被加入到当前的房价中。在这一点，房产泡沫开始形成。图4－2描述了1998—2006年泡沫持续膨胀时期美国的房价增长率。

如图4－2所示，美国房价增长率从2002年初的大约8%逐渐上升至2005年的超过14%。正如20个大城市房价指数显示，大城市的房价增长率明显高于全国平均水平[⑤]。

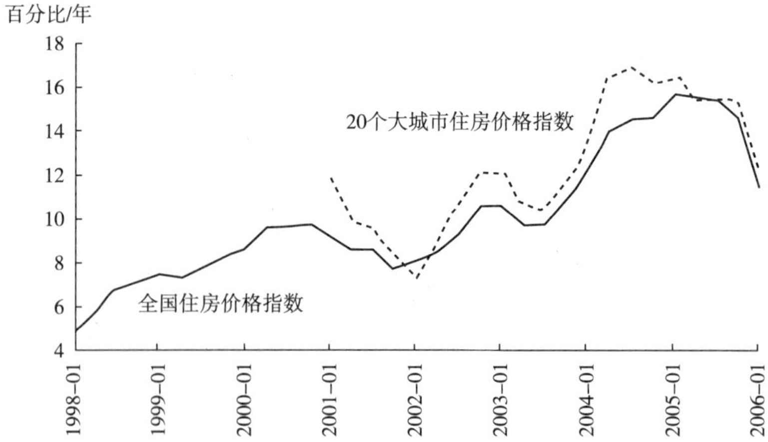

资料来源：标准普尔公司。

图4－2　美国房价增长率（1998—2006年，Case－Shiller指数）

房价不可能下跌成为一种坚定的信念，尤其是在沿海大城市。根据习惯性判断，在土地数量固定的情况下，不断增长的人口加上节节上升的生活标准，以及收入对住房需求的强劲弹性，意味着房价大幅度下降的可能性几乎为零或可忽略不计。这种观点在贷款者、借款者以及监管者之间几乎很普遍。加之前面提到的房价上涨带来的经济意义，这种看法对部分抵押贷款机构开发多项便利住房购买的创新工具起到了重要推动作用。通过拥有住房获取收益的美国家庭比例越来越大。

贷款标准的放松

通常，一直以来制约住房拥有率的最主要因素是购买房屋时的首付款和每月按揭还款金额。抵押贷款行业放宽了贷款标准并引入创新工具来缓解以上两种限制。抵押贷款机构采用多种形式来开展“创造性融资”，其中一些已经被审慎的监管者所禁止。这些形式包括无证明文件贷款（Liar）、零首付贷款、负摊销抵押贷款，“诱导利率”可调整利率抵押贷款。后者的特点在于抵押贷款利率在贷款期前两年是固定的而且非常低（通常低于3%），但之后会向上调整[⑥]。其他抵押贷款被设计为“只付利息的可调整利率抵押贷款”和“自主选择的可调整利率抵押贷款”。前者赋予买房者自主选择每月还款额的权利，但通常该还款额甚至都不够支付利息；“自主选择的可调整利率抵押贷款”则使抵押贷款的月还款额大大低于正常还款额。因为每月还款的差额被加入贷款本金，因此负摊销抵押贷款也随时间而增长。

随着房地产泡沫的不断膨胀，在全国许多地区传统的30年固定利率抵押贷款已经不再是主要抵押贷款工具。美联储维持的超低短期利率水平推动了“诱导利率”及其他可调整利率抵押贷款的发展。同明斯基的信贷泡沫理论一致，抵押贷款融资从“对冲融资”转变至“投机融资”，最终发展成为“庞氏融资”。“只付利息的可调整利率抵押贷款”和“自主选择的可调整利率抵押贷款”在全国抵押贷款市场份额不断上升，由2000年的少于10%上升至2005年的超过30%。那一年，旧金山新发放的全部抵押贷款中几乎半数以上都是采用这种形式，在凤凰城、西雅图、丹佛以及华盛顿特区，则达到了40%以上。

证券化的作用

早些时候，银行或储蓄机构会持有贷款直至到期。一般情况下，早在贷款前几年信贷员就认识借款人，并有强烈的道德责任感去了解借款人的借款细节及其中涉及的风险。这种激励机制被有效安排，因为贷款违约将触及贷款机构的底线。从30多年前开始，抵押贷款机构开始倾向于“源分配”抵押融资模式。在这种融资模式中，抵押贷款机构发放贷款并收取月供，但很快将抵押贷款打包转化成大量的债券类证券并出售给投资银行和其他金融机构。在2006年以前的10年里，被证券化的抵押贷款总额明显增长了3倍，从2 400亿美元上升至7 200亿美元。

这些证券被出售给大型银行、保险公司、养老基金以及国外投资者。对投资者而言，它们非常具有吸引力，因为它们的利率仅略低于个人抵押贷款，而且能够通过汇聚成千上万的个人抵押贷款，为投资者提供安全、多元的投资选择，除非房价出现无法想象的惊人下降。通常情况下，AAA级的抵押贷款支持证券不仅具有优越的投资回报，还兼具国债般的安全性。联邦政府抵押贷款协会（房利美）作为一个政府资助的企业（GSE），长期将优质抵押贷款证券化，那些被证券化的抵押贷款的借款人都是经过严格标准筛选的。通过担保这些证券的还本付息，房利美保护抵押贷款支持证券购买者的利益。同时，房利美对所打包的抵押贷款相应借款人采用严格的标准。已有法规禁止房利美对次级抵押贷款进行证券化。

2000—2002年股市泡沫破灭引致的股票承销损失，使得主要的投资银行像高盛、摩根士丹利等开始寻找新的营利业务。它们大幅拓展获利丰厚的证券化业务，主要集中在次级贷款证券化方面。次级抵押贷款是指发放给信用记录残缺以及还款风险高于一般借款人的贷款。这类家庭一般收入较低，往往无力支付普通抵押贷款所需的大额首付款。次优级贷款（Alt - ALoans）是面向信用记录良好但缺乏资产或收入证明的购买者或个体经营者的贷款。2003—2006年，投资银行大幅增加了次级抵押贷款证券化业务。以新发放的次级和次优级的住房抵押贷款作为支持发行的证券所占比重由2000年的少于10%上升至2006年的超过40%。图4 - 3中所显示的是2000—2009年私人企业（如高盛集团）发行的抵押贷款支持证券的年值。

抵押贷款支持证券为贷款机构带来了大量收益。银行及其他金融机构在发放个人抵押贷款时就收取了可观的手续费，然后在贷款发放不久就将其出售。在降低贷款机构风险的同时，这也为发放其他新的抵押贷款提供了资金。在早期，由于抵押贷款体现在贷款机构的资产负债表上，这对抵押贷款的发放规模形成了自然限制。当贷款配额被用尽，额外的抵押贷款发放就会被中止。随着证券化的出现，抵押贷款购买者存在于世界各地，对于抵押贷款的发放规模已经不再具有任何限制。证券化现象极大地推动了2003—2006年这一关键时期抵押贷款发放的狂热。

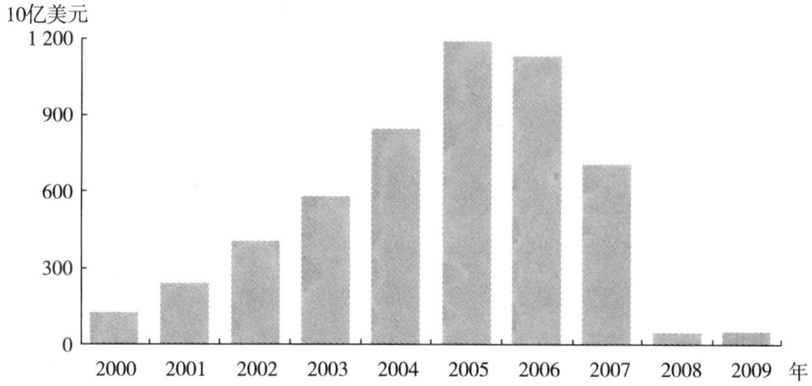

资料来源：美联储系统，资金流量表。

图4－3　非政府机构抵押贷款支持证券发行量

证券化的发展让家庭受益，因为它增加了抵押贷款的资金供给，并为购房者提供了更多的优惠利率贷款。抵押贷款支持证券及其衍生产品似乎只将轻微风险转嫁给贷款人，这些贷款人愿意并有能力承担可带来具有吸引力回报的高风险。这些风险可以通过购买信用违约互换和其他担保工具而进行对冲。

然而，关键的问题在于，抵押贷款发放者对潜在借款人的财务状况开展严格审核的动机比以前减弱许多。抵押贷款发放者迅速卖掉贷款的同时也将所有的风险传递下去。贷款人怀疑那些糊里糊涂就借入“无证明文件贷款”和“诱导利率”贷款的借款人可能会出现还款困难。但在房产持续升值的情况下，买房者可以运用增值的资产以更优惠的条件开展再融资，或者增加抵押贷款金额，也可运用其收入继续支付借款。贷款人正是将房地产持续升值的观点合理化来抚慰自己的良心。这种抵押贷款证券化引起的激励错位在制造信贷和房地产泡沫中起到了至关重要的作用[⑦]。

次级和次优级住房抵押贷款

让更多家庭拥有住房成为过去几届政府的目标之一。为实现这一目标，越来越多的抵押贷款被发放给次级或次优级的借款人。与中等水平的购房者相比，这些借款人存在更大的违约风险。为了补偿增大的风险，次级抵押贷款利率通常比普通抵押贷款利率高3～5个百分点[8]。某些缺乏职业道德的贷款机构将雇员的薪酬与此挂钩，鼓励他们引导不慎重的借款人选择利率较高的抵押贷款，而不是选择自身可以承受的贷款。

在21世纪初，房地产泡沫开始膨胀，借款人寻求各种首付款较低、月还款额能够承受的按揭贷款以购买住房，而贷款机构则寻找扩展业务的新方式。在次级抵押贷款市场上，贷款标准日益弱化。许多贷款机构对潜在借款人的评估过分依赖信用评级而不再是传统的衡量标准如收入和就业状况。一些金融公司如家庭金融公司、花旗财务公司等，其设立之初只是作为美国银行和花旗集团等银行持股公司的附属机构，如今也深度涉足次级抵押贷款业务。大部分的次级抵押贷款由独立贷款机构发放，但这些机构并不在联邦政府的监管之下。

自动的贷款审批方法开始实施，“只付利息的可调整利率抵押贷款”、“自主选择的可调整利率抵押贷款”和“‘诱导’利率的可调整利率抵押贷款”大肆扩张。80%的次级抵押贷款都是“可调整利率抵押贷款”，且许多为“‘诱导’利率抵押贷款”。截至2006年，已有700万笔次级抵押贷款出现违约，占总贷款笔数的10%以上，这些次级抵押贷款的总值约为1.3万亿美元。2005年，次级抵押贷款的平均首付率仅为房屋市值的2%，超过40%的贷款是零首付的。抵押贷款标准的弱化使得一旦房价出现大幅下降，数以百万计的家庭将资不抵债。

政府资助的按揭贷款企业：房利美和房地美

为了促进“居者有其屋”这一全国性目标的实现，美国国会早在1938年就设立了联邦住房抵押贷款协会（房利美）。房利美通过向公众发行债券募集资金，运用资金购买抵押贷款以支持住房抵押贷款市场的发展。由于房利美是作为一个政府组织建立起来的，因此其债券被认为与美国国债同样安全。这就使得它能够以相对较低的利率向公众借入资金，这反过来也降低了住房抵押贷款利率水平。房地美创建于1970年，其目标与房利美一致，同时也是为了与房利美形成竞争。虽然房利美于1968年以股份制形式私有化，但其依旧暗中得到政府的支持，得以继续以低利率开展筹款。建立和扶持房利美和房地美，即所谓政府资助企业（GSES）的行为，实质上构成了政府对房产购买者和相关行业提供的几种补贴之一[9]。

住房和城市发展部负责监督房利美和房地美。1995年，联邦政府给予这些私营的政府资助企业以税收优惠，目的是鼓励它们购买包含对低收入借款人贷款在内的抵押贷款支持证券。1996年，住房和城市发展部为房利美和房地美设定了一个目标，即新购买贷款的42%应该是发放给低于平均水平的低收入家庭。这一目标在2000年和2005年分别上升到50%和52%。这两个机构的低收入家庭抵押贷款的总购买量在2002—2006年间翻了两番，2006年达到了1 750亿美元。

早在1977年，国会就颁布了《社区再投资法》（CRA），该法案授权增加对中低收入者的贷款。在20世纪的余下时间里，这类贷款的违约率一直很低。因此，CRA贷款变成了一项有利可图的买卖。一些评论家把2008年房利美和房地美的破产，甚至把房地产危机和大衰退的责任都归咎于国会颁布的这个法案。然而，“大危机”是在CRA颁布后的30多年后才发生，这一事实使人们对上述观点提出了质疑，住宅抵押贷款市场和商业抵押贷款市场所遇到的问题也说明了这一点。CRA并不支持“无证明文件”贷款或“诱导”利率的可调整利率抵押贷款，这一法案也没有要求金融机构为在迈阿密和拉斯维加斯的高档公寓融资，更没有要求投资银行过度参与次级抵押贷款的证券化业务。

2000—2007年，尽管房利美和房地美没有将个人次级抵押贷款打包成抵押贷款支持证券进行出售，但它们购买了大量的次级抵押贷款支持证券。房利美和房地美共拥有或担保了全国12万亿美元中住房抵押贷款的一半以上。由于2007年和2008年的房价就像坐在火山口上，这些抵押贷款支持证券的价值急剧下跌，且交易市场也被关闭。房利美和房地美相继破产，并于2008年9月被美国政府接管[10]。房利美和房地美与雷曼兄弟公司、贝尔斯登公司以及许多其他公司从事同一类型的冒险行为。它们的杠杆率不断放大，到2006年其债务资本比率已经高于20，超出了商业银行甚至接近投资银行的杠杆率。请记住，虽然房地美和房利美是政府资助的企业，但它们毕竟是私营公司，公司的CEO及其他高管所获得的巨额薪水和奖金与公司公布的年度利润息息相关。这些高管面临着同美林公司、雷曼兄弟公司及其他私营金融机构CEO相同的风险承担激励[11]。

影子银行体系的兴起

银行该如何定义呢？银行本质上是通过发行支票、定期存款等债务凭证而借入资金，再运用这些资金发放贷款的机构。银行发放贷款给个人、企业和政府（传统上的银行主要购买市政债券和美国国债），通过“借短贷长”，促进了金融体系的期限转换。为获得资金而吸收的银行存款大部分能够按需支取，或者至少可以在短期内取出。银行资产以长期资产为主，包括大量按揭贷款、商业贷款、市政债券和政府债券。传统上，像商业银行和储贷协会这样的存款机构，通常会将从个人存款人吸收的大部分资金借给那些因建设厂房、购置房屋、兴建学校或图书馆而需要资金的单位。

然而，近些年来金融技术的创新促进了影子银行和平行银行的快速成长。影子银行的功能是将资金从盈余单位转移至短缺单位。然而，与商业银行吸纳存款不同，影子银行体系通过发行短期证券如商业票据（由评级较高的公司发行的短期债务凭证）来获取资金，它们利用获得的资金购买抵押贷款支持证券或相关证券等长期债务工具[12]。

信息技术进步提高了金融市场信息的可获得性，并促进了新型金融工具与市场的发展。多年来，金融创新无论从资产方还是负债方都在挤压金融机构的盈利能力。从20世纪30年代到70年代，法律禁止对活期存款账户支付利息，对储蓄存款和定期存款利率设置法定上限，从而保证了银行固定的低成本资金来源。20世纪80年代，监管部门取消了对银行的政策性补贴，加上货币市场共同基金的出现，意味着银行为获得这些资金而面临更为激烈的竞争，需要支付比以往更高的利率才能吸引储户。

金融创新为传统上依赖银行贷款的借款者提供了更多有吸引力的替代产品，这给银行通过资产业务获取利润的能力予以重大打击。通过不断增强金融市场上信息传播和处理的能力，信息技术促进了商业票据市场和垃圾债券市场的崛起以及资产证券化业务的发展。货币市场共同基金的出现极大地刺激了商业票据市场的发展，因为它是商业票据的主要买家。这意味着需要资金的高等级公司可以避开银行，选择直接发行商业票据而从其他公司和个人借入资金。商业票据市场的出现，使得对冲基金和投资银行等影子银行能够发行短期的资产支持商业票据，并利用由此获得的资金购买抵押贷款支持证券和其他具有吸引力的较高收益率的长期资产。

信息技术的进步也使得低等级的公司可以不再依赖银行贷款，而转向垃圾债券市场融资，该市场现在美其名曰“高收益”市场。该市场的兴起部分得益于能更精确测量垃圾债券风险的技术进步，部分也归因于将成百上千家低等级的公司债券进行整合发行的模式。通过风险汇聚和行业多样化，这些独立的垃圾债券板块为愿意承担更高风险的投资者提供了较 AAA 级的公司债券更具吸引力的投资回报率。这些高收益的垃圾债券通过货币市场共同基金和交易型指数基金进行交易。

毫无疑问，这些创新意味着商业银行和储蓄机构在金融体系中作用不断下降。1975 年，商业银行和储蓄机构发放给非金融部门的贷款占信贷总额的比例为 53%，2008 年下降至 30%。包括对冲基金、投资银行以及提供借短贷长的传统银行功能的非银行金融机构在内的影子银行体系的出现，解释了商业银行和储蓄机构信贷业务份额下降的原因。为应对这种挤压，商业银行便着手开拓商业地产市场业务并增加公司并购和杠杆收购的贷款业务，同时也通过从事新的表外业务与影子银行开展竞争。

纽约联邦储备银行行长蒂姆·盖特纳在 2009 年中期的一场演说中表示，影子银行体系的总资产已经超过“正规”银行。他估计美国前五大投资银行的资产总额高达 4 万亿美元，对冲基金的资产总额为 1.8 万亿美元，包括拍卖利率证券、资产支持商业票据“管道”、隔夜回购业务以及其他形式在内的一揽子证券工具的资产总额合计为 4.4 万亿美元。影子银行体系的资产加总高达 10.2 万亿美元，而商业银行体系的总资产也不过 10 万亿美元[13]。一些分析人士认为，盖特纳的数据低估了影子银行体系的相对重要性。从 21 世纪初开始，影子银行体系几乎没受到管制而快速成长。由投资银行和对冲基金发行的资产支持证券占金融中介债券发行总额的比率由 1984 年的零上升至 2006 年的 15%。为了获取将个人抵押贷款打包成抵押贷款支持证券的巨大利润，私人投资银行在 2000—2005 年逐渐参与到这项活动中。如图 4－3 所示，在 2000—2007 年间由私营公司发行的证券价值超过 5 万亿美元，在 2005 年达到高峰。在房价大幅下降之后，这些债券的价值也随之下降并且由于市场缺乏购买者而变得不确定。因此，在 2008—2009 年这些证券的新发行量可忽略不计。事实上，这个市场已经完全关闭。2010 年夏季，只有房地美和房利美仍在积极从事证券化业务。

杠杆化的作用

金融机构的杠杆率可以被定义为总资产或总负债与其净资产或资本的比率。如果一家银行每年的总资产回报率为 1%，并且假设它的总资产与净资产或股本的比率为 12，则其所有者每年的股本回报率为 12%。如果投资银行的资产收益率为1.5%，而它的杠杆比率为20:1，则其股东将获得每年30%的股本回报率。如果一切进展顺利，放大杠杆以提高收益率就很有诱惑力。

在20世纪90年代，美国经济一直保持上升态势，经历了失业率下降、通货膨胀低企、生产率迅速提高以及利润增长的美好时代。20世纪90年代末，民众从国民收入增长中分享到的利益不断增加，股票价格飞速上涨。从80年代中期开始，美国经济进入罕有的稳定时期，总产值和通货膨胀的波动性都明显下降。1982—2006年的25年间发生的两次衰退是第二次世界大战以来最温和的。这一时期正值美联储主席格林斯潘在任，被经济学家称为“大稳健”时期。人们开始谈论所谓的“新经济”，预期未来既没有高通胀又没有高失业，对美国经济的未来充满信心。

正如海曼·明斯基的假设，经历长时期的高度稳定之后必然是经济的非稳定时期。诺贝尔经济学奖获得者约瑟夫·斯蒂格利茨曾说过“稳定孕育不稳定”。正如明斯基所预言的，在“大稳健”时期强劲的盈利和懵懂的监管者的鼓动下，企业开始承担更大的风险，主要表现为两种方式：购买更多的风险资产和承担更大的杠杆效应，这在华尔街和其他地区表现得淋漓尽致。这种狂妄、自负或者贪婪表现为世界范围内金融机构杠杆率的普遍上升。图4-4显示了美国金融部门杠杆率增长的情况，它以美国最大的四家投资银行的债务/资本比来计量杠杆率，时间跨度为2004年至2007年金融危机爆发前的几年。

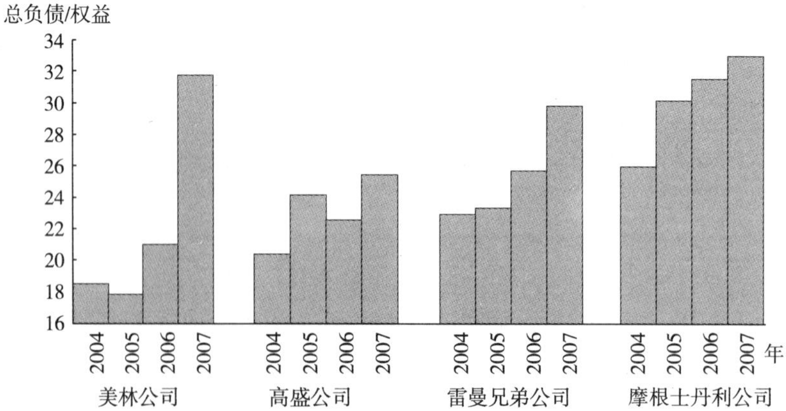

资料来源：公司年报（美国证券交易委员会）。

图4-4　2004—2007年美国投资银行杠杆率

从图 4 - 4 中我们注意到，在 2004 年至 2007 年之间，美林公司杠杆率增幅最大，它后来遭遇了严重的问题，于 2008 年 9 月并入美国银行。几乎在同一时间，雷曼兄弟公司宣布破产。杠杆率最保守的高盛公司，可以说是现在最强的公司[14]。非常关键的一点是，各金融机构在 2003 年后开始承担更多的风险，直至 2010 年和 2011 年，美国政府仍在为它们埋单。

Ⅳ. 美联储的角色

20 世纪 90 年代末，紧跟着股价暴涨而形成的巨大股票泡沫，房地产泡沫也逐渐膨胀起来。从 20 世纪 80 年代初直到 20 世纪末，美国股价直线上升，这是历史上美国持续时间最长、上涨幅度最大的牛市行情。但是在新世纪开始的头两年里，美国股市市值下跌了 45%。科技股曾在 20 世纪 90 年代形成了巨大的泡沫，在 2001—2002 年的科技泡沫破灭中，其股价下跌 75% 以上。一些评论家指责美联储在清理科技泡沫的同时，在房地产市场重建了另一个泡沫。在 2003—2005 年间，美联储的短期利率一直维持在极低水平[15]。

许多经济学家和学者已经意识到，异常低的利率水平是造成信贷和房地产价格泡沫的重要推力。对这一事件的常规解释是，格林斯潘领导下的美联储当时十分担心美国经济可能处在通货紧缩的边缘。20 世纪 90 年代日本经历了长期的通货紧缩，其间日本经济几乎处于停滞状态，失业率也远高于正常水平。日本经济的这段历史被称为“失去的 10 年”。除此之外，担心通货紧缩的另一重要原因还在于中国作为一个巨大商品出口国的出现，其出口产品的价格往往要比美国产品低得多。全球化进程正在对美国制造业施加价格竞争压力。图 4 - 5 显示了 1999—2006 年美国的价格走势，也说明了格林斯潘对 2002—2003 年通货紧缩担心的原因。

通货膨胀在这几年里一直呈下降趋势。生产价格指数（PPI）是消费价格指数（CPI）的一个领先指标。12 个月的核心 PPI 从 1999 年到 2003 年呈下降趋势，并在 2002 年秋季变为负数。核心 CPI 通胀率也呈下降趋势，从 2000 年的每年 2. 5% 下降到 2003 年 12 月的 1. 1%，但在接下来的两年呈现上涨趋势。

由于 2000—2002 年股市崩盘、2001 年的经济衰退以及发生在纽约和华盛顿的恐怖袭击等带来的冲击，企业和消费者信心低迷。因此，在这种环境下，我们就不难理解为何美联储要在此期间维持不同寻常的低利率。

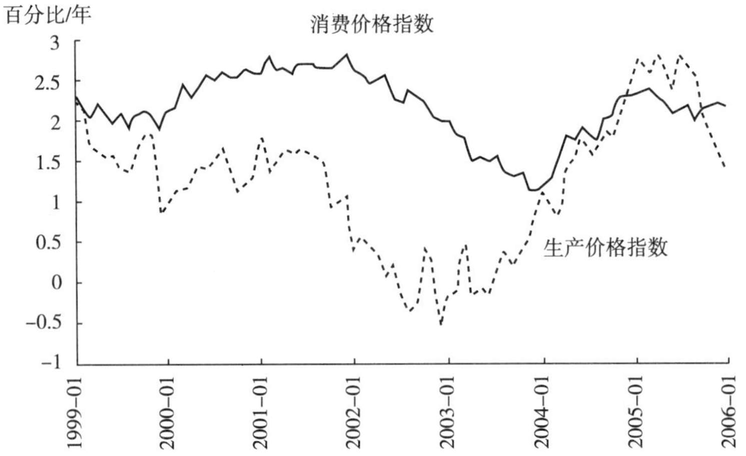

资料来源：圣路易斯联邦储备银行，FRED 数据库。

图 4－5　1999—2006 年消费和生产核心价格指数

然而，一些评论家仍是不理解为何美联储要在这么长的时间内维持如此低的短期利率。核心 PPI 指数从 2003 年春季开始上扬，核心 CPI 指数约在 6 个月后也开始上升，而美联储却仍然将联邦基金利率维持在极低的水平，从 2002 年 1 月至 2005 年夏天，真实的联邦基金利率一直都保持负值。我们永远都不知道是否这种低利率政策实际上使美国避免了通货紧缩。以事后的眼光来看，似乎不太可能需要在这么长时间里维持如此低的利率。未来的历史学家也许会将这一事件当做一个重大的政策失误。

V．识别泡沫

美联储主席艾伦·格林斯潘和本·伯南克替不愿意运用政策工具来抵御泡沫膨胀进行辩护，他们强调泡沫非常难以识别，源于“动物精神”的基本经济因素对房价和股价的影响很难区分。不过，某些指标能够说明该问题。就股市而言，如果市盈率远高于历史正常水平，那么它就会产生一个意味着存在潜在泡沫的危险信号。1999 年底，标准普尔 500 指数的市盈率收益按照 10 年平均水平来计算，几乎是近 50 年历史平均水平的 3 倍。那么，可以确定泡沫产生的可能性已经很高。

在房地产方面，如何识别泡沫更加困难。然而，有几个指标可以提供有价值的提示。一个较为合理的指标就是相似质量和位置的房屋的租售比。图4－6显示了从1997年至2010年间的租售比指数，它运用凯斯—希勒全国房价指数来衡量房屋出租的等值租金。

在图4－6中，该比率以1997年为基期，设定数值为100。从图形走势来看，从1997年到2003年初，该比率的增速较为温和，随后加速上涨，并于2005年底达到高峰。在高峰期，反映房屋负担能力的该指标相对1997年增长了近80%，相对2002年增长了60%。

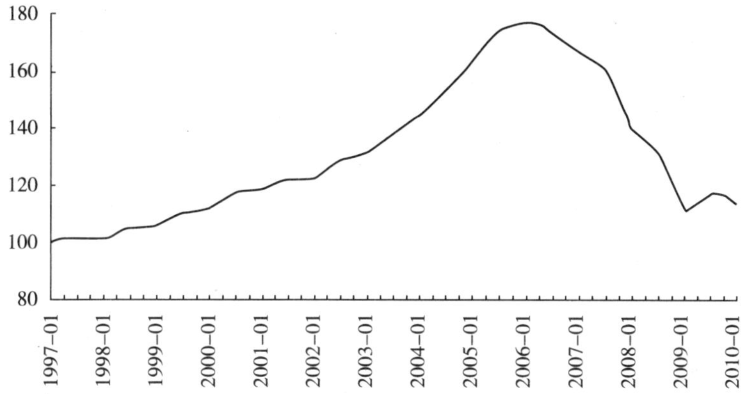

资料来源：美国统计劳工局和标准普尔公司。

图4－6　美国房价指数与屋主等价租金的比率（1997年1月=100）

第二个指标着重衡量每月抵押贷款还款额的支付能力。该指标用有房家庭的可支配收入中用来支付包括税收和保险在内的每月付款所占比例来表示。在2004—2006年间美国的几个城市中，中等收入家庭每月付款占到其可支配收入的50%以上，在某些情况下，这一比例甚至达到60%。然而，在房地产泡沫膨胀期间，购房者采用可变利率抵押贷款的方式。这就意味着，未来他们每月房贷还款额高度不确定，并很有可能上升。因此，用房价与家庭可支配收入之比来衡量也许是一个更好的指标。从房价崩溃之前的1998年到2006年初，全国房价指数与人均可支配收入的比率上升了近60%。

从2002年到2006年中期，全美年通货膨胀率低于3%，很多大城市的房价却在暴涨。在房价上涨的后期，很多购买者开始恐慌，并犹豫是现在购买还是在房价涨到更高之前再购买。迈阿密、洛杉矶、拉斯维加斯和凤凰城等地的房价在这四年半之间上涨了将近两倍。在凯斯—希勒20个城市房价指数中，在这段期间有11个城市的房价上涨了超过70%。因此，一个警觉的观察家将得出结论：泡沫已经出现。

Ⅵ. 结论

在21世纪的前6年形成的信贷和房地产双重泡沫是由多方面因素共同作用形成的，任何一种因素单独起作用都不可能产生泡沫。这些因素包括“动物精神”以及房价不会下跌这样盛行一时的荒谬观点。华尔街机构和一些大型银行都错误地认为，它们所开发出的金融技术和复杂模型可以准确无误地度量风险并能采取措施来消除风险。金融技术变革、影子银行体系的崛起、美联储的低利率政策以及众多激励机制扭曲等导致贷款标准严重弱化，这对泡沫的形成起着决定性影响。最后，监管机制不可避免地落后于金融技术的快速发展，对泡沫的形成也起到了重要作用。

也许最令人惊讶的是这次危机爆发得如此迅速，20世纪90年代末开始形成的股市泡沫于2000—2002年破裂，房地产泡沫崩溃就接踵而至。记忆似乎越来越短。如果真是这样的话，下一次危机的发生恐怕已为时不远了。下一章我们将着眼于“大危机”——关注房价开始下跌后的最初几年里接连发生的一系列事件。

注释

① 机构购买抵押贷款支持证券及相关证券通常受到限制，它们只许购买AAA级的此类证券。穆迪、标准普尔和惠誉是3家最主要的评级机构，它们的收费主要依赖于投资银行债券发行业务，其中的利益关联可想而知。

② 美国住房拥有率在第二次世界大战结束后初期上升非常快，从1945年的45%上升至1957年的65%，1957年至1994年这段时间保持相对稳定，此后又开始了新一轮上升，2005年已上升至69%。最近一轮住房拥有率的上升只能轻度解释抵押贷款与可支配收入之比的上升，购房者承担了远远高于他们支付能力的抵押贷款。

③ 1998—2005年，消费物价指数以每年2.6%的速度增长。同期全国房价上涨率却

是每年 10.4%。在一些主要大城市，房价上涨率更高。

④ 在第一种情形中，10 000 美元的投资 5 年后可获得 122 102 美元的收入。按照复利计算，平均每年的收益率为［（122 102/10 000）/5－1］×100＝64.9%。若房价涨幅每年为 14%，则该收益率上升为［（183 083/10 000）/5－1］×100＝79.3%。

⑤ 图 4－2 显示的数据是滞后 12 个月的通货膨胀率。凯斯—希勒指数的统计始于 2000 年，因此，图 4－2 反映的是 2001 年第一季度的情况。

⑥ 这种发放于 2006 年的“诱导利率”贷款，月度还款额在借款两年后会升至每月 300 美元以上，其中 15% 的贷款的初始利率低于 2%，而传统 30 年固定利率抵押贷款的利率高于 6%。

⑦ 问题可以通过这种方式解决：要求贷款发放者保留持有 20% 的抵押贷款，通过确保贷款者牵涉其中来改变原有的激励方式。

⑧ 对次级抵押贷款市场的全面分析可以参考爱德华·格兰里奇撰写的《次级抵押贷款：美国最近的繁荣与衰退》（华盛顿特区：城市协会评论，2007）。

⑨ 购房者较租房者拥有的税收优惠政策包括用于支付抵押贷款利息可以从应纳税收入中扣除以及优惠的资本利得税，即出售首套住宅时一次性最高可豁免 50 万美元的资本收益。

⑩ 这些公司最终可能要么完全私有化（消除任何隐性的政府担保），要么放弃私有化并回归作为严格意义的政府机构的最初状态，或者作为私有的政府资助企业并接受监管来降低它们允许承担的风险，或者维持现状但要缩减规模以降低纳税人的风险。

⑪ 2004 年房利美卷入财务丑闻，2006 年 12 月联邦政府监管部门对房利美 3 名高管提起民事诉讼。这些高管被控为了提高他们每年的奖金而欺骗性操纵房利美公布的利润。诉讼要求除了对他们开出 1 亿美元的罚款外，还要索回 1998 年至 2004 年对 3 位高管支付的 1.15 亿美元的奖金。这种财务诈骗行为同私营公司如安然公司、泰科公司以及世界通讯公司等公司丑闻相似。

⑫ 在抵押贷款兴旺时期，银行自身也变成影子银行体系的参与者，它们成立子公司，即所谓的结构投资机构 SIV 发行商业票据融资来购买高回报资产，包括抵押贷款支持证券及相关证券。银行将这些子公司的业务放入表外，而不必为此提取足够的资本准备。通过减少资本准备，这一手法可以提高银行的杠杆比率。

⑬ 参见蒂姆·盖特纳在纽约经济俱乐部（2009 年 6 月 9 日）的演讲，http://www.neryorkfed.org/newsevents/speeches/2008。

⑭ 2007 年杠杆率大幅提高的部分原因在于当年投资银行的严重损失导致资本的下降，特别是源于抵押贷款支持证券。美林公司和雷曼兄弟公司就属于这种情况。

2005—2006 年杠杆率提高的主要原因是当投资银行卷入狂热周期中而草率地增加冒险行为。

⑮ 在第十一章中泰勒规则将被分析，并将其作为基准来评估美联储设定的联邦基金利率水平。通过对照泰勒规则的标准，我们可以看出 2002—2005 年的联邦基金利率维持在比平均水平低 250 个基点的相当低的水平上。

第五章　双泡沫的破灭

Ⅰ. 简介

上一章研究了导致房地产和信贷双泡沫产生因素的相互影响，这一章关注在2007年和2008年房价回落和去杠杆化开始后，引起这些泡沫迅速破灭的事件。下一章探讨双泡沫如何引起这场自20世纪30年代以来美国持续时间最长、危害程度最深的经济紧缩。

在某个时点，可能在2002年或2003年，房价持续的强劲上涨演化形成了泡沫。人们开始把住房当成投资品而不是简单的栖身之所，数以百万的房屋所有者开始换购更大的住房或者购置度假屋。在低利率、能够轻易得到的贷款和羊群心理等因素的推动下，投机变得几近疯狂。在美国的有些地区，买房只为在几个月内将其再出售，而非用于居住。2003年初，美国主要城市的房价呈现平均两位数的上涨，而消费价格指数则非常低。2004年，房价的增速超过了15%。

在泡沫发展的后期，美国多数大城市的房价于2006年涨至高点，其中一些城市的房价直至2007年仍在上涨。从2000年1月至房价峰值期间，像纽约、旧金山、凤凰城、拉斯维加斯、华盛顿、洛杉矶和迈阿密这些城市，房价涨幅均超过两倍，洛杉矶和迈阿密甚至接近三倍。在此期间，美国20个大城市的凯斯—希勒房屋价格指数上涨了139%。这种房价急剧上涨代表着美国历史上最大的房地产价格泡沫已经形成。

在泡沫期间，沿海大城市以及凤凰城和拉斯维加斯等地的房价相对涨幅最大。由于市场条件不同，美国各地的房价上涨也呈现出相应的地域性特征，其中土地成本是房价的决定性因素。旧金山、纽约和迈阿密等城市对建筑物空间扩张的物理限制，有助于解释这些城市相对较高和快速上升的房地产成本。而达拉斯和亚特兰大等城市的土地充足而更便宜，房价相对也更低，增长速度也更慢。2010年，房地产泡沫破灭的尘埃散尽后，纽约和西雅图的实际房产价格（考虑通胀因素）是十年前的两倍多，而在麻烦缠身的底特律，房价则降到了2000年的一半左右。

不幸的是，2006年夏天好日子到头了，房价开始下滑——起初很慢，随后加快。到2009年春天，大部分城市房价继续下跌，全国房价整体性地下降近1/3，多数城市跌幅高于这个水平。数以百万计的房产所有者和成千上万的金融机构蒙受了巨大损失，演变成为自20世纪30年代大萧条以来美国最严重的经济衰退。下一章我们将会详细阐述。

Ⅱ. 房价下跌和房屋止赎：一个恶性循环

新千年开始后的第一个十年的早期，美联储不断降低利率以应对2001年经济衰退、“9·11”恐怖袭击以及2000—2002年间的股市泡沫破裂。2003年中期，美联储的联邦基金目标利率降到1%，这一水平维持了一年。2004年7月，也就是2001年经济衰退后的大约第三年，美联储开始提高利率。经过一系列微调之后，联邦基金目标利率在2004年11月达到2%，2005年5月达到3%，2005年11月达到4%，2006年5月达到5%。

当2003年和2004年利率到达谷底时，很多不谨慎和冲动的借款人获得了可调整利率抵押贷款，对这些人而言，利率不断上升简直就是一场灾难。2006年春季，许多人发现他们每月的还款额随着“可调整利率抵押贷款”的重新向上调整而不断攀升，到了2007年春季，还款额已经变得如洪水一般。一个普通的次级房贷者的月供额从1 200美元也许会升至每月1 500美元。成百上千的家庭连支付1 200美元的月供额都勉为其难，更不用说支付更高的月供额了。他们只能选择贷款违约，贷款机构收回了他们的房产。2006年初，违约数量为775 000笔，2006年末上升至1 000 000笔，而2007年中期则达到1 500 000笔。初步估计，从2007年夏天到2008年春天，空置房增加了100万套。

房价开始下降，然后轰然坍塌。2007年初房产销量是年均750万套，年底就变为不足550万套。房地产商们诧异于购房意愿发生如此大的逆转。新建住宅以及贷款机构投放到市场上的回收住宅储备量的增加，对房价构成严重下行的压力。那些被认为是“资不抵债”的房屋所有者的数量——他们所欠的债务超过了其房产价值——2006年春季为250万户，2007年春季则上升至350万户，到2008年春季更上升至800万户。而此时，劳动力市场开始南移，使得更多家庭难以承受房产月供额。

在美国的50个州中，有11个州的房产抵押贷款是无追索权的。为了防止欠款不还和违约，贷款机构可以收回抵押物，但是不可以占有违约借款人的任何私人财产。即使在另外的39个州，抵押贷款机构考虑到诉讼费用和违约借款人可能没有其他资产偿还债务，也不会对违约借款人采取法律措施。因此，事实也就很清楚，在大多数情况下，即便借款人有能力负担月供款，他们也有强烈的财务动机弃“负资产”而去。房价的持续下降和“负资产”数额的逐渐上升，导致这种违约动机进一步加强。

为了更好地阐述成千上万的“资不抵债”的房屋所有者在2010年中的状态，我们选取一个不幸的拉斯维加斯家庭为例。这个家庭在2006年5月泡沫高峰时购买了一套价值500 000美元的房子。假设这个家庭以房产的20%作为首付，实际贷款400 000美元。假设拉斯维加斯的房价快速下降（降幅为55%），2010年5月这一家庭的房产价值为225 000美元。除了支付首付款100 000美元以外，这个家庭的“资不抵债”额近175 000美元。拉斯维加斯家庭是个极端的例子，因为那里的房价严重缩水，在案例中其“贷款价值比”在80%的时间内要低于其正常水平。在21世纪，数以百万计的购房者的首付比例低于10%，甚至更少。许多从初始抵押贷款衍生出的二次抵押贷款的“贷款价值比”接近100%。这意味着，房价的任何微小下跌都会让他们随时变为“资不抵债”的借款者。

几个因素会限制购房者从“资不抵债”的借款人变为违约借款人的意愿，包括搬家至新的社区或城市会迫使小孩转学、中断友谊等带来的精神成本；多数普通美国人偿还债务的个人道德责任感；违约可能引起的对个人名誉、信用评级和未来工作前景的潜在损害。

2010年中期，“资不抵债”家庭估计达到1 500万户，或者占到所有抵押贷款人家庭的大约1/4，其中有500万户家庭的债务超出资产比例达20%以上。研究表明，尽管大多数“资不抵债”家庭仍在继续努力偿还贷款并居住在自己家里，但当房产的市场价值缩水至贷款价值的80%以下时，按月还款将会中断。这种时候，住在房子里的财务成本要高于前面提到的违约成本。有趣的是，那些欠有百万美元以上抵押贷款的富人比那些中等收入和欠有中等数额贷款的人更倾向于“弃供”而成为违约者。

如上所述，在2006年夏季，房价开始下降。价格下降引起更多的房屋止赎和强行拍卖，导致价格进一步下降，如此恶性循环持续了 3 年。许多城市的房价在 2009 年春季降到最低点，有些城市的房价在此之后的一年里仍在下降。图 5－1 说明了 12 个大城市的房价从 2006 年和 2007 年峰值降至 2009 年低谷时的降幅。

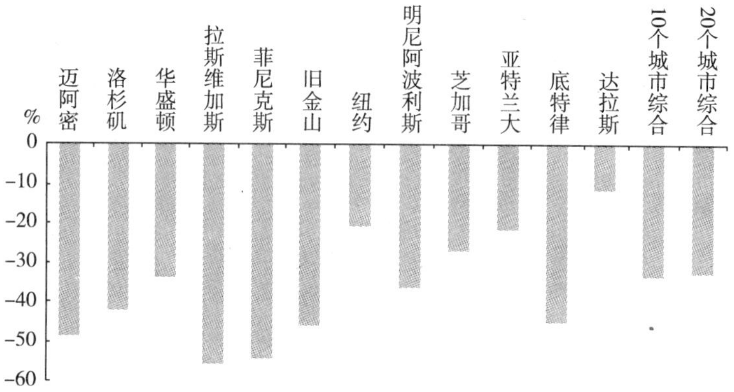

资料来源：标准普尔公司。

图 5－1　房价在 2006—2007 年峰值至 2009 年低谷间的降幅

图中 12 个城市中有 6 个城市房价降幅超过 40%。值得注意的是，拉斯维加斯和凤凰城的房价跌下了 50% 以上。综合指数表明，美国 20 个大城市的平均房价下降了大约 1/3。所有列出的城市中，下降幅度大至拉斯维加斯的 55.5%，小至达拉斯的 11%。总体来说，在泡沫期间经历了房价最大上涨的城市在泡沫破裂时也下降得最多。迈阿密的一栋在 2000 年价值 200 000 美元的房子，2006 年 10 月上涨至 562 000 美元，2009 年 5 月下降至 290 000 美元。另一个极端是达拉斯一栋在 2000 年价值 200 000 美元的房子，在房价高峰时才 253 000 美元，2009 年 2 月降至 225 000 美元。考虑到底特律和美国汽车行业所遭遇的经济问题，底特律一栋 2000 年价值 200 000 美元的房子在 2005 年 12 月达到 254 000 美元，而 2008 年 6 月下跌至 139 000 美元也不足为奇。

这场由房价下跌引发的金融危机最终让美国承受了 800 万个工作岗位和 20 000 亿美元收入的损失。房价下降直接引起抵押贷款支持证券和前 15 年来被金融工程师们创造出来的相关衍生品价值的大幅下跌。这造成了巨大的连锁反应，严重损害了许多金融机构的财务状况，引发了对许多银行和非银行金融机构的挤兑风潮，它们从短期货币市场借入资金购买抵押贷款支持证券和其他长期金融工具。几乎每个人，包括美联储主席本·伯南克和财政部长亨利·保尔森，都对金融体系暴露出的相互关联程度表示惊讶。例如，让雷曼兄弟公司破产的决定几乎立即引起了对货币市场共同基金的挤兑，进而引起商业票据市场的关闭和数以百计的大型企业的信用崩溃。我们现在转向讨论房价下降是怎样引起连锁反应，并导致这场可以和30年代大衰退相提并论的大灾难。

Ⅲ. 借短贷长的经济学原理

长期利率一般要高于短期利率。以国库券为例，在过去50年的90%的时间里，10年期和30年期的国库券收益率都要超过90天国库券收益率。在这期间，10年期国库券的平均边际收益率是1.5%，30年期的则是1.8%[①]。这个原则同样适用于私人债券市场，例如AAA级公司债券收益率通常高于最高级的短期商业票据收益率。因此，在这些年，“借短贷长”通常是有利可图的。

然而，这种策略也有内在风险，有时甚至会自食其果，正如2007—2009年的金融危机时期。金融机构发行短期债务以发放长期贷款的做法易受流动性风险和市场利率风险的影响——而“借长贷长”的公司则不会遭遇这种风险。如果一家机构“借短贷长”，一旦它无法对债务展期，就会变得极其脆弱——也就是说，在债务到期时金融机构重新发行短期债券，但是却找不到购买者。在这种情形下，金融机构将被迫极不情愿地以超低的价格出售长期资产。这就是我们所指的流动性风险，它可以引起严重的财务问题，就像大危机时期一再出现的现象。

另外，金融机构以固定利率借出长期贷款，也可能遭受潜在的短期债务利率上升的风险，即使它并没有因为短期债务到期无法展期。在这种情况下，金融机构的利润空间将会被上涨的短期利率水平挤压掉。如果这种情况持续，金融机构最终将破产。最经典的案例是第三章讨论的美国80年代发生的储贷危机。1979年和1980年短期利率大幅上升，增加了储贷机构获取资金的成本，这种成本的上升不可能转移到几年前发放的固定利率抵押贷款的借款人身上。由于1981年和1982年巨大的经营损失，全国超过半数的储贷机构要么被关闭，要么被更强的机构兼并。

前面已经说过，那些顶尖的美国金融机构的CEO和经理人以及其他负责重要投资的决策人非常健忘。就像储贷危机是由“借短贷长”引起的，大危机时期的许多破坏也源于此。然而，这次危机的引发原因主要是金融机构无法为到期债务再融资而引起的流动性风险。这种无能为力来源于2007年和2008年人们日渐清醒地意识到许多金融机构的抵押贷款支持证券的账面价值严重缩水，导致金融机构徘徊在破产边缘。金融机构没有充分意识到流动性风险——该风险使得它们无法为其债务展期。这种对风险的低估产生于非理性地认为房产价格大幅下降的可能性很小。

Ⅳ. 神秘的金融工具和影子银行体系

华尔街在过去25年创造出大量的新金融工具。经济学家相信这些金融工具可以改善金融体系的效率，因此它们基本上是有益于社会的。然而，许多复杂和难以理解的金融工具在信贷和房地产泡沫的形成中扮演了重要角色。在此，我们将讨论几种比较重要的金融工具。

抵押贷款支持证券和债务担保工具

抵押贷款支持证券是把住宅或商业抵押贷款打包，然后以打包的抵押贷款做抵押，并像发行债券一样出售给世界各地的投资者。债务担保工具是金融工程师们基于一系列住宅抵押贷款、商业抵押贷款、汽车贷款、公司债券、学生贷款或者其他类型贷款而开发出来的衍生品。为了创建债务担保工具，必须先将上述的一系列特定类型的贷款证券化。然后，这些证券按照风险程度被分成不同的等级。按质量好坏排序，这些等级包括优先级、中级和次级（有时称为股权级）。

优先级证券首先要求支付基础证券的利息收入，因此它风险最低、收益也最低。从账面价值计算，这些优先级证券基本占到所有证券的3/4，主要被出售给大型银行和养老基金，这些养老基金只被允许承担指定的风险，并被要求只能投资于AAA等级的证券。中级证券主要是A级别的证券，它们风险适中，收益也适中。它们通常被出售给保险公司，这些保险公司所受到的监管严格程度比银行要低。次级证券大约占到所有证券的不到5%，在基础性的抵押贷款和其他证券出现问题的情况下，它们是最后被偿付利息的。这些证券没有评级，通常被要求以更高的收益率来补偿投资者所承担的更多风险。对冲基金通常是这类证券的主要购买者，因为它们通常被其投资者期望获取高回报而愿意承担重大风险。

债务担保工具的魅力在于可以被重构以满足不同投资者的风险偏好。例如，西南航空公司债券的优先级 AAA 证券和康菲石油公司债券的优先级 AAA 证券混合起来，可以通过对冲避免油价的大幅波动带来的损失，从而降低潜在保守投资者的风险。一个债务担保工具也可能由全国不同地区的优先级抵押贷款支持证券组成，通过地域分散而提高安全性。那些能够接受更高风险以期更高回报的投资者也可以购买另外的债务担保工具，它们由中级的不同抵押贷款支持证券或者其他债务工具组成。传统思维认为，债务担保工具的多样化使得它成为一个相对安全的金融工具。

信用违约互换工具

购买各种抵押贷款支持证券、债务担保工具和其他金融工具的人能够购买覆盖这些投资引发的任何损失的保险。通过复杂的衍生品交易，这些被称为信用违约互换工具的保险工具由大型银行和保险公司如美国保险集团（AIG）发行。购买此类保险的费用相对较低——它如此之低，以至于变成美国保险集团（和纳税人）的梦魇。2000 年后，信用违约互换工具快速增长，截至 2006 年，其名义价值（被保险的所有资产账面价值）达到 60 万亿美元。

表面上看，华尔街发明了新的产品以降低金融市场风险。市场相信，抵押贷款支持证券和债务担保工具是非常安全的，这些投资工具不太可能发生的任何损失又可以被信用违约互换工具所覆盖，因此全世界的投资者对这类证券的需求量在 2002—2006 年间猛增。许多这类证券被标准普尔和穆迪公司等评级机构评为 AAA 优先级证券，它们显然沉迷于这类证券特别安全的幻觉。只要大型投资者对抵押贷款支持证券和与抵押贷款相关的债务担保工具的额外需求不断，能够向美国家庭供应的抵押贷款数量实际上也就是无限的。对风险的低估和全世界范围内与房产相关的抵押贷款支持证券和债务担保工具的需求激增，共同催生了信贷和房价双重泡沫。

三方回购交易（Reops）

除了商业票据，另一种用于短期融资的金融工具就是三方回购交易，即 Reops。在 Reops 里，借方安排“卖出”美国国库券、抵押贷款支持证券或者其他证券以便获取资金，同时承诺在特定时间以特定价格购回这些证券（实际上，证券不是卖给贷方，而只是仅仅充当抵押品）。回购交易的期限一般都极短，通常只是一天或者一个星期，它被投资银行和其他金融机构广泛运用来筹集资金。回购价格超过初始价格之差就是贷出资金的利息收入。大型商业银行如摩根大通银行在交易中充当中间人，这就是交易的第三方。这个市场的交易规模在 90 年代早期时还不到 4 000 亿美元，到 2008 年夏天就上升到 45 000 亿美元，成为双重泡沫形成过程中信用扩张的重要因素。

在这样的交易安排中，贷方只承担极小的风险，因为借方提供相关证券作为抵押物——这些证券基本上是美国国库券和抵押贷款支持证券——普遍被认为没有违约风险。然而，当次级抵押贷款和其他市场出现的问题引起抵押贷款支持证券价格下降时，对“回购”交易的挤兑风潮开始出现，贷方害怕无法全部收回资金而迅速撤离市场。

美国全国金融服务公司，一个来自加利福尼亚的大胆冒进的抵押贷款机构，成为回购交易挤兑风潮的牺牲品。美国全国金融服务公司习惯于从隔夜回购市场上借入资金来发放抵押贷款，然后等待将其出售给投资银行进行证券化。到 2007 年仲夏，贷方开始怀疑美国全国金融服务公司在回购交易里充当抵押的抵押贷款支持证券的市场价值。8 月，三方回购协议里的中间银行告知纽约联邦储备银行，除非美国全国金融服务公司增加额外的抵押，否则它会在第二天以其抵押的抵押贷款支持证券来直接偿付贷方而不是现金。纽约联邦储备银行主席蒂姆·盖特纳意识到，事态发展将会导致市场出现对抵押贷款支持证券的传染性抛售，因此他通过从中斡旋达成了两方都可以接受的抵押安排（不久之后，美国银行接管了破产的美国全国金融服务公司）。不管怎样，这个事件较早地为回购市场的脆弱性敲响了警钟。大约 6 个月以后，通过回购交易借款的问题导致受到尊敬的投资银行——贝尔斯登公司破产。一年内，随着房价和抵押贷款支持证券价格的下跌，回购市场的年平均交易量从 45 000 亿美元下滑到 27 000 亿美元。

结构性投资工具（SIVs）和管道（Conduits）

大型跨国银行创立结构性投资工具来筹集资金，以大量投资于债务担保工具和抵押贷款支持证券。利用向上倾斜的收益率曲线，结构性投资工具借入短期资金——通常以商业票据和回购交易的形式——去购买长期抵押贷款关联证券。只要它们仍然能在商业票据和回购市场上以传统的低利率借到资金，而且只要资产组合中高收益的抵押贷款支持证券和债务担保工具的价格保持稳定，这种活动就是高回报的。在正常情况下，收益率差价和高杠杆率的结合就能给结构性投资工具带来非常可观的收入。

资本充足率要求限制了杠杆率的放大，因此在经济繁荣时期降低了收益率。各家银行创立结构性投资工具的最重要动机就在于试图绕过资本充足率要求以提高杠杆率。以表外结构性投资工具形式存在的资产——主要是抵押贷款支持证券、债务担保工具和国库券——不受资本充足率的限制[②]。到2007年中期，估计跨国银行以结构性投资工具形式持有大约1.5万亿美元抵押贷款支持证券和债务担保工具。

当缓慢下降的全国房价在2007年开始加速下滑时，抵押贷款支持证券的持有人开始有种不祥的预感。随着房价下跌，抵押贷款支持证券及其相关的债务担保工具的价格必然也会下降。投资者们开始抛售那些抵押贷款支持证券和债务担保工具，导致它们的价格直线下降。货币市场共同基金和其他已经通过购买商业票据向结构性投资工具提供融资的贷方机构很快意识到持有这些票据的风险——很有可能拿不回投资的钱。因此，它们拒绝对到期的票据展期。

大部分结构性投资工具都在创立银行中有一定的信用额度。银行热衷于此类安排是因为它们可以从结构性投资工具中收费。显然，它们没有想过抵押贷款支持证券的价格可能会大幅下降，或者担保的抵押贷款相关证券的保险合同需要执行。也许担心面临法律诉讼，或者因为感到声誉岌岌可危，银行后来又把结构性投资工具划归到表内业务。这些相关的损失削弱了许多大型银行的财务状况。

大型跨国银行发明了一种机制，即把新发放的抵押贷款划为有待证券化的账外资产，这被称为管道，而用于发放贷款的资金是银行从商业票据市场借来的。这些有待证券化的抵押贷款在2007年达到4 000亿美元，但它们没有受到资产充足率的限制，因为它们从技术上说是由管道拥有而非由银行拥有。但是，当抵押贷款支持证券和债务担保工具的价格跌入低谷，管道就会陷入与结构性投资工具同样的问题——它们无法在票据到期时找到新的买家。资金借贷是由信心和信任支撑的，随着贷方机构担心交易对手可能无法很好地承担偿还借款义务，市场的信任也开始蒸发。不能及时为到期的短期债务再融资让很多管道无法支撑下去，这削弱了整个私人证券化业务，并造成其于2007年基本终止，市场上只剩下房地美和房利美两家从事证券化业务的机构。

影子银行体系

商业票据和回购交易的发行者可以被看做影子银行体系的一部分，该体系包括结构性投资工具、管道、对冲基金和投资银行等。为了获取资金，传统的银行吸收由联邦存款保险公司（FDIC）保险的存款，在流动性枯竭的时候它们还可以求助于联邦储备系统获得贷款。因此，它们实际上受联邦“安全网”保护。除了不能通过吸收存款获取资金外，影子银行发行没有被保险的证券，例如商业票据和回购协议。在危机时期，影子银行也不能像传统银行那样通过美联储的贴现窗口获取流动性。在2007年和2008年，影子银行比传统银行更容易遭受流动性风险。在危机之前，这种风险的程度被忽视或被广泛低估。

2000年后，影子银行体系在监管机构的视野外迅猛发展。因为几乎不受监管，影子银行的杠杆率通常比商业银行要高出很多。高杠杆率的有利一面是在繁荣时期可以带来可观利润。2002—2005年异常的低利率水平鼓励了企业承担更多的债务并提高杠杆率。金融危机部分起源于对高杠杆率正面效应的高估，同时伴随对高杠杆率的负面效应认识不足。

高杠杆率的负面效应在于，如果类似房价下跌的金融冲击导致资本减少，一个高杠杆率企业必须比低杠杆率企业更多地降低资产规模。如果商业银行体系的杠杆率为8/1，假设其资本减少了2 000亿美元，那么它必须减少资产（主要是贷款）16 000亿美元，以达到均衡和资本充足率要求。如果影子银行体系的杠杆率在20/1，假设同样遭受股本损失2 000亿美元，那么它最终也许要减少40 000亿美元的资产才能维持均衡。

房价下跌和抵押贷款支持证券市场价值的相应下降，造成了“普通”银行和“影子”银行资本的大量损失，从而形成一个大规模和成本高昂的去杠杆化过程——贷款清收——该过程始于2006年。这个过程持续了几年，在很大程度上导致了近年来贷款标准的严重收紧。因为影子银行体系比传统银行的杠杆率高很多，而且在大危机前的十年中，影子银行体系创造的信贷占比迅速上升，2007 年和 2008 年房产泡沫破裂的经济影响远比 10 年或 20 年前更为严重。

专栏5－1　利率拍卖证券：影子银行体系失去控制

2007 年，美林证券公司和其他主要金融机构大举对富有客户推销一种看似非常吸引人的金融产品，这些富有客户至少拥有 25 000 美元的现金头寸。利率拍卖证券看起来好得不够真实。这个产品由现已破产的雷曼兄弟公司的金融工程师们在 80 年代最早开发出来，它似乎结合了长期债券颇具吸引力的回报以及存款储蓄账户或者货币市场共同基金的流动性。当货币市场金融工具和活期存款的收益下降到非常低的水平时，利率拍卖证券的发行量急剧上升。

投资者购买利率拍卖证券时，实际上是在为市政机构提供一笔融资，例如丹佛机场管理局。从法律角度讲，这些资金像传统债券一样被捆绑20～30年之久。但是，每隔一周或一月，发行这些证券的投资银行就会公开拍卖一次，让潜在新投资者竞标购买，取代那些想要把钱拿出来的投资者。竞价拍卖决定的利率将被支付给所有证券持有人，直到下一次拍卖。这种金融创新看似可以为持有人提供高流动性和可观回报，而且对发行人而言，它比传统债券利率更低。2008 年，利率拍卖证券的市场规模像气球般膨胀至超过了 3 500 亿美元。

这些新的金融工具为什么能对借款人和贷款人都带来如此强的吸引力，并且从传统银行手中争得份额呢？因为利率拍卖证券不受美联储和其他监管机构的监管，因此较之传统银行，发行者可以获得重要的财务优势。银行受资本充足率和存款准备金率限制——这些监管措施减少了银行的利润水平，并且银行还得为联邦存款保险公司提供的存款保险支付费用，而利率拍卖证券的发行者却不需要支付这些费用。

2008 年初，随着金融危机深化和对流动性需求的上升，拍卖利率证券的竞购者消失了。那些想要把钱拿回来的投资者被拒绝。相反，他们面临的是被束缚几十年直至证券到期的境况。最初两次或三次拍卖失败后，惊慌的证券持有人想方设法要抽身出来，利率拍卖证券市场经历了通常的挤兑。传染导致整个系统瘫痪。今天，利率拍卖证券体系不复存在。对个人投资者而言幸运的是，纽约总检察长最终介入，威胁对发起人如美林证券公司提起法律诉讼。美林公司和其他发起人退让了，它们把钱还给客户，自己承担起这个包袱。

昙花一现但是爆发式增长的利率拍卖证券诠释了不断变化的影子银行体系的本质，说明新的金融创新已经降低了传统银行在信用创造过程中的相对重要性，并且对美联储控制全国经济中信贷总量的能力提出挑战。

V. 多米诺骨牌效应

金融市场恐慌程度的标志是有风险的金融工具和无风险工具的收益率之差。图 5 – 2 反映了在危机最关键时期——从 2007 年中期至 2008 年底这段时间，AA 级商业票据和美国国库券的收益率之差。商业票据通常都被认为违约风险非常低，国库券则被认为完全没有违约风险。在正常时期，两者收益率之差平均值在 25 个基点左右，也就是 0. 25 个百分点。

随着金融危机的蔓延，收益率的差幅扩大，在 2008 年达到 1. 13 个百分点。2007 年和 2008 年，当令人不安的消息引起金融机构抛售商业票据，从而转向投资美国国库券等最安全的投资工具时，收益率差幅呈现出一系列的尖峰形状[③]。美联储和财政部分别或者共同采取的紧急措施，短时间内可以缓解恐慌，把收益差差幅拉回正常水平，直到下一次危机发生。图中反映了几次导致差幅突然扩大的特殊事件，包括 2008 年 3 月投资银行贝尔斯登公司的倒闭。最没有预想到和最具冲击性的事件是 2008 年 9 月雷曼兄弟公司的破产公告发出后市场恐慌情绪蔓延，收益率差幅立即跳升了大约两个百分点。

2008 年 9 月中旬是美国金融史上最为动荡的时期之一。它与黑色星期二——1929 年 10 月 29 日——最为声名狼藉的金融事件可以相提并论。随后我们将讨论那段时期的历史事件。首先，我们来看看导致 2008 年 9 月灾难的一系列危机。

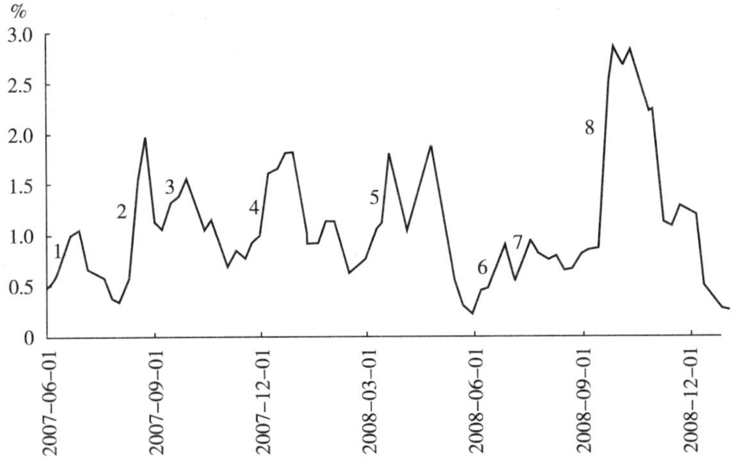

资料来源：圣路易斯联邦储备银行，FRED 数据库。

注：

1. 2007 年 6 月 23 日：贝尔斯登公司承诺用 32 亿美元救助旗下对冲基金。

2. 2007 年 8 月 9 ~ 14 日：法国巴黎银行和其他欧洲银行冻结投资者的赎回申请。

3. 2007 年 9 月 13 日：诺森罗克银行得到英格兰银行的紧急贷款。

4. 2007 年 11 月 27 日：花旗银行得到阿布扎比投资局注资 75 亿美元。

5. 2008 年 3 月 13 ~ 16 日：贝尔斯登公司因亏损被 JP 摩根银行收购。

6. 2008 年 6 月 16 日：雷曼兄弟公司公告第二季度亏损 28 亿美元。

7. 2008 年 7 月 11 日：因迪美银行发生挤兑。

8. 2008 年 9 月 15 ~ 25 日：雷曼兄弟公司签订破产协议，美国银行收购处于困境中的美林公司，美国国际集团被 3 家评级机构降级，第一储备基金“跌破”面值，华盛顿共同基金被储蓄机构监管办公室强制关闭。

图 5 - 2　2007 年 6 月至 2008 年 12 月 AA 级商业票据与国库券的收益率之差

贝尔斯登公司的破产

2007 年 3 月，知名投资银行贝尔斯登公司旗下几只对冲基金破产，这是麻烦来临前的一个早期但少为人知的信号。贝尔斯登公司的对冲基金重仓持有由 AAA 级次级抵押贷款支持证券构造的债务担保工具。几年以来，对冲基金获得了非常可观的收益，年盈利经常超过 20%。但是当次级抵押贷款违约事件不断升级引发了抵押贷款支持证券的价格下降，那些给对冲基金提供巨额贷款的大型银行变得极度焦虑，要求对冲基金增加抵押品。

这迫使贝尔斯登公司抛售一些抵押贷款支持证券和债务担保工具以偿还银行债务。这种举动只会加剧抵押贷款支持证券价格的下滑，从而使问题恶化甚至迫使银行进一步要求增加抵押品。因为没有能力履行银行的要求，贝尔斯登公司旗下的对冲基金不得不关闭。

本以为贝尔斯登公司自身可以渡过难关。然而，到2008年初，贝尔斯登公司的问题明显恶化。那时房价已经下降很多。贝尔斯登公司大量投资次级抵押贷款支持证券，资金主要来源于通过商业票据和回购交易进行的再融资。当抵押贷款支持证券价格下降时，贝尔斯登公司可能破产的谣言开始蔓延。这引发了贝尔斯登公司在2008年3月的一次流动性危机，当时货币市场共同基金和其他投资者都停止购买其发行的商业票据。

贝尔斯登公司是美国第五大投资银行。在美联储的眼里，贝尔斯登公司的崩溃将很可能引发严重的系统性问题，甚至可能造成世界金融市场的恐慌。其原因之一是，贝尔斯登公司开展了大量的信用违约互换交易，为银行和其他机构提供担保以防止它们在贷款和抵押贷款支持证券上遭受损失。如果它倒闭，这些信用违约互换交易——其名义价值（潜在报酬）数以万亿美元计——将变得毫无价值，这将伤害到许多重要的公司。另外，贝尔斯登公司与其他金融机构之间也有非常庞大的债务。人们曾相信贝尔斯登公司业务关联性如此之强以至于不可能破产，即使美联储和财政部也认为政府不会允许其破产。

起初，美联储似乎希望JP摩根大通银行收购贝尔斯登公司。然而，当摩根大通银行的管理层仔细审查贝尔斯登公司的账目后发现，贝尔斯登公司暴露出来的问题远比想象的严重。JP摩根大通银行告诉美联储，必须剥离贝尔斯登公司300亿美元的坏账才有可能达成交易。美联储和财政部与JP摩根大通银行达成协议，JP摩根大通银行将从美联储得到一笔300亿美元的抵押贷款。然而，JP摩根大通银行坚持美联储的贷款应该是无追索权贷款。如果美联储拿到的抵押品价值下降，那将是美联储的问题而不是JP摩根大通银行的问题。因此美联储向JP摩根大通银行提供贷款冒着极大的风险，它被迫跨过一条它并不情愿跨过的线。美联储究竟是扮演了传统的最后贷款人角色，还是实际上补贴和拯救了一个破产的机构，这并不清楚。不管怎样，JP摩根大通银行最终以每股10美元的价格收购了贝尔斯登公司的股票，而该股票的价格在不到一年前售价高达170美元。虽然贝尔斯登公司的债权人因美联储的介入而得到保护，然而其股东们几乎两手空空。

房利美和房地美

房利美是大萧条时期作为重振经济和向买房家庭提供优惠利率按揭贷款的“罗斯福新政”的一部分而建立的政府机构。为了和房利美竞争，1970年美国政府设立了房地美以提高抵押贷款市场的效率。这两家机构使得美国成为世界上几乎是唯一向房屋所有者提供补贴的国家。两家公司刚开始时是完全国有的，后来变成公私混合的机构。

20世纪60年代后期，美国对越南战争的卷入逐渐升级，联邦财政赤字明显上升。这些赤字对国会和总统林登·约翰逊政府都有非常大的政治危害性，阻碍了他的“大社会计划”的实施。房利美在1968年被私有化，以这种急功近利的策略把与它营运相关的赤字从联邦政府的账目中剥离出来。后来成立的房地美也以近似方式被私有化。房利美和房地美成了现在的GSEs——私人所有的政府资助企业。

这意味着房利美和房地美有双重任务：一是继续支持房地产市场以提高新增抵押贷款的流动性，以此补贴房屋所有者。二也即新的任务，就是为股东和高管赚得最大化的利润和薪酬。1988年，房利美和房地美在纽约证券交易所上市并交易。受持续高涨的房价推动，这两家公司生意兴隆，房利美的股价从1988年的每股2美元上升到2004年的每股65美元。在此期间，双重任务看起来可以兼容。

房利美和房地美的政府资助企业章程规定它们购买抵押贷款和从事证券化活动受到限制。考虑到抵押贷款市场规模的内在限制，以及住房拥有率似乎在21世纪初已经到达自然限度，对提高利润的追求意味着它们不得不增加冒险活动。由于政府资助企业的独特性，原本可以抑制这种纯私人企业冒险行为的力量被削弱了。两房的债券持有人认为有政府隐含担保而免于风险，同时股东们坚持为获得更多回报而甘冒更大风险。正是由于平衡机制的缺失，加上21世纪初抵押贷款市场繁荣带来的巨大收益，房利美和房地美倾向于更加冒险激进。

不断增加的冒险行为主要采取以下几个方式来完成。第一，房利美和房地美急剧地扩大那些没有被证券化的存量抵押贷款的规模。与持有抵押贷款支持证券相比，抵押贷款的利润要更高一些，因为它们的收益和借款成本之差比抵押贷款支持证券的收益与借款成本之差高两个百分点左右。第二，房利美和房地美利用向上倾斜的收益曲线，通过缩短债务期限来扩大价差。然而，这意味着它们每年都不得不对债务展期，增加了流动性风险暴露。第三，为了降低成本，房地美和房利美没有采取措施以充分对冲利率风险。第四，为了提高预期回报，它们承担了不断上升的信用风险。虽然没有购买个人次级抵押贷款，但是它们开始购买由次级贷款衍生成的优先级证券，并且在2003年以后，房地产增长进入最后疯狂时期，更是大大增加了对该类证券的购买。

高杠杆率的政府资助企业承担的风险使它们在面临任何潜在冲击时都显得非常脆弱。次贷危机给房地美和房利美带来颠覆性冲击。按照政府资助企业“按市值计价”的要求——即以市场价格计算资产价值——房地美和房利美次级抵押贷款支持证券的账面市值大幅下降，导致在2007年和2008年其自身的资本被严重侵蚀。如果投资者开始拒绝为到期债务提供再融资，这足以造成一场大型的流动性危机。

中国和其他一些亚洲国家购买了大量的政府资助企业债券和抵押贷款支持证券，它们开始对房利美和房地美的财务能力提出质疑，想要知道担保是否会被履行。因为担心房利美和房地美在债务展期时遇到问题，2008年7月，财政部长亨利·保尔森公开承诺提供2 000亿美元的政府资金来支持政府资助企业。几个月后，这个数目升至4 000亿美元。抵押贷款相关证券价值的不断下降，把政府资助企业推向破产的境地，2008年9月房利美和房地美被接收管理并被完全国有化。

房利美和房地美的抵押贷款支持证券的账面价值不断缩水，负净值或者国库券的流出额到2009年第三季度达到1 100亿美元。2009年底奥巴马总统承认了不可回避的问题——政府的承诺是无限制的。总的来看，房利美和房地美拥有或担保了价值5.5万亿美元的超过3 000万笔家庭贷款。它们现在是唯一从事抵押贷款证券化业务的机构，因为私人公司证券化业务已经基本停止。从美国经济的近期利益考虑，政府没有别的选择，必须支撑这个庞然大物而使其保持运营。唯一的问题是它们的最终地位。它们会被永久性地国有化、去除隐含政府担保的完全私有化或者是某种中间状态吗？因为关于房利美和房地美的合适地位是一个备受争议的话题，2010年7月的金融改革法案也没有阐明它们未来的地位。这个议题有可能于

2011 年或者 2012 年在国会上被辩论。

具有讽刺意味的是，尽管政府资助企业的最终命运如何还悬而未决，在 2008 年 9 月被政府接管后，它们在抵押贷款市场扮演的角色却仍在显著扩展。2008 年抵押贷款余额为 12 万亿美元，其中政府资助企业持有或担保其中半数以上，它们还占有 2009 年和 2010 年新发放的 75% 以上的抵押贷款。考虑到几乎所有的私人公司的抵押贷款证券化业务在 2007 年后全部终止，加上抵押贷款机构贷款标准严重收紧，如果抵押贷款市场不会崩溃并且进一步殃及全国经济，那么政府资助企业对这个市场的深度参与就是必要的。

雷曼兄弟公司、美林证券、美国国际集团和第一储备基金

雷曼兄弟公司是一家大型投资银行，起源于一家创立于 1850 年的干货商行，在多年里经历过大萧条和不下 20 次危机，它生存了下来，并成为一家在大危机前拥有 6 000 多亿美元的债务和足够覆盖债务的资产的庞大公司。21 世纪初，在铁腕总裁迪克·福尔德的治理下，它成为参与次级抵押贷款证券化业务的最大型公司之一。2008 年，当房价和抵押贷款相关证券的价格直线下降的时候，雷曼兄弟公司被发现持有非常庞大的这类资产组合。我们不清楚雷曼兄弟公司究竟是无法在不可挽回之前找到新的买家来接手这类证券，还是简单地决定继续持有并期望价格能够很快恢复。

2004 年，美国证券交易委员会降低了对投资银行的资本率要求，这是一个非常严重的政策失误。雷曼兄弟公司随即把杠杆率提高到 30:1。这就是说资产账面价值跌幅小于 4% 就可能导致其公司濒临破产。除了大量持有次级住宅抵押贷款支持证券外，雷曼兄弟公司的账面上还持有大量商业抵押贷款支持证券，其中部分质量可疑。更关键的是，大约半数的雷曼兄弟公司债务都是短期性的，包括商业票据和回购业务。高杠杆率、资产结构偏重次级抵押贷款支持证券以及债务期限结构等问题，使得雷曼兄弟公司极易遭受流动性问题的影响。如果一家公司资不抵债或者无法为到期债务再融资，那么它就将破产。当美国房价和相关抵押贷款支持证券的价格持续下降，引发投资者怀疑公司濒临破产时，雷曼兄弟公司被挤兑所击倒——它无法对其债务进行展期。

2008 年 9 月，有报道称雷曼兄弟公司损失 28 亿美元，被迫出售 60 亿美元的资产用以满足其清算银行摩根大通银行的抵押要求。美国政府官员开始意识到雷曼兄弟公司已经处在破产边缘。美联储主席伯南克、纽约联邦储备银行主席盖特纳以及财政部长亨利·保尔森会面商讨政府对策。伯南克和盖特纳认为雷曼兄弟公司破产可能会蔓延并引发全球范围的金融恐慌，因此力主雷曼兄弟公司不能破产。但是，财政部长保尔森受到来自布什内阁的强大压力。公众对几个星期前政府接管房地美与房利美与救助贝尔斯登公司感到非常愤怒。许多分析家担心，政府不断救助这些敢于冒险的公司将引发道德风险，也许该是政府划出底线的时候了。保尔森似乎拒绝给雷曼兄弟公司提供救助资金，并且公开宣称，任何拯救雷曼兄弟公司的行动都只能通过私人机构来完成。

从 9 月 12 日星期五到 9 月 14 日星期日，保尔森、伯南克和盖特纳都试图为雷曼兄弟公司寻找买家。为了筹集资金以完成符合各方利益的接管行动，保尔森召集最大 10 家银行的总裁们在纽约联邦储备银行召开紧急周末会议[④]。在保尔森和盖特纳的压力之下，银行家们勉强同意准备提供超过 350 亿美元的资金。起初，保尔森感兴趣的买家似乎是美国银行和巴克利银行，后者是一家令人尊敬的英国银行。

在周末审查了雷曼兄弟公司的账目后，美国银行的高管们发现，雷曼兄弟公司在资产负债表上暴露出的漏洞远比他们想象的要严重，雷曼兄弟公司高估了房地产资产的账面价值。于是，美国银行退缩了，在最后一分钟其选择了购买摇摇欲坠的美林证券公司。而巴克利银行购买雷曼兄弟公司的计划也被英国监管部门制止，英国监管部门表示不允许自己国家冒险救助不负责任的美国银行家。2008 年 9 月 15 日，星期一，雷曼兄弟公司不得不申请破产保护。

像雷曼兄弟公司一样，美林证券公司也深陷次级抵押贷款支持证券和高杠杆率困境。也像雷曼兄弟公司一样，美林证券公司在 2008 年 9 月濒临破产。美国银行有意购买美林证券公司。在政府的积极鼓励下，在雷曼兄弟公司宣布破产的当天，美国银行购买了美林证券公司。

同时，全球最大的保险公司美国国际集团（AIG）也正面临许多问题。传统上，像美国国际集团这类大公司为市政债券提供保险，有助于稳定市场。2000 年后，这些保险公司主要通过信用违约互换工具涉足高级别的抵押贷款支持证券产品保险业务，为抵押贷款支持证券提供评级的公司——标准普尔、穆迪和惠誉——也同时为保险公司提供评级。许多养老基金、银行和其他购买抵押贷款支持证券及相关证券的机构都被要求只能购买AAA等级的证券。2008年房价继续下降，抵押贷款支持证券的生存出现问题。如果它们的评级遭到下调，会引发强制出售、证券价格自我强化的螺旋式下降和相关联的保险公司债务上升。

与当时反监管情绪弥漫相一致，保险公司很少受到监管，并且只持有很少资本。如果抵押贷款支持证券评级下降，保险公司就会因为巨额赔款而陷入困境。在看到了这种发展状况后，评级公司警告保险公司增加资本，或者坐视评级下降，而这可能会导致整个抵押贷款支持证券市场的恐慌。

美国国际集团与大量的对手方签订了超过4 000亿美元的信用违约互换保险合同，其中许多保险都与次级抵押贷款支持证券相关联。当房价和抵押贷款支持证券价格持续下降，美国国际集团被迫履行赔付要求。据报道，2008年上半年美国国际集团损失超过120亿美元。当房价继续下降，美国国际集团接近破产。9月16日，在雷曼兄弟公司和美林证券公司的轰动之举宣布一天后，标准普尔公司和穆迪公司降低了美国国际集团的信用评级。由于只有最高评级的保险公司才能在没有保证金的情况下签订信用违约互换协议，所以美国国际集团被迫要求向所有的对手方提供额外的保证金。然而它对此却无能无力。

伯南克、盖特纳和保尔森都认为，同前一天的雷曼兄弟公司破产一起，美国国际集团的破产可能将整个金融体系推向深渊。现在不难看到30年代灾难性的大萧条将会历史性重演，所有人都认为应该救助美国国际集团。9月16日傍晚，美联储宣布它将向美国国际集团提供多达850亿美元的信贷安排。贷款期限非常公平，并且有意带有惩罚性质——贷款利率在伦敦银行同业拆借利率（LIBOR）基础上上浮8.5个百分点。另外，作为贷款回报，美国政府获得拥有美国国际集团接近80%股权的保证。当房价和抵押贷款支持证券价格继续下降，美国国际集团将依照信用违约互换协议条款兑现承诺。美国政府因此被迫向美国国际集团投入更多的资金，最终投入接近2 000亿美元。

由于产生恐慌和对抵押贷款支持证券价格下降施加了进一步压力，雷曼兄弟公司的螺旋式下坠和最终倒闭无疑加剧了美国国际集团的困境，并促使政府赶快救市。同时，由于大量的货币市场共同基金购买了已变得毫无价值的雷曼兄弟公司发行的商业票据，这些货币市场共同基金也遭遇了压力。第一储备基金，当时作为一只大的货币市场共同基金，在2008年12月“跌破”面值。这意味着，它的总资产已不足以履行每股1美元面值的赎回承诺，该基金已失去偿付能力。其他几只货币市场共同基金也面临着基金持有者为购买更安全的国库券而抽回资金的压力。为了疏导和阻止基金赎回风潮，美联储及时介入并为货币市场共同基金提供担保。

Ⅵ. 结论

2000年至2005年，全国大型样本城市的房价上涨了超过120%，2006年达到高峰，之后开始下跌。到2008年6月，全国房价平均下降了20%以上。数以百万承担高“贷款价值比”的抵押贷款的家庭遭受双重打击——他们的房产已经“资不抵债”，以及许多家庭的可变利率抵押贷款经过重新设定利率后，月供款迅速增加。这就形成了一个恶性循环：抵押贷款违约引发房产止赎和被迫变卖房产，这造成房价下跌并进一步引发贷款违约、变卖房产及房价下跌。

房产止赎不仅造成购房家庭的严重损失，贷款机构也付出惨重代价。除去法律费用，这一时期房屋空置、疏于照管及故意破坏都会导致房屋显著贬值。当止赎的房屋被最终卖出，卖出收入仅仅是贷款余额的一半。因此，贷款机构有强烈的动机通过降低贷款利率或冲减部分贷款本金等方法修改贷款合同条款，劝说借款者继续住在原来的家里。然而，在21世纪初，这些贷款发放者没有足够的人手和技术来修订条款。更重要的是，它们已经把这些贷款与数以百计的其他贷款一起打包并出售。这些不良抵押贷款的所有权现在被分散到大量的投资者之中，这些投资者对打包出售的贷款存在不同的索赔要求。因为这些因素，布什政府和奥巴马政府通过抵押贷款重新谈判以阻止大量止赎所作的努力收效甚微。抵押房产的止赎从最初的小溪变为大河，在2010年初的前3年里总共有超过600万件的止赎案件发生。

即使许多美国的大银行因抵押贷款相关金融工具价值的冲减而遭受损失，影子银行体系的信贷收缩对实体经济的危害要比传统银行提高贷款标准造成的危害更大。截至2006年，由影子银行体系创造的信用与传统银行体系持平。随着大规模的去杠杆化，影子市场通过回购交易、资产抵押的商业票据、利率拍卖证券等金融工具融资金额急剧下跌，影子银行体系开始崩溃。影子银行体系枯萎了，变成了以前自己的“影子”。

许多放弃在影子银行体系融资的公司，现而转向传统银行。然而，由于资本损失，加上遭受金融冲击而变得越发保守的自然倾向，这些银行无意抵消影子银行体系的信贷收缩。事实上，许多银行收紧了信贷标准，同时美联储注入银行体系的大量资金仍然停留在账面上充当超额准备金。全国整体性信用状况的严重紧缩，逐渐成为金融危机向外溢出的无数通道之一，并且导致了自20世纪30年代以来持续时间最长、影响程度最深的经济紧缩。第六章我们将讨论这个问题。

注释

① 自1982年以来，运用每日数值计算月度平均值的国库券收益率曲线只在12个月内出现反转。自1982年以来，仅仅在2000年6～12月和2006年10月至2007年3月，90天短期国库券收益率超过30年长期国库券收益率。1982年以来，其他96%的月份里收益率曲线呈向上倾斜趋势。见 http：//research. stlouisfed/org/fred2/中的 FRED 数据库。

② 即使银行运用结构性投资工具之前，它们也被鼓励在 Basel Ⅱ 等一系列协定下出售个人抵押贷款和购买抵押贷款支持证券。21世纪初期实施的这些协定，对银行资本的要求是建立在对银行资产风险结构的感知之上。因为起草 Basel Ⅱ 协定的监管机构相信，抵押贷款支持证券和债务担保工具是相对安全的金融工具，所以在银行的投资组合中，相对于个人抵押贷款，它们的资本比率要求相对较低。

③ 2008年短期国库券收益偶尔降为负值。这种异常的现象是如何发生的呢？某些类型的贷款需要以超安全的国库券作抵押，对这些金融工具的高需求使得它们的价格高于面值，因此导致负收益率。相似的现象发生在20世纪30年代初，缺乏联邦存款保险和国库券的相对安全性是导致负收益率的根本原因。

④ 关于2008年9月中旬事件发展情况的饶有趣味的介绍，詹姆斯·斯图尔特：《八天》，载《纽约客》，2009－09－21。其他可读的介绍，大卫·韦塞尔：《我们相信美联储》，纽约：皇冠出版集团，2009；安德鲁·索尔金：《大而不倒》，纽约：维京，2009。

第六章　2007—2009 年的大危机和大衰退

Ⅰ. 介绍

虽然有前所未有的财政和货币政策的刺激，金融危机依然严重影响了2008—2009 年的美国经济。从常规的周期性经济指标来看，从 2007 年 12月到 2009 年 6 月，美国经济经历了自 1929—1933 年大萧条以来最严重的经济萎缩。在大萧条中，真实国民生产总值（GDP）下降了 25%，失业率高达 25%，与之相比，在此前后的任何经济衰退都不值一提。2007—2009年的经济衰退是 1950 年以来的美国 10 次经济衰退中后果最严重的。这一章从总支出、产出、就业等方面，考察大危机引发严重经济衰退进而造成国民福利严重损失的方式。

Ⅱ. 基本宏观经济概念

为了了解大危机的经济成本，讨论由危机引起的产出及相关收入下降是非常必要的。图 6－1 显示了从 1960 年第一季度到 2010 年第一季度潜在GDP 与实际 GDP 的走势，潜在 GDP 曲线描述了在充分就业状态下实际GDP 的假定水平。这个时期的失业率就是所谓的自然失业率（NAIRU），即为了简单讨论而采用了非加速通货膨胀失业率的首字母缩写。由于劳动力的增长和生产率（或每小时产出）的提高，潜在 GDP 也随时间而增长。按照此趋势，在 2010 年美国经济的产出能够达到 1980 年的两倍，事实上它也做到了。

图中的数字是以对数形式计算的，所以潜在 GDP 曲线的斜率也就是潜在 GDP 的增长率。从图中我们可以发现，从 1960 年到 20 世纪 70 年代早期，潜在 GDP 增长率相对较高。此后，增长率明显下降，直到 20 世纪 90年代中期迎来下一次增长的美好十年。这种增长方式可以用生产率的增长趋势来解释。从 20 世纪 40 年代晚期到 70 年代早期，生产率保持年均大约

3% 的增长率，此后至 90 年代中期降至年均 1.4%，但在 2003 年再次下降之前的几年里增长率跃升至年均 3% 的水平。

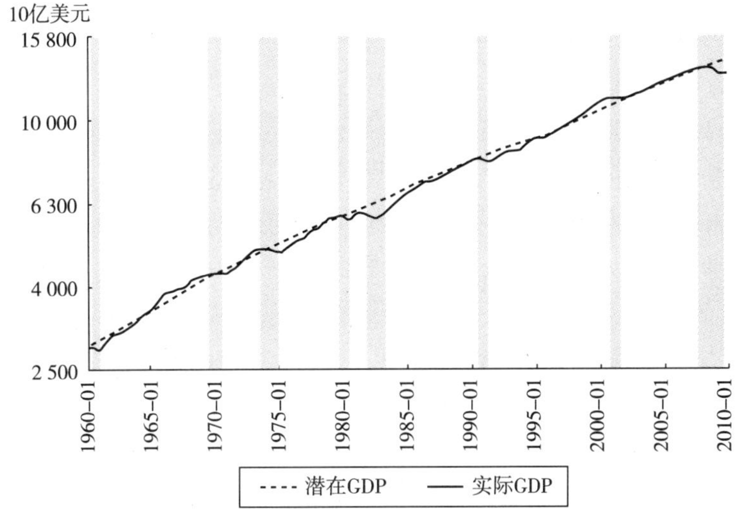

注：阴影区域代表经济衰退。

资料来源：圣路易斯联邦储备银行，FRED 数据库。

图 6-1 1960—2010 年美国潜在 GDP 与实际 GDP

潜在 GDP 与自然失业率（NAIRU）

美国劳工部每个月抽取许多家庭组成调查样本，然后通过电话询问每个家庭中 16 岁以上所有成员的就业状况，以此来估算失业率，由统计的失业劳动力的百分比来表示。为了了解劳动力（在 2010 年底大约为 1.55 亿）的状况，我们必须将每个人要么统计为就业人员，要么统计为失业人员，每个有工作的人（包括兼职工人）都被计入就业人员。没有工作并且在最近 4 周内积极寻找工作的受访者，才能被统计为失业人员。

在任何给定时点，数以百万的正常就业工人和即将被雇佣的工人都在不同的工作之间转换。这些个体或者已经辞职，或者被解雇，他们都在寻找其他的工作。其他个体或许是刚刚高中或大学毕业，第一次成为劳动力和进入职场。这些在短时间内没有工作而在正常寻找工作的人，可以被归类为摩擦性失业群体。在开展调查的这一天，或许 2% ~3% 的劳动力被归入摩擦性失业，它是有活力的劳动力市场的正常表现[①]。

同时，在任何时点，在寻找工作的大部分个体仅仅是不能胜任那些可能的工作。这主要是由于学历低和不能满足所找工作的技术要求，这些工人构成结构性失业群体，它是不同于摩擦性失业的一个重要的全国性问题[2]。

因为存在摩擦性失业和结构性失业，所以在任何时候失业率都会远远大于零。掌握制定货币和财政政策的人也无法负责任地试图维持真实失业率低于这个下限值。例如在20世纪90年代后期的经济繁荣中，合格的申请者都能得到录用，出现了劳动服务的卖方市场。但是美国的失业率依然没有降到3.8%以下的水平。同样在2007年，这一轮经济周期的最繁荣时期，当时的最低失业率是4.4%。因此自然失业率被定义为：在不使经济过热和引发通货膨胀率上升的情况下，能够保持不变的最低失业率。当失业率降至自然失业率之下时，各类技能工人的短缺将变得非常普遍，导致这些领域工资的快速上涨和造成整个国家平均工资和通货膨胀的上升。

自然失业率是个棘手的概念，因为它随时间而变，在任何时候都难以被精确测算。一项引用广泛的研究表明，自然失业率具有高度不确定性，也就是说自然失业率的置信区间是非常大的[3]。经济学家无法简单地了解到当前自然失业率的走势。影响自然失业率的因素相互作用，使得判断自然失业率在不远的未来的走势非常困难，这种现象并不少见。

关注中低阶层就业机会的自由派经济学家认为自然失业率相对较低，这意味着货币和财政政策在刺激产出和就业方面有充足空间。关注通货膨胀的保守派经济学家（反对通货膨胀）认为自然失业率相对较高，强调经济刺激计划中通货膨胀的固有风险。由于对自然失业率的估算值存在分歧，无党派倾向的国会预算办公室（CBO）每季度发布其估算的自然失业率。图6－2描述了从1960年第一季度到2010年第一季度的自然失业率的估算值，并给出了同时期的实际失业率。

如果政策制定者知道当前的自然失业率水平和它的移动方向，那么他们的任务将会非常简单。例如，假设美联储知道目前的自然失业率是5%，并且在未来3年内将保持稳定，同时当前的失业率为10%，那么美联储将确信积极的货币政策刺激是非常合适的。除非油价大幅上涨、发生严重的干旱或是其他主要的外生性供给冲击，否则未来三四年内通货膨胀率不可能高速增长。不幸的是，自然失业率不仅仅是不确定的，而且会受到人口变化、产出增长率变化、劳动力和产出市场竞争变化等因素影响，并会随着时间而改变。

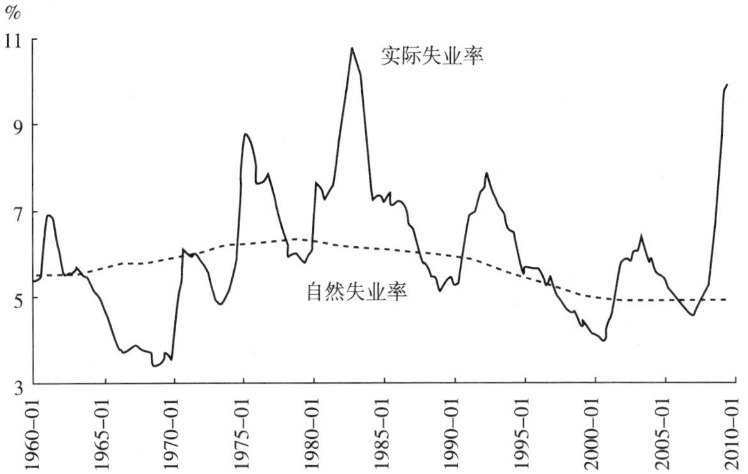

资料来源：国会预算办公室和圣路易斯联邦储备银行，FRED 数据库。

图 6－2　国会预算办公室（CBO）估算的 1960—2010 年自然失业率和实际失业率

影响自然失业率的因素

不同的年龄组表现出不同的平均失业率。例如，年轻工人比年长工人换工作要更频繁。很大部分的年轻工人在每月失业调查时正处于转换工作的状态，因此年轻工人的摩擦性失业率较高。同时，年轻工人没有达到需要经验和技能的工作岗位的水平，因而结构性失业率也较高，18 岁工人的失业率要比 40 岁工人更高。在过去的 50 年里，16～24 岁工人的失业率平均超过 10%，而 45 岁以上工人的失业率小于 5%。

从 20 世纪 60 年代中期至 80 年代早期，随着在 1946—1964 年出生的婴儿潮一代大军进入劳动力市场，摩擦性和结构性失业率都出现上升。容易引起通货膨胀的任何经济刺激措施实施之时，必然是面临着较高的失业率。或者说，为了将失业率降至一定水平，需要伴有更高通货膨胀的强经济刺激政策。这将导致自然失业率的上升。然后，在 20 世纪 80 年代，婴儿潮一代进入中年后，摩擦性和结构性失业下降了。由于通货膨胀都会伴随着较低的失业率，因此自然失业率也出现下降。

影响自然失业率改变的另一个因素是工资期望效应。工人有渴望（或期望）真实工资能与之前几年保持同样增长的倾向。工人认为，他们有权利像过去一样享受到与生产率增长保持同步提高的生活水平。雇主也倾向于提高真实工资，但希望在公司和劳动力在国民收入中的比重保持稳定的情况下来实现工资的增长。然而，如果生产率的增长趋势意外下降，依照过去的真实工资的增长就会与当前通货膨胀率不相一致。生产成本迅速提高、通货膨胀率上升，这时国家需要更高的失业率来保持经济的均衡。在这种情形下，自然失业率就会上升。另外，如果生产率增长上升到长期趋势线之上，依照过去的真实工资的增长就会与较低的通货膨胀率相一致，这时自然失业率将下降。这种现象有助于解释20世纪90年代早期后自然失业率的下降，当时在信息技术热潮中，生产率呈加速上升的趋势（见图6－2）。

此外，在过去30年里，劳动力和产品市场日益加剧的竞争有可能导致自然失业率的下降，全球化因素也给美国的制造业和其他部门带来竞争。相对非熟练的移民工人的增加，信息技术时代工作外包范围的扩大，工会对美国工人影响的下降，实际法定最低工资水平的降低等，这些因素都限制了美国工人工资的增长。所有这些因素都起到了控制通货膨胀的作用，因此也降低了自然失业率。航空、电信及其他行业都在放松管制，这些因素都有助于促进竞争的增强。今天自然失业率水平明显要低于25～30年前的水平。

在图6－2中，国会预算办公室（CBO）估计，从1960—1980年自然失业率呈上升趋势，直到20世纪90年代早期才开始缓慢下降，2000年出现迅速下降，在最近10年里稳定在5%以下的水平。需要指出的是，严重的衰退时期（1773—1975年，1981—1982年，2007—2009年）都会伴随着实际失业率高峰，实际失业率会上升到远高于衰退时期自然失业率的水平。在经济繁荣时期，尤其是在20世纪60年代后期和90年代后期，美国实际失业率明显降至自然失业率之下。但20世纪90年代是个特例，如图6－2中显示的，在通货膨胀率上升时期，失业率降到了自然失业率之下，肯定有特别的因素在起作用。

Ⅲ. 实际GDP和产出缺口模式

现在回到图6－1，我们需要指出，受总需求和总供给波动影响的实际

GDP 表现得比潜在 GDP 更具有可变性。无论宏观经济管理当局实行多么有效的货币或财政政策，每个国家都会经历上下波动的经济周期。图 6－1 表明，在过去整整 50 年的时间里，美国经历了两次比较大的经济繁荣，实际产出远远高于潜在产出，这意味着在图 6－2 中失业率快速下降至自然失业率之下。第一次经济繁荣发生在 20 世纪 60 年代中期后美国军事支出升级的越战时期。在这种情况下，当经济几乎达到充分就业时，军事支出的大幅增长使得 1969 年的失业率最低达到 3.3%，这个数字远远低于当时的自然失业率。在 60 年代后期，这些过度的刺激使得美国的通货膨胀迅速提升。

第二次较长的经济繁荣期发生在 20 世纪 90 年代后半期，信息技术的进步、互联网的扩张、全球化的加快等形成了一个良性经济循环，新技术投资扩大、生产率和公司利润增加及产出的大幅增长，在 2000 年推低美国失业率至 3.8%，低于美国自然失业率的一致估计值。在这种情况下，我们通常预计通货膨胀率将上升。然而，包括生产率的快速提高、美元的强势升值、油价的急剧下跌、中国和其他新兴国家提供低成本进口品带来的竞争压力等在内的一系列偶然事件的汇集，造就了这个独特的经济繁荣期，这个时期失业率和通货膨胀率双双下降④。

在图 6－1 中可以看到在好几段时期内真实 GDP 是下降的（衰退用阴影区域表示），特别严重的衰退发生在 1973 年 11 月至 1975 年 3 月，1981 年 7 月至 1982 年 11 月，以及 2007 年 11 月至 2009 年 6 月⑤。

正如第二章所指出的，相比总供给和总需求的周期性冲击引发的经济衰退，伴随着大型金融危机的经济衰退通常程度更严重、延续时间更长，这一点也是公认的。表 6－1 显示，2008 年的大衰退比 1950 年以来的其他 9 次经济衰退持续时间更长，一些关键指标的表现也更加严重。标普 500 指数从 2007 年 10 月至 2009 年 3 月下降了 55%，股价也经历了自 1929—1933 年经济崩溃以来最大幅度的下降⑥。

表 6－1 提供了判断衰退严重程度的几种标准，并说明了这些变量在每十年的周期性经济衰退中的表现。需要指出的是，从 2007 年至 2009 年的持续 18 个月的经济收缩，要长于 1973—1975 年和 1981—1982 年的 16 个月经济衰退的持续时间。在 2007—2009 年，真实 GDP 从峰值到谷底下降 3.8%，这一重要指标使得此次大衰退成为第二次世界大战之后经济衰退。

其他的指标也趋于验证2007—2009年大衰退是战后最严重的经济衰退，包括工业产值下降14.8%（超过1973—1975年经济衰退中13%的降幅）及企业利润下降38%（高于1957—1958年经济衰退中27%的降幅）。

由于企业无法确定刚刚开始的经济扩张是否会持续，他们对增加雇佣人数犹豫不决，所以失业率的变化会比真实GDP变化滞后几个月。在2010年略微下降之前，失业率在2009年10月达到了10.2%，比1981—1982年经济衰退后期创下的战后最高失业率10.8%要稍低一点。然而，由于劳动力构成因素的变化和其他原因，20世纪80年代美国自然失业率（国会预算办公室估计1982年第一季度自然失业率为6.1%）要比最近一段时期更高（国会预算办公室估计的2009年第四季度自然失业率为4.8%）。

运用国会预算办公室对自然失业率的估计值，表6-1显示在2009年第三季度美国失业率超过自然失业率5.4个百分点，这是自1950年以来两者之差的最大值。同时，自1950年以来的经济衰退中，制造业和整个工业的最低产能利用率（分别为65%和68%）也出现在最近一次经济衰退中。

表6-1　　1950年以来经济衰退的严重程度的表现指标

周期峰值	谷底	持续期（月）	真实GDP下降（%）	最大的产出缺口（%）	工业产值下降（%）	失业率峰值（%）	自然失业率峰值（%）	税后利润下降（%）
1953-07	1954-05	10	-2.8	1.0	-9.1	6.1	0.7	-24
1957-08	1958-04	8	-3.7	4.8	-12.7	7.5	2.1	-27
1960-04	1961-02	10	-1.6	4.1	-8.6	7.1	1.6	-17
1969-12	1970-11	11	-1.0	2.2	-7.0	6.1	0.3	-18
1973-11	1975-03	16	-3.2	5.1	-13.0	9.0	2.8	-21
1980-01	1980-07	6	-2.2	3.8	-6.6	7.8	1.6	-18
1981-07	1982-11	16	-2.9	8.6	-9.3	10.8	4.7	-25
1990-07	1991-03	8	-1.4	3.4	-4.2	7.8	1.9	-1
2001-03	2001-11	10	-0.3	1.0	-6.1	6.0	1.2	-14
2007-12	2009-06	18	-3.8	7.0	-14.8	10.2	5.4	-38
平均值		11.3	-2.3	4.1	-9.2	7.8	2.2	-20

从2007年12月到2010年2月，实际就业人数下降了超过820万人，

平均每个月下降 30 万人。在大衰退前 15 年，就业人数平均每个月增加 15 万人。金融危机和随后的经济衰退造成的巨大后果的一个测量指标是，自 2007 年 12 月开始的两年里美国失去了 1 080 万个工作岗位（45 万个/月 × 24 个月）。

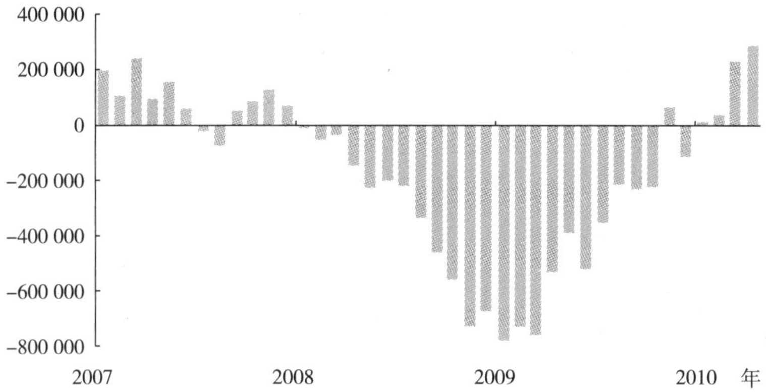

资料来源：圣路易斯联邦储备银行，FRED 数据库。

图 6－3　2007—2010 年美国非农业总人口变化情况

图 6－3 显示了从 2007 年 2 月至 2010 年 4 月的 40 个月里美国非农就业人数的月度变化。需要指出的是，除了 2009 年 11 月就业人数有微小增长之外，在 2008 年和 2009 年的其余每个月里它都是下降的。就业人数的月度下降水平在 2009 年 1 月达到最大值的 741 000 人，在 2009 年 4 月前的 6 个月里平均每个月减少 650 000 人。

专栏 6－1　“无就业复苏”现象

生产率提高是生活水平长期改善的压倒性动力。科学技术的提高，加上受过良好教育和培训的劳动力，促进了劳动生产率的提高和更多产出被人们所生产和享受。今天普通的美国工人的真实收入和购买力接近 50 年前他们的祖父母 3 倍的水平，生产率提高是最主要的原因。

然而对于工人来说，在高失业时期生产率提高是把双刃剑，因为生产率的快速增长意味着企业在不增加工人的情况下能够增加产出以应对销售额的上升。在经济进入经济周期扩张阶段之后的一至两年内，生产率高增长现象会导致无就业复苏。例如，在2009年第三、第四季度（后衰退时期经济扩张的前两个季度），美国工人的劳动生产率以惊人的年均6%的速度增长。这些发展不仅仅归因于技术提高，它也是在经济低迷的巨大压力下，雇主采取措施迫使工人提高产出的结果。因为在这段时期内真实GDP只以3%的速度增长，7个月后就业人数骤然下降，失业率也从2009年5月的8.6%上升到10.1%。

在第二次世界大战之后的前八次经济衰退中（发生在20世纪90年代之前），失业率在经济周期低谷之后的大约一两个月达到最大值。然而，在1990—1991年、2001年、2007—2009年等几次经济衰退之后的扩张中，在真实产出开始扩张之后的几个月里，就业人数持续下滑，失业人数上升。

为什么雇主不喜欢在经济扩张期开始后的一两年内增加工人数量呢？第一，在衰退期内经济信心下降，管理者对经济早期扩张的活力和持久性保持警惕。这很符合2009年和2010年上半年的情况，政府推出“旧车换现金”和首次购房者8 000美元税收豁免等刺激计划，但分析家担心这些刺激计划所带来的最初产出增长可能被证明是短暂性的。分析家担心，在刺激计划的效果消失后，私人部门的需求可能不会提升（这些担忧后来证明非常符合事实）。

在2009年下半年和2010年初期，许多美国公司利润出现增长，但这不是因为销售收入增长，而是因为包括降低工资等大幅削减支出的行动。雇主们学会了用更少的工人获取更多的产出。同时，由于每周的平均工作时间降低到了33小时，雇主们发现延长现有工人的每周工作时间比雇佣和培训新员工要更明智和更有效。

再次申明，这种现象只是相对较新的。在1990—1991年经济衰退中，在衰退正式结束11个月之后（1991年5月）失业率达到最高值。同样地，在2001年经济衰退结束后，失业率在5个月内都保持上升趋势。在2007—2009年经济衰退结束后前8个月中，有7个月雇主们都在裁员。

Ⅳ. 金融危机对各部门需求的影响

就像1950年以后发生的大部分经济衰退一样，2007—2009年的经济衰退也是由不利的总需求冲击——总支出下降引起的。最初的冲击是私人住宅投资的急剧下降（住宅建设），这是由于房地产泡沫破裂后，出现了抵押贷款违约和破产清偿的不断升级，造成待售房屋的供大于求。大衰退之所以延续时间长、影响程度深，是由于这次危机本质上具有系统性和扩散性，也由于美国金融体系遭受重创，以及商用和非商用住宅的建设量在这个时期都出现特别明显的下降。

总支出或者总需求包括消费支出、投资支出、政府购买和净出口。大危机重创银行体系并且产生损害消费和投资的不利因素。通过减少经济活动，大危机同样重创联邦和州政府的财政收入，导致政府支出下降。另外，一个显著的供给冲击加剧了经济衰退，即在 2008 年夏天原油价格上涨至每桶 140 美元，这抬高了天然气和家用暖气的价格。

经济活动下降和失业率上升的因果关系形成了一个负向反馈循环，它进一步削弱了银行部门和金融体系的其他部门[7]。由于经济活动的严重萎缩是一个全球现象，因此美国的出口量急剧下降。然而美国进口下降量更多，美国贸易赤字的减少反而缓解了美国总需求的萎缩。接下来，总需求的四个部分将被一一讨论。

消费支出

在 2001 年经济衰退时消费支出出现下降，在随后的扩张期又强劲回升，在 2007—2009 年衰退中途又迅速下降。虽然消费支出并不是引起衰退的原因，但是 2008 年下半年消费支出共减少了 3 800 亿美元，导致了衰退的加深。

可支配收入（家庭收入）、财富或者净值、消费信心、利息率和信贷易获得程度，都会对消费支出产生很大影响。在大危机前 25 年里，美国经历了一次财富大增长，家庭房产成为美国家庭财富收入构成的最主要部分。从 20 世纪 80 年代中期至 21 世纪初期的二十年间，房价的大幅上涨给美国家庭创造了总价值大约 100 000 亿美元的收益。另外，从 80 年代早期到 90 年代后期，股价的持续上涨也创造了美国历史上最大的牛市。从 1982—1999 年的这段时间里，在红利继续转化为投资的情况下，标准普尔 500 指数基金达到每年 17% 的复合收益率。在 1982 年投资于标普 500 指数的 1 000 美元，到 1999 年末增长至超过 14 000 美元。这段时期内的股票增值带来了超过 100 000 亿美元财富增值，其中大部分归入养老账户。图 6 -

4 描述了房产和股市资产的财富增长及随后的萎缩。

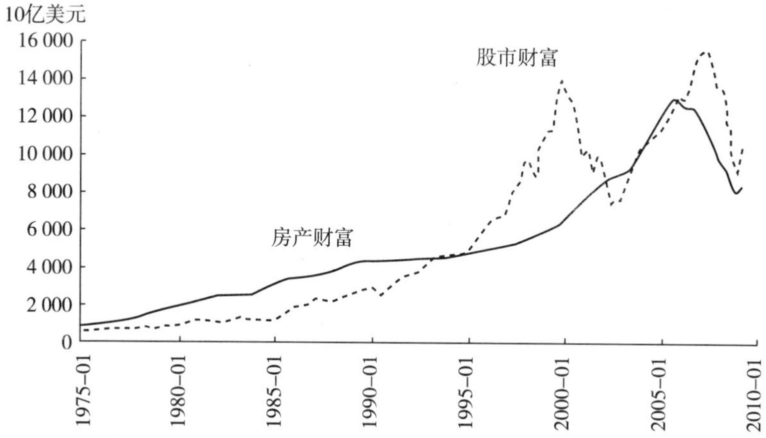

资料来源：美联储系统，现金流量表。

图 6 -4　美国家庭的房产财富和股市财富

消费支出的重要影响因素包括人均可支配收入、财富、消费信心、利率及信贷易获取程度。除了低利率，在 2008—2009 年所有其他因素都影响着消费支出的下降。由于 2008—2009 年失业率急剧上升、难以统计的数以百万的潜在失业者、其他人被迫变为兼职工人或报酬更少的全职工人，在 2008 年第二季度之后，美国人均可支配收入开始下滑，直到 2010 年第一季度都没有回到 2008 年中期的水平。这限制了消费支出[⑧]。

经济学家将财富效应定义为每增加（或减少）1 美元财富对消费支出产生的影响。显然，许多家庭认为，由于在危机发生前几年的财富剧增，所以没有必要像以前那样在当下节省更多的收入。而且，在新千年刚开始的这段时间里，利率水平也相比以前要低。经济理论表明，低利率使储蓄意愿降低，从而刺激消费支出。低利率也意味着每月汽车及其他耐用品的贷款支出将会减少，从而提高支付能力和消费水平。

房价在 2005 年晚期达到最高值之后便开始下降，到 2010 年初，20 个大城市房价下降了超过 30%，全国平均下降幅度超过 20%。从 2006 年至 2009 年初，来自于房产和股市的总财富下降超过了 14 万亿美元，2009 年 5 月触及低点之后股价才开始上升。经济计量研究对财富效应影响程度的估计存在很大差异。然而，财富的边际消费倾向的估计值中位数在 0. 03 ~

0.05 之间。在这种情况下，假设其他变量不变，14 万亿美元的财富破灭导致每年消费支出 4 200 亿美元至 7 000 亿美元的下降。这相当于美国 GDP（15 万亿美元）的 2.8% 至 4.7%。

专栏 6-2 财富效应：房产与股票

经济理论认为消费支出和财富呈正相关关系。美国家庭的总财富或净财富在 2007 年达到了 65 万亿美元，然而在 2009 年 5 月股价最低点时总财富相应下降到大约 51 万亿美元。总的来说，美国家庭拥有财富的最主要构成和最常见形式是房产和股票。财富的边际消费倾向估计值普遍认为在 0.03 ~ 0.05 之间，也有其他人认为远远低于或高于这个值。在保持其他因素不变的情况下，如果财富的边际消费倾向是 0.04，假定一个家庭的房产或退休账户缩水 50 000 美元，那么该家庭的消费支出将每年减少 2 000 美元。

由股价上涨和房产升值引起的财富增加的财富效应是否相同呢？经济理论对这个问题存在争议。一方面，股票流动性强，它们比房产更容易变现，说明股票比房产的财富效应要强。另一方面，以股票为主要财富形式的人通常比那些以房产为主要财富形式的人要更富裕。后者有较少的财富和较多没实现的愿望，所以有可能财富增长时支出更多。因此，总的来说，房价上涨引起的财富效应超过股价上涨引起的财富效应。

另外一个需要考虑的因素是，虽然自 20 世纪末期以来美国大部分城市的房价出现大幅上涨并随后下降，但是股价比房价更具有不稳定性并表现出更多的下行弹性。一般认为，由股票增值带来的财富增长比由房价上升带来的财富增长要短暂，所以更难以引起消费支出增长。

最近一项研究估计，房价变化引起的财富效应要强于股价变化引起的财富效应[⑨]。该研究的从事者估计，房产财富增长 10 000 美元，一个季度后家庭消费支出年增长 170 美元，几年之后达到约 900 美元。这就是说，财富的边际消费倾向估计值在短期内为 1.7%，长期来看会上升到 9%。这种支出的滞后效应可能由习惯改变的时间来决定。他们估计，由股价上升引起的财富增长 10 000 美元，带来的长期消费支出增长会低一些，大约是 400 美元，即占到 4%。这些发现与 2001 年经济衰退及随后一段时间内消费支出的增长相一致。在这段时期，股价急剧下跌而房价却强势增长。

如果由房价变动引起的财富效应果真与此研究一致，那么货币政策制定者们在制定利率政策时应该考虑房价因素才是明智的。如果美联储在过去能够做到这点，那么它应该使利率保持在比2002—2006年房产泡沫发展形成时更高的水平上。在这种情况下，房地产泡沫及以后的泡沫崩溃和金融危机至少不会全面爆发。

考虑由个人可支配收入和财富下降引起的消费支出负效应时，我们必须考虑银行贷款标准收紧、抵押物价值缩水及消费信心指数下降带来的不利效应。由密歇根大学测定的消费信心指数在衰退开始前一年开始下降，随后在经济下行的早期出现暴跌。从2007年7月至2008年6月，消费信心指数从90.4下降到56.4，达到1980年以来的最低值。在2010年秋季它维持在明显低于25年均线之下的水平。

考虑到消费支出占总支出的比重超过2/3，影响消费的负面因素有助于解释许多经济学家为何对2009年夏季开始的扩张变得不再强劲所表现出的担忧。高负债和信心遭受打击的家庭挣扎着偿还贷款和继续支付月供款，同时修复为房价和股价下降造成的财富损失，这些抑制了消费支出[10]。

投资支出

在美国国民收入账户中，投资包括住房建设、非住房建设、包含软件和技术的厂房与设备支出、全国库存变化四项。金融危机中这四项都急剧下降，并在2009年第三季度开始的经济复苏初级阶段仍保持在较低的水平。

住房建设的正式名称为私人住宅固定投资，它从2007年12月危机开始前一年就迅速下降。图6－5描述了它的急剧下跌，是大衰退开始的导火线。需要注意的是，住房投资（房屋、双层公寓、独立公寓）每年减少大约4 500亿美元，占GDP的3%。新的单一家庭住宅从2005年最高值的172万套下降到2009年的44.5万套，缩减了接近75%。这与先前的情况形成鲜明对比。

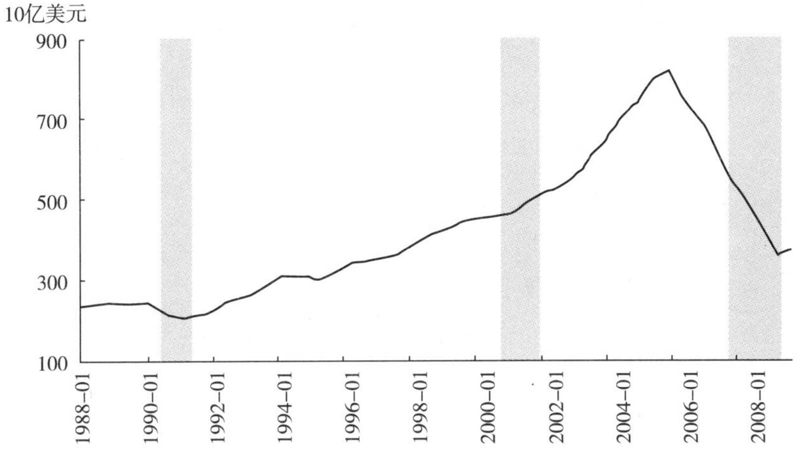

注：阴影区域代表经济衰退期。

资料来源：圣路易斯联邦储备银行，FRED 数据库。

图 6-5 1988—2010 年美国私有住宅固定投资

房价在 2005 年后期开始下降，最初缓慢下滑，随后快速下降。到 2009 年末，接近一半的 2003 年后新建房屋的房价大幅跳水，房产市值降到了抵押贷款额以下。据估计，在 2010 年 10 月，25%～30% 的美国家庭的大约 1 500 万套房屋处于“资不抵值”境地。2008 年房屋收回激增，一个恶性循环随之开始：房价下跌、房屋收回、被迫出售，又刺激房价进一步下跌、抵押物止赎。被迫出售压制了新房购买需求，许多建筑商因无法出售在泡沫时期建成的新房而破产，建筑行业的就业人数也随之大幅下降。

美国和国外的许多大银行持有大量的抵押贷款支持证券和相关的金融衍生工具，随着房价下跌这些证券迅速贬值。银行资本受到侵蚀，这反过来又迫使银行为满足资本率要求而减少发放贷款。2007 年后，私人机构的抵押贷款证券化服务几乎全部停止，这导致住房贷款大幅下降。抵押贷款机构对未来购房者的态度从以前的“怎么都行”转变为现在不合理的收紧贷款标准。抵押贷款支持证券市场瘫痪，美联储被迫在 2009 年至 2010 年初大量收购金融衍生品，以维持金融体系的稳定和挽救建筑行业。

房地产市场崩溃后不久，非住房建设也开始遇到了严重问题。在 2008 年和 2009 年，由于持续的经济衰退和上升的失业率，购物超市、办公楼和酒店等商业不动产的闲置率也在上升，其价格不久后开始下跌。在2008年春季，商业不动产的建设支出开始下降，在18个月的时间里下降了超过3 000亿美元。许多不动产是通过发行商业房地产抵押贷款支持证券（CMBS）来融资的，一些观察家担心银行可能会遭遇第二轮大规模贷款违约，这次是2010年开始发生在商业房地产领域。

厂房和设备的商业投资主要受商业信心的影响，凯恩斯将其表述为商业的“动物精神”。由于在大危机中商业利润下降了近40%，数以千计的公司出现严重亏损或破产，商业信心迅速下降。考虑到大部分企业（包括几乎所有的小企业）依靠银行贷款为投资支出融资，而数以千计的银行由于资本下降而提高贷款标准，那么我们就能想象得到在2008年和2009年厂房和设备的投资支出将会出现萎缩。事实的确如此。

最后，随着在2009年衰退程度继续加深，企业对销售前景持悲观态度，为了削减成本，企业故意减少库存。自愿减少库存导致总产出下降和被计入国民收入账户的投资支出下降。总的来说，在大衰退期间，总的私人投资支出（包括住房、非住房建设，厂房、设备、软件支出和全国总库存的变化）每年下降了超过30%，即8 000亿美元。

州政府和地方政府采购

州政府和地方政府的商品和服务总采购远比联邦政府要大得多。在2009年和2010年，由于经济衰退使得税收锐减，50个州中有48个州出现赤字。至少20个州政府的收入下降幅度超过10%，加利福尼亚州2009年公布的预算减少了250亿美元，是各州中最多的。在2009年初联邦政府颁布7 870亿美元的经济刺激法案后，50个州获得了2 000亿美元的紧急援助资金，但各州的总赤字依然超过1 250亿美元。不同于联邦政府，州政府和地方政府的支出受到总收入的限制。2009年上半年，50个州的总税收收入比2008年同期下降超过10%，这迫使各州削减开支。房地产价格和销售税收入的下降，也使地方政府相应地减少开支。

净出口

大衰退影响着整个世界，很少有发达国家和新兴国家能够逃过此次灾难。由于海外收入减少，2008年中期后美国出口迅速下降。然而，由于国内的低就业和低收入，美国的进口下降的更多。因此，2008年中期后美国贸易赤字急剧下降，4 000亿美元的贸易赤字减少额起到了缓和衰退的作用。

美国贸易赤字下降现象被证明是暂时性的。只要经济从大衰退中强劲复苏，美国的进口量可能会重新快速增长。一个重要的问题是，中国不允许市场自由调节而导致人民币对美元升值。这样做将改变中国货币大幅低估的本质——估计为 25% ~35% 的水平。在过去的 15 年里，低汇率政策已经促进了中国出口的巨大扩张并推动中国经济的快速增长。多年来中国持续的贸易盈余（2010 年超过 4 000 亿美元）使中国积累了超过 2.5 万亿美元的外汇储备。这些弹药给予中国足够的力量，使得它每年能够为美国的财政赤字进行融资，同样这些外汇储备也足以影响美元对人民币的汇率[11]。

V. 结论

由美国房地产和信贷泡沫破裂引起，加上建筑投资活动减少以及银行业与金融体系受到重创，2007—2009 年美国经济经历了自 1929—1933 年大萧条以来最严重的经济衰退。面对金融危机，美联储的反应尽管有些姗姗来迟，但其最终展示了前所未有的魄力：在 2008 年末将短期利率从 2007 年夏季的 5.25% 降至零。美联储也实施了一系列创新性措施来阻止美国金融体系信用崩溃和经济大衰退。此外，在 2009 年早期，美国国会也通过了规模空前的财政刺激计划（接近 8 000 亿美元）。尽管如此，这些措施都没有阻止美国遭遇两位数的失业率和自第二次世界大战以来实际 GDP、工业产值、企业利润和股价的最严重下降。

在 2011 年初经济依然疲弱，只有最乐观的观察家才会相信，美国在 2014 年或 2015 年以前能够预期回到充分就业状态。尽管如此，考虑到在大危机中美联储给银行体系注入了大量的准备金，加上美国下个十年正在面临前所未有的巨大的联邦预算赤字，许多评论家担心高通货膨胀时代即将来临。我们在第十章将讨论这个问题。然而，首先我们将在第七章分析美联储货币政策的操作方法，然后在第八章和第九章中对美联储在大萧条中的表现与大危机中的做法进行对比。

注释

① 劳工部没有打算统计摩擦性失业工人的人数。这个指标随时变化，只能粗略地

估计。

② 通过大力改善弱势家庭孩子的教育状况，这可能会缓解结构性失业问题。在20世纪60年代，林登·约翰逊总统启动“职业培训”计划来提高弱势家庭中年轻人的职业技能。理查德·尼克松总统喜欢通过为私营部门提供税收抵免来解决这个问题：只要公司雇佣和培训还没有正式就业的工人，它们就能享受到这种优惠。

③ 道格拉斯·施泰格，詹姆斯·斯托克和马克·汉森：“估计的自然失业率有多精确?”，选自由克里斯蒂娜·罗默和大卫·罗默主编的《降低通货膨胀：动机和策略》（伊利诺伊州芝加哥，芝加哥大学出版社）。作者估计1990年的自然失业率是6.2%。然而，统计程序显示真实自然失业率在5.1%～7.7%区间的概率为95%。

④ 在克林顿连续执政的8年里（1993年1月至2001年1月），失业率每年都在下降，而在8年中的6年里通货膨胀也在下降。从很大程度上讲，克林顿是包括以上事件在内的一系列偶然事件的受益者。然而，克林顿政府必须为降低预算赤字而行动，这就提供了一个有助于提高投资支出和经济增长的低利率环境。克林顿政府也致力于促进贸易开放和全球化，这有助于降低美国的通货膨胀。

⑤ 由于不同的商业周期指标经常得出自相矛盾的结论，当国家经济研究局（NBER）有足够的信心宣布经济周期的开始时间（低谷）或结束时间（峰值）时，好几个月的时间已经过去。例如，直至2008年12月，国家经济研究局才指出2007—2009年经济衰退的开始（2007年12月）。直至2010年10月，其才确定经济衰退的结束（2009年6月）。

⑥ 在大萧条期间，股价最终下降了87%。这意味着在1929年9月投资道琼斯指数的1 000美元在1933年4月下降为130美元。

⑦ 在2009—2010年，超过250家美国银行倒闭，如果没有政府救助，许多大银行（像花旗集团和美国银行）也将加入这个名单。

⑧ 一个更全面的失业率指数应该考虑到因找不到全职工作而受挫的工人和不愿做兼职的工人。受挫的工人是指因放弃寻找工作而不被计入劳动力的工人或即便想工作却依然被拒绝的工人。这个全面的失业率指数在2009年12月为17.5%，然而报告的失业率却只上涨到了10%。

⑨ 卡罗尔、大冢和斯拉恰来克：《房地产的财富效应有多大？一个新的方法》，国家经济研究局，工作论文，第12746页，2006年12月。

⑩ 自20世纪80年代以来，消费支出占GDP的份额不断上升，由个人可自由支配收入中用于储蓄的百分比表示的家庭储蓄率不断下降反映了这个事实。在20世纪80年代储蓄率平均为10%，在2000—2007年降到了2.5%，此后在金融危机中家庭表现出的谨慎一面使得储蓄率有所回升。如果储蓄率持续增长，金融危机后的经

济复苏会比之前的经济扩张时期变得更为缓慢。

⑪ 中国对美国的巨大贸易顺差强化了美国人寅吃卯粮的消费习惯，近年来美国人享受了超过 104% 的国内生产的商品和服务。中国使用其贸易盈余来购买美国国债，这使得美元汇率水平在过去 15 年里异常高（人民币被低估）。由于近年来美国及其他国家失业率不断升高，美国和其他国家想通过中国货币更迅速的升值来推动中国经济由出口导向型向消费拉动型转变，中国将面对来自这些国家的巨大压力。

第七章　美联储的货币政策框架

I. 介绍

在20世纪30年代的金融危机中，人们普遍认为美联储行为消极。尽管学者们在其是否应该为大萧条负责这一问题上存在争议，但他们普遍认为美联储没能采取有效措施预防大萧条的发生。在形势急转直下之时，美联储似乎在沉睡，没有能够运用恰当手段来阻止银行恐慌和挤兑的蔓延，这个机构的主要领导人显然忘记了20年前该机构成立的原因——在恐慌时期充当银行体系的最后贷款人。美联储的不作为导致的最严重后果就是公众的恐慌，以及银行对此的反应引发美国货币供应量的急剧收缩，这相应导致物价水平在三年多时间内下降了25%。物价大幅下降造成了许多农民、企业主、房屋所有者拖欠债务，导致了超过9 000家银行破产或倒闭，衰退最终演变成了大萧条。

与大萧条时期相反的是，在2007—2009年的金融危机中，美联储决策果断有力。它打开了向金融机构贷款的闸门，向银行体系注入了大量资金，同时还运用了一系列创新工具以弥补信用渠道的收缩。通过这些措施，美联储确保了在金融危机期间以及之后货币供应量的显著增长，也因此成功阻止了价格的大幅下跌。尽管在2007—2009年美国经济遭遇了严重衰退，但真实国内生产总值的收缩仅为1929—1933年大萧条时期的15%，为此本·伯南克领导的美联储值得称颂。第八章和第九章将详细叙述两次金融危机中美联储采取的不同政策。

本章将描述一国货币供应量的决定以及中央银行在其中的作用的分析框架。第八章将运用这个分析框架解释大萧条期间货币供应量的暴跌，讨论美联储的政策错误及其在货币供应量和信用的收缩中应该承担的责任，以及帮助我们理解一国经济灾难中的衰退初始阶段。第九章将采用此分析框架解释美联储的赫拉克勒斯式努力如何阻止可能引起大衰退的货币收缩。

Ⅱ. 美联储的资产负债表、银行准备金以及货币供应量

为了了解美联储及其如何行使其令人敬畏的权力，我们必须了解它的资产负债表，或者至少看懂其中一些关键组成部分，并明白美联储是如何改变资产负债表的构成及规模。表7－1列出了金融危机前的2007年9月美联储资产负债表的规模及构成。在第九章我们将研究为了应对金融危机，美联储是如何扩张其资产负债表的。

美联储的资产包括黄金证、特别提款权账户（G）、保存在12个联邦储备银行的财政部发行的硬币（Fca）、发放给存款类机构的贷款（D）、美国国债和其他债券的集合（P）、应收项目（IPC），以及外汇和其他固定资产（OA）。这些项目代表了美联储对其他机构的资产所有权和要求权。

表7－1　12家联邦储备银行的合并资产负债表（2007年9月5日）

资产（亿美元）		负债和所有者权益（亿美元）	
黄金证（G）	110.4	现钞（FRN）	7 786.6
特别提款权账户（G）	22.0	存款	
硬币（Fca）	10.2	A. 银行（Fb）	112.9
对存款类机构的贷款（D）	13.4	B. 美国财政部（Ft）	44.9
美国国债（P）	8 146.4	C. 国外和其他机构（Ff）	3.4
应收项目（IPC）	55.0	递延款项（DAI）	47.7
外汇和其他固定资产（OA）	393.2	其他负债（OL）	411.6
		总负债	8 407.0
		所有者权益（CAP）	343.5
总资产	8 750.6	总负债和所有者权益	8 750.6

资料来源：http：//www. federalreserve. gov. /release/h41。

美联储的负债包括发行的现钞（FRN）、存款类机构、财政部以及国际货币基金组织和世界银行等国外机构在美联储的存款（Fb、Ft、Ff）、递延款项（DAI），以及应付票据等其他债务（OL）。美联储的资本账户（CAP）代表其所有者权益，它仅仅是资产减去负债的剩余，也就是美联储的净值。从技术上来说，美联储是由联邦储备体系中的商业银行成员所

拥有[①]。

资产方的前三项以及应收账项数量相对较小，并且十分稳定，因而在分析货币供应量的过程中可以忽略；后面几项加上负债方的递延款项主要受结算的影响而变化。外汇资产包括欧元、日元以及其他货币[②]，这些资产的主要作用在于：如果出现针对美元的抛售或投机性冲击，它们可以便于美联储购买美元以稳定汇率。美联储最关键的资产是其持有的美国国债以及对存款机构的贷款（D）[③]，后者在金融危机时期尤为重要。值得注意的是，在2007年，美联储超过90%的资产是其持有的债券组合（P）。

美联储最大的负债是其发行的纸币（FRN），但可以让美联储影响经济活动的却是银行和其他存款机构在美联储的存款（Fb）。具体来讲，美联储通过从金融机构手中购买国债进行公开市场操作，而卖出国债的机构相应地在美联储资产负债表的负债方增加一笔存款。参与证券买卖的国债交易商一般都是大银行，美联储和18个一级国债交易商之间通过网络实时连接，当从某交易商处购买国债时，该交易商在美联储的存款也会立即增加相应的数量。因此，当美联储改变P，Fb也会同步变化。

银行留存的现金和放在美联储的存款（Fb）合计被称为银行准备金（R）。美联储对存款机构的准备金有一定的数量要求，一般是以该机构支票账户[④]余额为基准划定一个较小的百分比，准备金只要不低于该百分比即可。这就是通常所说的法定存款准备金率。在美联储超过该比例的存款就是该机构的超额准备金。2008年之前，法律规定美联储不得对存款机构的准备金支付利息，因此那时持有超额准备金的机会成本就是贷款或持有美国国债获得的利息收入。在美联储向银行超额准备金支付利息的情况下，持有超额准备金的机会成本就是原有机会成本减去来自美联储的利息收入。如果贷款利率或国债收益率上升，这将导致银行运用超额准备金发放贷款或购买债券，而这两项活动都会导致货币供应量的增加。

这一机制的关键是美联储有能力精确控制银行准备金。事实上，必要的时候美联储可以通过购买资产的方式将任意规模的准备金注入银行体系，正如它在2008—2009年间前所未有地大幅扩张资产负债表。在美联储购买国债和其他资产的过程中，商业银行的超额准备金增加并超出了它们意愿的持有量，这种情况下银行的正常反应就是增加贷款或购买国债，这两种途径都可以增加货币供应量并降低短期利率水平。

Ⅲ. 基础货币

基础货币，有时也被称做“高能货币”，由货币当局（美联储和财政部）货币性质的净负债构成。此类货币可以被看做美联储和财政部合并资产负债表后的净负债。财政部发行硬币，其中一部分硬币构成银行准备金，其余则由公众持有。美联储负责发行纸币，大部分公众持有的现金（Cp）由纸币构成。银行持有的现金和硬币，加上存放在12个联邦储备银行的存款，合计被称为银行准备金（R），那么基础货币（B）可以表达为

$$B = R + Cp \tag{7-1}$$

也就是说，基础货币（B）由银行准备金（R）和公众持有的现金（Cp）构成。

公众在其自身财富（通常包括支票账户、储蓄账户等种类）范围内决定持有多少现金，例如，从支票账户中提取80美元，则Cp增加了80美元[⑤]。如果公众有较大的现金需求，信号会首先传导到银行，然后才是美联储。当银行现金减少而无法满足公众需求时，银行会联系其所在地区的联邦储备银行要求供应更多现金。美联储将现金运送到银行，同时减少银行在美联储账户上相应数量的存款（Fb）。当美联储自身现金储备不够时，它就会印刷额外的纸币。因此我们可以看到美联储通过印刷纸币对公众现金需求做出被动反应。这并不能表明美联储无法控制货币总供给（$DDO+Cp$），而仅说明公众持有的现金（Cp）是由其自身意愿决定的，而不是美联储。

基础货币的来源

回到等式（7-1），我们可以将银行准备金（R）表述为

$$R = Fb + Cb \tag{7-2}$$

其中，Fb代表银行在美联储的存款，Cb代表银行持有的现金。将式（7-2）代入式（7-1），我们得到

$$B = Fb + Cb + Cp \tag{7-3}$$

这表明，基础货币由银行在美联储的存款（Fb）、银行持有的现金（Cb）以及公众持有的现金（Cp）构成。回到美联储的资产负债表（表7-1），我们可以进一步对Fb（美联储可以对Fb进行精准控制）进行分

解。根据“资产 = 负债 + 所有者权益”的基本会计准则，可以得到 Fb 的表达式

$$Fb = G + FCa + D + P + IPC + OA - FRN - Ft - Ff - DAI - OL - CAP \tag{7-4}$$

将式（7 –4）代入式（7 –3），可以得到

$$B = G + FCa + D + P + IPC + OA - FRN - Ft - Ff - DAI - OL - CAP + Cb + Cp \tag{7-5}$$

下一步，将财政部发行的所有硬币价值记为 TCu，将财政部自己持有的现钞和硬币的价值记为 TCa，考虑以下等式

$$FRN + TCu = FCa + TCa + Cb + Cp \tag{7-6}$$

此等式表明，所有美联储发行的现钞（FRN）和财政部发行的硬币（TCu）只可能属于以下四类：美联储持有的硬币（FCa）、财政部持有的现钞或硬币（TCa）、存款机构持有的现金（Cb）、公众持有的现金（Cp），没有其他可能[⑥]。重写式（7 –6）可以得到

$$TCu - TCa = FCa + Cb + Cp - FRN \tag{7-7}$$

将式（7 –7）左边代入式（7 –5）右边，另外我们定义应收项目（IPC）和递延款项（DAI）的差额为美联储应付款（$Float$），可以得到最终的基础货币表达式

$$B = P + D + G + Float + OA + TCu - Ft - Ff - Tca - OL - CAP \tag{7-8}$$

此表达式定义了基础货币的来源，也列出了所有影响基础货币的因素。关键的一点是，美联储对持有的国债（P）拥有完全控制权，可以自由决定国债的组成并根据自己的意愿进行调整。由于 P 占了基础货币的绝大部分，因此，即使无法控制基础货币中公众持有的部分，美联储也可以控制基础货币的总规模。

美联储的防御性目标和动态性目标

由于基础货币的组成部分在每个交易日都会大幅波动，如果美联储不通过买卖债券（P）进行对冲操作，则基础货币总量也会出现相当幅度的波动。对冲操作主要通过财政部在美联储的存款账户（Ft）进行，美联储充当财政部的存款银行，财政部通过其在美联储的存款账户进行支付，就像个人通过其银行的支票账户进行支付一样。举例来讲，每个月财政部都

要向老年人发放社保福利金，美联储会在其账户进行相应操作，即减少财政部存款（Ft），增加接收福利金的银行在美联储账户上的存款（Fb）。在其他项目不变的情况下，这将大幅增加银行准备金，从而大幅增加基础货币和货币供应量。

为了防止基础货币出现大幅波动，每天美联储都会就财政支付与财政部保持联系。在之前的例子中，如果财政部在美联储的存款账户支出 80 亿美元，则当天美联储会出售 80 亿美元的国债。式（7－8）中的 P 会下降 80 亿美元，以抵消 Ft 同等数量的下降，从而抵消基础货币的增长。此类交易是美联储每日常规债券交易的重点，它阻止了外部因素给基础货币和货币应量带来的波动，从而实现其防御性目标。防御性目标是指美联储要阻止外部因素改变基础货币的数量。除了财政存款的变化，对其他任何引起等式（7－8）右边变化的因素，美联储都会通过买入或卖出国债（P）进行抵消。

动态性目标是指美联储主动调整基础货币规模来实现某些特定目标。举例来讲，假设在 2013 年经济增长动力大大增强，失业率持续下降，接近自然失业率的一致估计量，联邦基金利率为 2%，美联储希望将其调整到 3%，从而可以提高贷款利率和一系列其他金融工具的收益率。为了达到目标，美联储会在公开市场上卖出债券，减少 P。这个行为会减少银行准备金和超额准备金，从而减少基础货币。在银行超额准备金下降的情况下，联邦基金利率会开始上升，美联储将持续卖出债券直到联邦基金利率达到 3% 的预期目标。这同样将提高其他短期利率水平，减缓总支出的增长，最终实现美联储的政策意图。

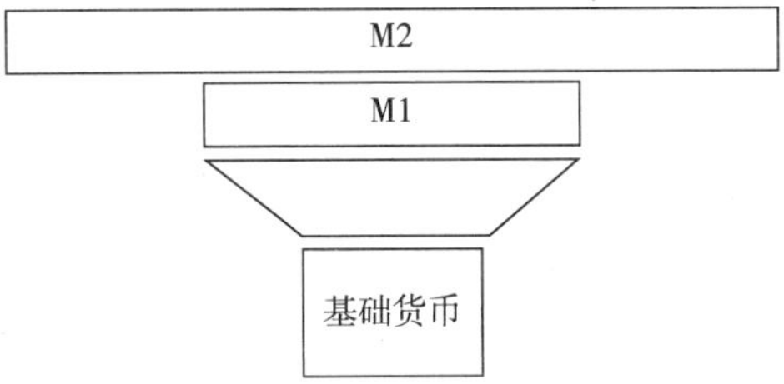

图 7－1 基础货币和货币总量

重新回到等式（7－1）（$B=R+Cp$），需要强调的一点是，即使美联储无法控制公众持有的现金（Cp），它也可以完全控制银行准备金（R），从而在必要的时候控制总的基础货币。在全世界实行部分准备金银行制度[7]的国家中，基础货币是一国货币总量或货币供给 $M1$ 和 $M2$ 的基础。$M1$ 包含存款机构的活期账户和其他支票账户（DDO），以及公众持有的现钞和硬币（Cp），即 $M1=DDO+Cp$。$M2$ 是一个更广泛的衡量货币供应量的概念，包括 $M1$ 和公众持有的其他流动性资产，例如储蓄账户和货币市场共同基金（OLA），即 $M2=DDO+Cp+OLA$。基准货币和 $M1$、$M2$ 的关系如图 7－1 所示，需要注意的是每 1 美元的基础货币支撑了大于 1 美元的 $M1$ 和 $M2$。

Ⅳ. 货币供给乘数

衡量货币供应量的两个变量 $M1$ 和 $M2$，可以用基础货币（B）和货币乘数 $m1$ 和 $m2$ 来表达。$m1$ 和 $m2$ 表示部分准备金银行制度下，固有的从基础货币到 $M1$ 和 $M2$ 的放大倍数，可以用以下公式表达

$$M1 = m1 \times B \tag{7-9}$$

$$M2 = m2 \times B \tag{7-10}$$

$M1$ 和 $M2$ 都是衡量货币供应量的变量，$M1$ 口径较小，$M2$ 口径较大，相应的 $m1$ 表示从基础货币扩大到 $M1$ 的乘数，$m2$ 同理。美联储对基础货币可以进行较为精准的控制，但对货币乘数则没有办法控制。货币乘数受公众对现金需求的行为影响，也受银行持有超额准备金意愿的行为影响。只有在美联储改变存款准备金率的时候，它才能显著影响货币乘数，不过这种情况很少发生。早期美联储通常会为 $M1$ 和 $M2$ 的增长设定明确目标，为了达到目标，美联储会对 $m1$ 和 $m2$ 进行估计，从而推断出应该改变的基础货币数量。举例来讲，设定 $M1$ 目标为 1 万亿美元，估算的 $m1$ 为 2.5，那么美联储会采取行动将基础货币数量尽可能调整为 4 000 亿美元。

回到等式（7－9）和等式（7－10），在第Ⅲ部分我们分析过，$M1=DDO+Cp$，$M2=DDO+Cp+OLA$，又由于基础货币包含准备金和公众持有的现金（$B=R+Cp$），我们可以将 $m1$ 和 $m2$ 表述为

$$m1 = (DDO + Cp)/(R + Cp) \tag{7-11}$$

$$m2 = (DDO + Cp + OLA)/(R + Cp) \tag{7-12}$$

银行准备金（R）可以分解为中央银行要求的法定准备金（Rr）和超额准备金（Re）两部分，Rr 和 Re 又可以表示为 DDO 账户的一部分。如果

用 rr 和 re 分别表示 Rr 和 Re 占 DDO 的比重，那么可以将式（7－11）和式（7－12）重新表达为

$$m1 = M1/B = (DDO + Cp)/[(rr + re)DDO + Cp] \quad (7-13)$$

$$m2 = M2/B = (DDO + Cp + OLA)/[(rr + re)DDO + Cp] \quad (7-14)$$

定义在 DDO 中公众意愿持有现金的比率为 k，即 $k = Cp/DDO$，在式（7－13）和式（7－14）两边的分子和分母中同时除以 DDO，可以得到

$$m1 = (1 + k)/(rr + re + k) \quad (7-15)$$

$$m2 = (1 + k + ola)/(rr + re + k) \quad (7-16)$$

其中，$ola = OLA/DDO$。

随着变量 k、rr、re 的变化，$m1$ 会发生相反方向的波动。当 k 提高，表明基础货币中公众持有的现金（Cp）增加，银行准备金（$Fb + Cb$）减少，因为 1 美元的银行准备金可以释放几个美元的 $M1$，而现金没有乘数效应，k 的增加就降低了货币供给乘数。公众提取现金减少了银行准备金，使银行不得不卖出资产，从而减少货币供给。相似地，rr 的增加表示银行法定准备金率提高，从而现有超额准备金在总准备金中的比例下降，因此银行会减少贷款或者持有证券的数量以增加自身的超额准备金。这样的行为也减少了整个国家的 DDO、$M1$ 和 $M2$。最后，如果银行自身变得保守并愿意持有更多的超额准备金（re 增加，就像在大萧条时期发生的一样），银行同样会减少贷款或者持有证券的数量，最终效果和 rr 增加相同。

影响 k，rr 和 re 的因素

根据等式（7－15），货币乘数 $m1$ 依赖于三个变量：现金比率 k，银行法定准备金比率 rr，以及银行意愿持有超额准备金的比率 re。因为公众持有的现金完全由其自身意愿决定，可以认为公众持有现金和支票账户的成本收益比较决定了 k 的大小，而影响此类成本收益比较的因素主要有利率、收入、对银行的信心以及金融科技水平的提高。在其他因素不变的情况下，如果银行提高利率，则公众会倾向于增加支票账户存款而减少持有现金[8]。在大萧条时期，公众因为担心其存款的安全性而选择持有现金，从而 k 大幅上升。金融科技水平的周期性变化也会显著影响 k，例如，借记卡的普遍使用减少了公众持有现金的必要性，从而拉低了 k 的水平。

美联储决定每种存款账户的法定准备金率，rr 是这些准备金率的加权

平均。然而，在短期内，随着银行存款在大银行与小银行之间流动，*rr* 会出现独立于美联储行为的波动。美联储对活期存款规模低于 5 500 万美元的银行规定了较低的存款准备金率，因此当某个大银行的客户将支票账户的部分存款转到此类小银行时，总的存款准备金规模及 *rr* 都会出现轻微下降。所以，不同规模银行之间的账户清算会给 *rr* 带来轻微波动，但 *rr* 主要的变化还是来自于美联储调整银行法定存款准备金率[9]。

商业银行会将持有超额准备金的成本收益进行比较，从而决定 *re* 的大小。商业银行一般会自愿持有一部分超额准备金以应付不确定性。例如，一家银行直到每个工作日的清算过程结束后才知道它自身的准备金余额情况，如果发现准备金没有达到美联储的要求，那么银行只能通过拆借或者卖出资产来补充准备金，这将产生交易成本。

因此，持有超额准备金既有成本也产生收益，收益就是上述提到的银行准备金不足时采取调节行为而产生的额外费用，成本则是持有超额准备金而损失的利息收入。银行根据成本收益的比较来决定最佳的超额准备金水平。当利率下跌时，持有超额准备金的机会成本下降，银行愿意更多持有准备金，因而会减少贷款或者卖出国债。当公众偿还贷款或者购买银行卖出的国债时，*DDO*、*M*1 和 *M*2 都会下降。当放贷风险明显上升时（就像在大萧条中一样），银行会提高贷款标准并持有较多的超额准备金。如果美联储没能提高基础货币来抵消这种影响，货币供应量将出现下降。在2008—2009 年，银行持有超额准备金的意愿上升，从而货币乘数大幅下降，因此美联储大幅扩张了自己的资产负债表和基础货币规模，以一种果断的方式阻止了 *M*1 和 *M*2 的下跌。

概括起来，根据上面等式所表达的货币框架，可以看到货币供应量受公众、银行以及美联储的行为影响。美联储通过买卖国债（*P*）可以精准控制基础货币的数量，而基础货币的变化决定了 *M*1 和 *M*2 的长期变化。相比较来看，*k*、*rr* 和 *re* 的变化导致了货币供应量的短期和周期性变化。

可以通过分析现金比率（*k*）、美联储规定的法定存款准备金比率（*rr*）以及银行意愿持有的超额准备金比率（*re*）的变化来分析货币乘数 *m*1 的变动。图 7 - 2 显示了 1988—2007 年间 *k*、*rr* 和 *re* 的变化趋势，由于 *k* 持续上升，*m*1 从 1990 年开始至 2008 年金融危机之前呈现趋势性下降。

公众持有的现金（*Cp*）占支票账户（*DDO*）的比重从1988年的40%提高到了近年来的超过100%。

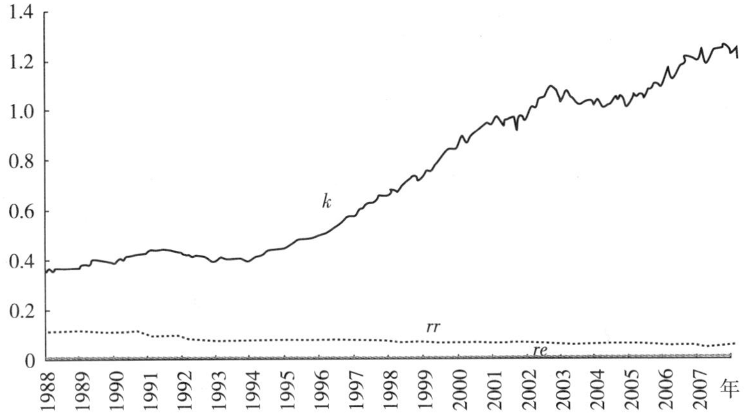

资料来源：Federal Reserve Bank of St. Louis，FRED Database。

图7－2　影响货币乘数 *m*1 的因素（1988—2007年）

在图7－2中可以看到，法定存款准备金率（*rr*）在1990年末至1992年初有所波动，当时美联储降低了法定存款准备金率以应对衰退并帮助银行改善流动性状况。根据图7－2，银行的超额准备金率水平名义上显得很低，低于 *DDO* 的0.5%，在图上几乎没有反映。然而，在2008年和2009年（图上没有显示，但在第九章会分析），*re* 出现了大幅上升，是 *rr* 的几倍水平，甚至比 *k* 还大，这也因此使得美联储刺激银行贷款和增加小企业（通常很难得到金融资源）金融支持的努力受到一定影响。

在大危机期间以及之后，美联储希望看到银行贷款增长，也希望看到货币供应量比实际水平更快增长。银行收紧信贷标准阻碍了贷款的扩张，同时，极低的短期利率使得许多银行意愿持有大量的超额准备金[10]。因此，美联储货币政策的有效性被银行的流动性陷阱效应所抵消，就像在20世纪30年代发生的那样。流动性陷阱发生时，中央银行很难作出努力促进信贷和货币供应量增长。美联储当然可以大幅增加基础货币，但是如果商业银行不愿意增加贷款，或者公众的贷款需求大幅下降，又或者利率低到使得银行购买国债无利可图，那么基础货币和货币供应量之间的关系就会出现异常甚至断裂。在极端情况下，美联储可以通过购买国债使基础货币翻番，但如果商业银行将所有增加的准备金（*R*）都持有为超额准备金，则货币乘数下降 50%，货币供应量没有变化。我们将在第九章详细分析低利率环境下美联储的货币政策。

V. 美联储的货币政策工具

美联储有三类政策工具可以影响信贷、利率和货币供应量（*M*1 和 *M*2），这些工具包括公开市场操作、贴现窗口政策以及改变法定存款准备金率。过去 60 年中最重要的工具是公开市场操作，尽管在金融危机中贴现窗口政策也变得非常重要。公开市场操作和贴现窗口政策影响银行准备金和基础货币数量，而法定存款准备金率变化影响货币乘数。我们将简要介绍每类工具。

公开市场操作

美联储通过国债交易商网络来买卖国债，从而影响银行准备金和基础货币。通常此类交易只对货币乘数产生间接而微小的影响，*M*1 和 *M*2 的变化主要受公开市场操作导致的基础货币变动影响。假设为了应对出现的衰退苗头，美联储从交易商处购买了 16 亿美元的国债，那么美联储和整个商业银行系统的合并资产负债表的变化分别如下：

美联储系统

资产	负债
美国国债+16亿美元	国债交易商银行存款+16亿美元

商业银行系统

资产	负债
在美联储存款+16亿美元	交易商公司活期和支票账户+16亿美元

美联储获得了 16 亿美元的国债资产，并通过付款相应增加交易商银行在美联储的存款（*Fb*）。直接结果就是，银行准备金、基础货币、*M*1 和 *M*2 都增加了同样的数量。这表明美联储可以随时改变基础货币数量，美联储购买 1 美元的资产，则银行准备金和基础货币增加 1 美元[11]。

在美联储卖出国债的情形下，通过减少交易商银行在美联储存款（*Fb*）来获得付款，交易商银行则相应减少交易商公司账户存款来获得贷款。用之前的会计账户表示则正好相反，银行总准备金和基础货币都减少相应数量。

由于中央银行采取部分法定准备金制度，假设上述交易涉及账户的法定准备金率要求是10%，当美联储向银行体系注入16亿美元资金时，法定准备金只增加了1.6亿美元，而14.4亿美元成为超额准备金。为了满足贷款需求，获取利息收入和增加利润，银行一般愿意将这些增加的超额准备金借出。当银行这么做时，会带来两个变化：一是银行体系的贷款供给增加，从而降低了贷款利率；二是发放贷款导致派生存款，从而增加了*M*1和*M*2。在法定存款准备金率为10%的情况下，最初的14.4亿美元超额准备金可以进一步衍生，最终银行体系内*DDO*的增加要超过最初的16亿美元。因此，美联储注入准备金引发了银行体系存款的倍数扩张，*M*1和*M*2最终也以数倍于16亿美元的数量扩张。

在通常情况下，美联储将公开市场操作限制在美国国债市场上。然而，在2008年金融危机期间，美联储开始购买大量的抵押贷款支持证券。随着雷曼兄弟公司在2008年9月倒闭，抵押贷款支持证券市场进入冰冻期，交易停滞，这导致了严重的后果，不仅严重影响持有此类证券的机构，而且拖累整个国家经济。为了降低长期利率和给低迷的住房按揭市场注入流动性，美联储购买了1.25万亿美元的抵押贷款支持证券。此举为银行体系注入了大量准备金，基础货币数量快速增加，这一行动与美联储刺激银行信贷和经济活力的压倒性目标相一致。

贴现窗口政策

从1913年联邦储备系统开始运作以来，商业银行可以直接从美联储的贴现窗口[12]借入准备金。贴现窗口政策包括允许商业银行借款的条件和贴现率（短期贴现借款的利率）。一般来讲，允许银行借款的标准是借款必须出于需要而不是获利。当一个交易日快要结束时，一家银行由于不可预知的情况导致准备金短缺而不能达到美联储要求，那么它可以申请借款并且一般能够获得批准。但是，如果想借入贴现率较低的美联储贷款并用于发放新的贷款或购买高利率债券，则是不被允许的。

当银行要求并得到一笔美联储贷款，其在美联储的准备金账户增加相应的数量，银行准备金和基础货币也增加同样的数量。假设在一周之内，所有银行在贴现窗口的借款合计4亿美元，会计账户将显示：

美联储系统

资产	负债
贴现贷款+4亿美元	银行存款+4亿美元

商业银行系统

资产	负债
在美联储存款+4亿美元	借款+4亿美元

在此过程中，交易只对基础货币产生影响，总准备金增加了4亿美元，但货币乘数没有变化。然而，如果美联储出人意料地宣布提高贴现率，银行则会认为美联储释放了政策收紧的信号，因而趋向于增加持有超额准备金以作预防，*re* 提高降低了货币乘数。在现有基础货币不变的情况下，预期之外的贴现率提高会导致银行收紧贷款标准和减少贷款发放，并导致 *M*1 和 *M*2 下降。根据等式（7－15）和等式（7－16），*re* 提高，导致货币乘数 *m*1 和 *m*2 下降。

另一方面，如果贴现率出人意料地下降，银行会认为美联储将放松货币政策，例如采取公开市场操作的方式向银行体系注入资金。因此，银行会放松贷款标准，或者将超额准备金用于发放贷款或购买债券，这些措施都可能降低利率水平并增加 *M*1 和 *M*2。

在第二次世界大战之前，调整贴现率是美联储的主要货币政策工具。而在2008年大危机之前的半个世纪，贴现政策则是美联储较少运用的政策工具。从美联储资产负债表可以看出，由美联储向商业银行贷款衍生出的基础货币只占很小比例。然而，自2008年以来，美联储极大地扩张了贴现窗口贷款，运用创新手段鼓励商业银行从美联储贷款。因此，近年来美联储的资产负债表有了非常大的变化，其中贴现窗口贷款数量快速增长，我们将在第九章详细描述这一发展。

调整法定存款准备金率

根据国会授权，美联储理事会可以调整银行的法定存款准备金率。和公开市场操作改变基础货币不同，调整法定存款准备金率主要通过改变货币乘数产生影响。如果提高法定存款准备金率，银行总准备金没有变化，只是法定准备金提高，超额准备金水平下降甚至为负。鉴于银行当前持有的超额准备金低于其意愿水平，它们倾向于收紧贷款标准，减少贷款数量或者卖出债券。借款者通过支票账户偿还贷款，交易商公司通过支票账户向银行购买债券，这些行为都会减少 *DDO* 余额。根据等式（7－15）和等式（7－16），rr 增加将降低货币乘数 $m1$ 和 $m2$。除非基础货币也增加，否则 $M1$ 和 $M2$ 将下降。

与公开市场操作相比，法定存款准备金率工具影响巨大，因此很少使用，上一次法定存款准备率调整还是在20世纪90年代早期。在20世纪80年代末至90年代初，银行业出现危机，坏账准备大幅增加。由于法定存款准备金率本质上和税收类似，对银行业利润有限制作用，为了改善银行财务状况，美联储在1992年将所有规模以上DDO账户的准备金率从12%降到了10%。从那时起这个工具就再也没被用过了。

在货币供应量控制方面，公开市场操作工具要优于存款准备金率调整，公开市场操作更灵敏，更精确，也更灵活，美联储可以根据需要随时使用。法定存款准备金率工具似乎有些多余，大多数经济学家赞成把法定准备金率保持在一个较为理想的水平而不做调整，除非出现特别紧急且少有的情况[13]。

Ⅵ. 结论

本章我们分析了影响一个国家货币供应量（$M1$ 和 $M2$）水平和增速的因素。货币供应量由基础货币数量及货币乘数决定，基础货币乘以相应的货币乘数就得到货币供应量。美联储可以精准地控制基础货币数量，但是不能控制货币乘数，公众和商业银行的行为决定了货币乘数的大小。如果美联储采取消极策略而不干预货币供应量，那么公众和银行行为导致的货币乘数变动将会改变 $M1$ 和 $M2$。就像20世纪30年代大萧条时期发生的一样，由银行倒闭引起的恐慌使公众持有现金、银行持有超额准备金的意愿（k 和 re）急剧上升，从而造成货币乘数迅速降低。美联储没能采取措施大幅增加基础货币以抵消货币乘数下降的影响，这导致了货币供应量 $M1$ 和 $M2$ 的严重收缩。受此影响，物价、产出和就业均大幅下降。下一章将对此进行详细阐述。

注释

① 每个成员银行都需要在美联储投资入股，但数量相当于银行自有资本的很小部分，美联储每年对这些股份分红付息。尽管这些成员银行名义上拥有美联储，但为了

使决策制定尽量不受这些成员银行影响，美联储的管理架构是经过特别设计的。

② 和其他国家持有的大量美国国债相比，美联储持有的外汇资产十分有限，如果市场严重看跌美元并出现大规模的抛售，这些资产是绝对不够的。

③ 通常美联储被授权只能给存款类机构贷款，但是法律赋予了美联储在十分罕见的危急时刻借款给其他私营机构的权力，在大萧条时期美联储就启动了这些条款。

④ 每个银行的支票账户都受到如下准备金要求的约束：0～1 000 万美元，没有准备金要求；1 000 万～5 500 万美元，3% 的准备金；超过 5 500 万美元，10% 的准备元。这种分等级的准备金要求是为了在市场竞争中扶持小银行，因为大银行在规模经济和其他方面已经获得了优势。

⑤ 需要注意的是这一行为并不增加基础货币。从支票账户中提取现金的行为使银行持有的现金相应减少 80 美元，我们将在下面说明，美联储控制着基础货币，公众的行为并不直接影响基础货币的数量。

⑥ Cp 是 M1 的主要组成部分，是指除了美联储、财政部以及存款机构之外的公众持有的现金，包括现钞和硬币。一小部分 Cp 以纪念钞或纪念币的形式被保存，超过 50% 的 Cp 在美国国境外流转。

⑦ 译者注：原文为“Fractional Reserve Banking System”，是指拥有中央银行作为最后贷款人，商业银行在中央银行存放部分存款充当准备金这样一种银行制度，在目前全世界大多数国家实施。

⑧ 2008 年，墨西哥针对包括支票账户（DDO）在内的银行存款征税。在我们的分析框架内这将使个人和企业多持有现金（Cp），少持有 DDO。在其他条件不变的情况下，k 将会增加，从而降低货币乘数和货币供应量。为了防止税收引起的货币供应量收缩，墨西哥中央银行需要采取措施增加基础货币。

⑨ 在较早时期，美联储有时通过改变存款准备金率以求大幅改变货币政策。例如，美联储在 1936 年和 1937 年大幅提高了存款准备金率，目的是减少超额准备金。当时的失业率已经超过 12%，但政策制定者错误地认为超额准备金会大幅增加货币供给，从而提高通货膨胀率。政策失误导致了 1937 年至 1938 年经济形势的急转直下，第九章第一部分进行了详细分析。

⑩ 美联储在 2008 年 12 月调低联邦基金利率至 0～0.25 个百分点的区间，从那时至 2010 年 10 月，30 天的国库券收益率在 0.03%～0.26% 之间，因此即使银行选择持有超额准备金而放弃购买债券，也不会有太多收入损失。

⑪ 注意，美联储购买什么样的资产并不重要，如果其从沃尔玛购买糖果，那么将给沃尔玛支票，当沃尔玛把支票存入银行时，银行就会收到美联储的兑付，在美联储的存款账户上就会增加相应数量的存款，因此银行准备金和超额准备金均有所

增加。美联储选择国债作为公开市场操作工具的主要原因是国债市场高度发达，交易成本很低。如果选择公司债券或者股票，那么按照美联储每天债券交易所需要的数量，很可能出现市场动荡或者崩溃。

⑫ 几十年前，银行家们会本人前往纽约联邦储备银行贴现窗口进行贷款操作。现在，银行只需要联系美联储，要求将其美联储存款账户增加相应的数量。

⑬ 在确定法定存款准备金率时，一个重要的考虑是随着货币供应量的变化带来的利益分配的变化。如果法定存款准备金率较高，货币乘数就低，那么同样的货币供应量需要的基础货币数量（以及美联储持有国债数量）就大。美联储的收入主要来自于持有债券的利息，而其年收入的85%要返还给财政部，因此纳税人从提高存款准备金率中获益。当存款准备率较低时，需要的基础货币数量较少，因此美联储需要持有的国债数量也较少，此时法定准备金率的税收效应较低，商业银行相对于纳税人获益较大。

第八章　大萧条时期的美联储政策

Ⅰ. 概述

研究美国经济史的学者认为，在1929—1933年美国经历了历史上最大的经济灾难。这场灾难带给美国家庭的恐慌是无法用数字来说明的。然而，大萧条的严重程度却可以通过考察一些相关事件而得知。从1929年秋季到1933年春季，全国的名义国内生产总值（GDP）下降近50%，真实国内生产总值下降30%，工业生产量缩减一半。真实国内生产总值的跌幅超过2007年至2009年大危机期间经济紧缩幅度的7倍多，而大危机是继大萧条之后美国最严重的经济衰退。表8－1显示1928—1938年反映美国宏观经济状况的一些关键指标。

表8－1　　　1928年到1938年美国的关键宏观经济指标

年份	名义国民生产总值（10亿美元）	实际国民生产总值（10亿美元）	失业率（%）	股票价格*	银行倒闭	消费者物价指数
1928	98.2	98.2	4.2	153	498	100.0
1929	104.4	104.4	3.2	201	659	100.0
1930	91.1	95.1	8.7	161	1 350	97.4
1931	76.3	89.5	15.9	100	2 293	88.7
1932	58.5	76.4	23.6	36	1 453	79.7
1933	56.0	74.2	24.9	79	4 000	75.4
1934	65.0	80.8	21.7	78	57	78.0
1935	72.5	91.4	20.1	80	34	80.1
1936	82.7	100.9	16.9	112	44	80.9
1937	90.8	109.1	14.3	120	59	83.8
1938	85.2	103.2	19.0	80	54	82.3

注：*是每年6月份普通股股价指数；1935年到1939年＝100。

资料来源：美国商务部的美国历史统计资料，美联储理事会的银行和货币统计资料，华盛顿特区：国家首都出版社。

大萧条期间，美国全国的失业率从大约 3% 飙升到 25%，股票价格跌幅达到了 85%，从 1929 年每股 100 美元的市值跌到 1933 年底部阶段的低于 15 美元。这一时期，银行倒闭数量累计超过 9 500 家，仅 1933 年一年就倒闭了 4 000 余家。由于没有存款保险制度，银行倒闭让数以百万计的美国家庭的毕生储蓄蒙受损失。全国货币供应量缩减了约 30%，物价水平下降了 25%。

物价的下降引发大量农场主、房屋所有者和商业企业的止赎潮。在 1933 年 3 月 4 日富兰克林·罗斯福正式就任美国总统时，每月有近 20 000 家农场丧失赎回权，全国商业企业的总体利润为负值。在 20 世纪 30 年代，绝大多数美国人民的生活水平大幅下降。在这十年间，全国的失业率平均为 18%，直到 1941 年失业率才恢复到 10% 以下。

在真正讨论大萧条中的特定事件之前，回顾泡沫的形成发展模式就显得格外具有意义。这种泡沫通常在严重的经济危机之前出现，比如大萧条和最近的大危机。在 20 世纪 20 年代和 90 年代的股票市场泡沫以及 2002—2006 年间的房地产泡沫中，信贷的快速扩张往往伴随着和推动着泡沫的发展。这些都为后来泡沫的破裂埋下了伏笔。

正如第二章所述，事件的发展总是遵循一定的模式。首先，经济回升构成有利的经济基本面。一段时间之内，通货膨胀处在一个相对较低的水平，使得中央银行可以将利率也保持在较低水平。宽松的信贷条件和不断增强的信心同时推动了资产价格的上升，如股票、土地和房屋。无论是贷款人还是借款人都对美好的经济前景越来越有信心。一段时间过后，随着信贷数量的增加和其质量的下降，高风险的投机也获得了资金支持。这些发展通常来源于能够创造潜在盈利性的商业机会的重大技术突破。最后，期望开始变得越来越不现实，虚无缥缈，资产估值跟现实情况大相径庭。继而，一些事件如中央银行紧缩信贷引发泡沫破裂。经济进入衰退阶段，留下一堆可行性微乎其微的投资项目，以及大量负债累累的企业、家庭和陷入困境的银行。

在低通货膨胀和美联储宽松信贷条件的推动下，20 世纪 20 年代全国的产出和利润强劲增长。但是，通货膨胀仍然没有发生。金融创新刺激了银行信贷的强势扩张，这方便了大量的房屋所有者购买耐用物品。过剩的信号变得十分明显，首先表现在 20 世纪 20 年代中期佛罗里达房地产的快速增长，后来表现在20年代末期股票市场的泡沫。股票的价格收益之比平均增长了5倍，达到了一个空前的水平。冒险者变得富有，其他人争相效仿。至此，美国和欧洲诈骗行家出现的时机已经成熟，其中包括查尔斯·庞氏（佛罗里达），克拉伦斯·哈瑞（伦敦）和伊凡·克鲁伊格（斯德哥尔摩）。最终，在1929年10月，股票市场泡沫正式破裂。

这一章将讨论大萧条在全世界的普遍特征并检验对其起因的各种解释，包括物价下跌对经济紧缩深度和持续时间所起到的作用。同时，这一章节也将分析货币供应量（M1和M2）收缩的起源，并探讨经济大灾难中对美联储所扮演的角色的不同观点和看法，也将提出为什么美联储在严重经济紧缩中表现不称职的各种假设。这一章最后考察了结束大萧条的各种因素。

Ⅱ. 大萧条的世界性特征

大萧条发生在世界范围内，没有一个重要的工业国家逃过了这次灾难，不仅美国，德国、加拿大、法国、意大利、荷兰和至少5个其他工业国家的工业产出都下降了超过30%。英国、日本、瑞典和新西兰的工业产出下降较为温和，在15%到20%之间。受大萧条影响最严重的是美国和德国，这两个国家的工业产出下降50%以上。

有学者认为，美国经济的紧缩程度之所以比大多数其他国家都严重，是因为之前美国股票和房地产价格存在巨大泡沫，同时也是由美国银行业自身的特点决定的。关键因素包括第一次世界大战期间美国农场债务的巨幅增长和美国银行业独特的结构。跟其他国家拥有少量但规模相对较大且多元化优势明显的银行不同，美国拥有两万多家小型、独资且资产结构单一的银行。数千家这种银行的资产主要是农业相关贷款。20世纪30年代初期，最初受农业危机影响，超过9 000家此类银行破产，这意味着美国的货币紧缩程度比其他国家严重。

正如我们将在下一节中讨论到的，大萧条形成的原因非常复杂。大多数学者认为，1929年美国最初的经济衰退是由美联储在1928年到1929年实施的一些限制性措施引起的，而这些措施是为了抑制不断膨胀的股市泡沫中越来越多的投机行为制定的。美联储的行为提高了名义和真实的短期利率。在1927年第四季度真实的商业票据利率还低于6%，一年之后就猛涨到超过9%。随着1929年的建筑许可申请与1928年顶峰时期水平相比下降20%，对利率敏感的各种支出快速下降。同时，1928年美国出口也开始下降，因为德国和其他一些国家在美国之前已经进入经济衰退时期。不同于较为流行的观点，在1929年10月股市崩盘之前的几个月，美国经济紧缩就已经开始。

强有力的因素推动着商业循环的跨国界传递。欧洲产出和收入的下降反馈到美国，拉低了美国的出口量。然后，不断萎缩的美国经济又使欧洲对美国的出口减少。虽然，各种文献在细节方面各有说辞，但一连串重要的因果关系表明，美国经济衰退主要通过两种渠道影响世界范围经济萧条的形成：第一，美国收入的下降减少了对其他国家产品的需求。第二，更重要的是，美国的高利率通过金本位制度传送到世界其他国家。在金本位制度下，外国有权根据需要将其在美国的货币储备转换为黄金。因为其他国家持有的黄金存量已经很少，美联储在1928年和1929年大幅上调利率，迫使其他国家相应地提高利率来阻止资本和黄金外流到美国。实际上，由于察觉到美国维护金本位的努力要强于他国，所以其他国家的中央银行不得不把利率提高到比美国更高的水平来阻止资金和黄金的外流。现在看来，那些首先在20世纪30年代初期挣脱金本位桎梏的国家也是首先走出经济大萧条的国家。

Ⅲ. 引起大萧条的原因

是什么引起了大萧条？美联储在这次灾难中扮演的角色是什么？要它对这次大萧条承担责任是合理的吗？还是它只是一个无辜的旁观者，对阻止一连串引起经济恶性循环的事件无能无力？这一节给出了这些问题的各种答案。同时，也讨论了银行恐慌对信贷紧缩以及银行倒闭应该承担的责任。

非货币主义的解释

对于大萧条起因的解释，经济学家非常强调产品和服务总需求的负面冲击[①]。总需求的严重萎缩降低了真实产出和物价水平，从而引发了严重的通货紧缩。有些学者则强调来自非货币因素的负面冲击。例如，20世纪20年代的基建热潮导致30年代建筑活动不可避免地下降。[②]对厂房、设备和建筑物的总投资支出从1929年的140亿美元减少到1933年的不足30亿美元。净投资即资本存量的变化在1933年实际上是负值，因为贬值和折旧超过了总投资支出。股市崩盘以及随之而来的财富缩水和消费者信心减弱对于抑制消费和投资起到了重要作用。目前尚不明确这些事件最初是否源于货币因素。

1930年，臭名昭著的《斯穆特—霍利关税法案》引发了席卷全球的经济国家主义运动，使得世界各国间的国际贸易额锐减，美国的出口急剧下降，全世界出口行业的失业率持续攀升。同时，在20世纪30年代财政政策也转向紧缩。在大量失业存在的情况下，1932年税收法案增加了税收。非货币主义经济学家认为，这些因素与货币因素或美联储政策无关。[③]

此外，经济学家通常认为在20世纪30年代货币政策非常宽松。短期利率——美联储能够准确控制的利率——一般都相当低。1929年8月，国库券收益率是4.7%，到12月就下降到3%，而1930年6月则又下降到1.9%。除了1931年12月至1932年4月期间上升到2.5%左右之外，在20世纪30年代剩下的时间里，国库券收益率维持低于1%的水平。

货币主义的解释

货币主义经济学家们不同意上述关于大萧条起因的论断，他们明确地把责任归于货币因素和美联储政策。他们认为，货币供应和银行体系的崩溃才是美国经济从通常的经济衰退转变成大规模的经济崩溃的原因。在这一理论中，货币紧缩被认为是由银行恐慌和美联储犯下的一系列错误引起的。货币主义学者认为，美联储应对紧随银行恐慌后的M1和M2的急剧紧缩负主要责任，因为在一系列银行恐慌中它没有扮演最后贷款人的角色，并犯下了许多其他错误。他们认为，货币供应量的收缩引起了灾难性的通货紧缩，而通货紧缩又引发了大规模的家庭、农场以及企业债务违约，最终导致了银行倒闭浪潮和合格的银行客户得不到信贷。

银行倒闭和存款挤提

为了更好地分析20世纪30年代的大萧条，先来看看20世纪20年代美国银行业的经历是非常重要的。20世纪20年代是美国经济的一个繁荣时期。如前文所述，基建热潮在此时兴起，部分因为第一次世界大战胜利后出现的低利率和全国性的乐观情绪。家庭的电气化、汽车的大量生产、道路的建设以及电子通讯的出现（大量采购无线电广播）促进了经济繁荣。20年代后期家庭大量采购耐用品也为此作出了贡献。

然而，在20世纪20年代，农业部门却压力重重。在那个时代的美国经济中，农业所扮演的角色比现在更为重要，更多的家庭依靠农业维生。从19世纪80年代到第一次世界大战之前曾是农业的“黄金时代”，但到了20世纪20年代初期，农作物价格却下降了近一半。尽管这些价格偶尔出现回升，但总体而言，20世纪20年代见证了全世界农产品价格的下跌以及农场危机。农场的利润随着农作物价格的下跌而减少，从而降低了农场的价值。成千上万的农场主曾在20年代前通过借贷购买田地，但在20年代期间因无法偿还贷款而丧失了财产。这个过程在大萧条时期还在继续。

1925年，美国大约有28 000家银行，大多数都坐落在小城镇和乡村。农产品价格的下降和农场止赎比例的上升使得成千上万家乡村银行财务状况恶化，因为它们贷款给了农场主以及与农业经济密切相关的一些经销商和企业。20世纪20年代，平均每年有将近500家银行破产，它们大多数分布在农业地区，尤其是在大平原地区。[④]

20世纪30年代早期的银行恐慌

在20世纪20年代，近6 000家银行停业，但这些银行的失败并没有引发全面恐慌而致储户挤提存款，30年代初期的银行倒闭则是另一种情形。这些银行的停业引发了四波银行恐慌。第一波发生在1930年10月，当时中西部和南部地区多家银行倒闭，引发相对温和的存款挤提。第二波银行恐慌在1930年12月到来，随后是美国银行的倒闭。这是美国历史上最大的银行倒闭事件。仅仅看它的名称，很多人都误以为它是由美国政府经营的，这就增加了人们的恐慌感，引发市场混乱。此次危机在1931年初平息。

然而，在1931年5月，一家重要的澳大利亚银行——安斯塔特信用银行倒闭了，这一消息震惊世界。之后不久，9月，英国宣布退出金本位制度。这一决定引发了对美元贬值的预期。预计外国政府会争相到美国财政部将它们的美元存款换成黄金，美联储采取了激进措施。10月，不顾美国失业率超过了15%，美联储分两次将贴现率从1.5%上调至3.5%。[⑤]1931年春夏发生的这些事件导致了同年初秋美国银行业的第三次挤兑潮。

在近四年的物价通缩，大规模债务违约，成千上万家银行倒闭之后，第三波也即最后的毁灭性的危机在1933年初到来。因为大规模的失业，银行财务状况恶化，以及出于对候任总统富兰克林·罗斯福的智慧和勇气的怀疑，恐惧感已经四处蔓延、无处不在。2 月，随着福特汽车公司与底特律联合信托公司之间为挽救该银行的谈判失败，密歇根政府州长宣布关闭全州范围内的一些银行。这引发了银行恐慌，一开始蔓延到邻近的几个州，接着波及到其他地区。3 月 6 日，罗斯福总统上任后第三天，他就宣布全国所有银行全部“休假”一周。[⑥]罗斯福政府宣布对所有银行进行审查，只有“健全的”银行才被允许重新开业。[⑦]更重要的是，国会成立了联邦存款保险公司，为银行存款提供全国性的保险。

在某些学者眼里，这两大事件标志着大萧条进入尾声。然而，无论怎样，在 1929—1933 年有 9 755 家银行破产，而在 30 年代剩下的几年里每年仅有不足 60 家银行倒闭。我们注意到，最初的银行恐慌在 30 年代初的银行贷款与货币供应量（M1 和 M2）严重收缩中扮演着重要的角色。在大萧条期间，银行倒闭以及货币供应量的急剧下滑导致了严重的通货紧缩。

Ⅳ. 通货紧缩：衡量标准及其影响

理解货币通缩在 20 世纪 30 年代的大灾难中所扮演的角色是很重要的。通货紧缩是一种极为有害的现象，通常情况下物价下跌是由总需求下降所引起的，它也有可能是因为突如其来的生产率的迅速提高而令生产成本降低，以致总供给骤增。虽然后面这种形式的通货紧缩会伴随着人们生活水平的提高，但因为支出大幅下降引发的通货紧缩通常与产出总量、就业率以及生活水平的下降相伴相随，它仍是有害的。

美国历史上大多数严重的通货紧缩都伴随着经济萧条。通货紧缩之所以具有如此大的破坏性，是因为物价下跌意味着人均收入（名义收入）一定会下降，但债务支出却没有因此而减少。举例来说，设想一下，农场主或房屋所有者在银行有 10 万美元的抵押贷款，他们分别以各自的农场或房屋作抵押。假设贷款利率是 6%，那么他每年要付 6 000 美元的利息给银行（应付的总金额一般高于这个数，因为像这样的借贷通常都是分期还款的）。又假设这个农场主或是房屋所有者税后年收入为 4 万美元。如果国家物价水平下跌 50%，也就是说下跌了一半，但其他方面保持不变，这就意味着总的名义国民收入也同样减少了一半。考虑到这一事实，这位农场主或房屋所有者的收入绝对不可能保持 4 万美元。农场主收入减少是因为他的农产品价格急剧下降，房屋所有者的收入减少是因为雇主收入急剧减少。不幸的是，这两个人每年仍然要为他们的债务付出 6 000 美元的利息。

这就不可避免地导致了债务违约。如果农场主的收入因农作物价格急速下跌而减少到 2 万美元，那么他将很难偿还以农场为抵押的贷款。由于通货紧缩，他的利息支付在其可支配收入中的比例从原来的 15% 上升至 30%。这个例子清楚地解释了为何持续的通货紧缩会伴随着大范围的破产、债务违约、大规模失业以及不断出现的银行倒闭剧增。[⑧]银行可以没收农场或是房屋，但是这些财产的价值却往往随着物价水平的下降而急速下跌。银行在贷款上的损失意味着银行资本减少。贷款的巨大亏损致使银行最终倒闭。

图 8－1 所显示的美国通货膨胀率，是通过计算从 1929 年到 1939 年期间生产价格指数和消费价格指数得出的。

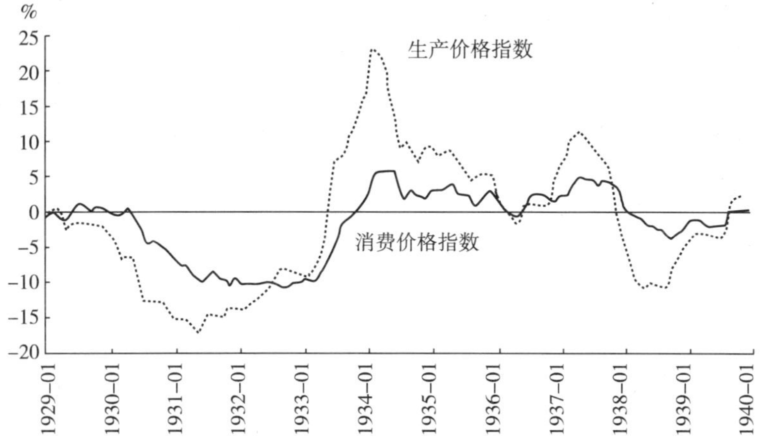

资料来源：圣路易斯联邦储备银行、美联储资料库。

图 8－1 美国消费者与生产者价格指数的变化率（1929—1939 年）

因为生产价格指数（PPI）反映了批发价，所以 PPI 的变动极有可能引起由消费价格指数（CPI）所反映的零售商品和服务价格的变动。我们可以看到生产者价格指数在 1929 年初开始下滑，而消费价格指数则在一年后开始下滑。从 1929 年初到 1931 年，当生产价格指数跌幅连续几个月超过 15% 时，生产价格的跌幅在持续上升。在 1933 年 6 月之前，生产价格指数一直为负增长。[⑨]消费价格在 1930 年 2 月开始下跌，在 1931 年秋到

1933年春，消费价格的跌幅达到了最高的每年10%。1933年以后长时间的通货紧缩结束，这时农场、房屋、企业的止赎率以及银行破产的比率也出现大幅下降，两者同时出现并非巧合。

通货紧缩既是经济大萧条的起因又是其结果。说它是起因，是因为它造成大范围的债务违约、企业破产和银行倒闭，从而令消费和投资开支减少，最终导致国内生产总值和就业的减少。债务违约削弱银行资本，导致银行收紧放贷标准，加深和延长经济衰退。说通货紧缩是大萧条的结果，是因为随着大萧条而来的对商品和服务需求的减少迫使企业降价销售它们的产品。

通货紧缩一旦稳固形成，它就将变成一个自我持续的循环。这种现象是由于降低物价的期望使个人和企业推迟了他们的购买计划，因为他们期待未来会有更划算的交易。更重要的是，对通货紧缩预期的发展意味着真实利率超过名义利率。事前估计的真实利率（名义利率与预期的通货紧缩率之和）影响了投资和消费支出的决定。如果预期的通货紧缩是普遍性的，即使中央银行把名义利率下调到零，真实利率也可能在悲观主义蔓延的环境下显得太高而不能吸引足够的投资和消费支出来提高产出和就业率。这种情况被称为零约束问题——这个问题由中央银行无法把名义利率降至零以下而产生。中央银行将对经济失去牵引力，而无法将经济从大萧条中解救出来。

表8－2　　1930年至1933年美国通货膨胀率指标（年百分比）

	1930	1931	1932	1933	总计
消费者价格指数	-2.6%	-9.0%	-10.1%	-5.4%	-27.0%
生产者价格	-9.1	-15.7	-10.7	+1.3	-34.2
GDP平减指数	-2.6	-9.1	-10.2	-2.2	-24.1
个人消费支出平减指数	-3.1	-10.6	-11.7	-4.0	-29.4

资料来源：美国历史统计和总统经济报告。

为了说明大萧条时期通货紧缩无处不在，表8－2给出了在关键性的4年中（1930—1933年）四种不同的价格水平指标的变化率。

V. 美国货币供给的崩溃

银行恐慌、银行倒闭、货币供应量下降以及通货紧缩是解释大萧条深度和持续时间的相互关联的因素。从1929年12月到1933年6月，M1和

M2 分别下降了 27% 和 34%。表 8 - 2 右侧栏目显示的是全国价格的近似下降，表 8 - 3 显示的是 1929 年 6 月至 1934 年 6 月的 M1、基础货币、货币乘数（M1）以及影响货币乘数的几个变量的变化情况。

导致 M1 和 M2 收缩的原因

我们注意到，自 1929 年至 1933 年期间，*M*1 急剧下降，而基础货币（*B*）却没有下降。从 1929 年 6 月到 1933 年 6 月，基础货币增长了 13%。1932 年到 1933 年基础货币的增速比 1928 年或 1929 年任何时候都要高。由于货币乘数（*m*1 和 *m*2）是货币供应量（*M*1 和 *M*2）与货币基础之比，这也说明导致 *M*1 和 *M*2 崩溃的直接原因是对应的货币乘数 *m*1 和 *m*2 的严重收缩。表 8 - 3 表明在 1929 年到 1934 年期间 *m*1 下降了 40%。

表 8 - 3 显示了决定狭义货币乘数 m1 的三个变量：现金比率 *k*（货币流通/*DDO* 比率）、法定存款准备金率 *rr* 和超额存款准备金率 *re*。这些变量总体情况在第七章里讨论过。

表 8 - 3　　大萧条时期货币乘数

	*M*1（10 亿美元）	*B*（10 亿美元）	m1	*k*	*rr*	*re*
1929 年 6 月	26. 2	6. 82	3. 84	0. 161	0. 104	0. 001
1930 年 6 月	25. 1	6. 62	3. 79	0. 155	0. 110	0. 000
1931 年 6 月	23. 5	6. 92	3. 40	0. 184	0. 116	0. 004
1932 年 6 月	20. 2	7. 39	2. 73	0. 296	0. 116	0. 010
1933 年 6 月	19. 2	7. 72	2. 49	0. 330	0. 126	0. 033
1934 年 6 月	21. 4	9. 21	2. 32	0. 279	0. 126	0. 104

资料来源：联邦储备理事会、《银行及货币统计》（华盛顿特区：国家首都出版社，1943）。

应该注意的是，自 1929 年中期至 1930 年中期狭义的货币乘数（m1）下降速度较为温和，然后在截至 1934 年中期的时间内急剧下降（39%）。图 8 - 2 显示出货币乘数的三个决定性因素（*k*，*rr*，*re*）变化的规律，表 8 - 3也作出同样的说明。

货币乘数 *m*1 的崩溃是从一系列银行恐慌开始的，这期间现金比率（*k*）从 1929 年底的 16% 上升到 1933 年 6 月的 33%。鉴于银行存款没有被保险和每周都有数以百计的银行倒闭，公众从银行大量提款也就不足为奇。由于银行对贷款违约提高了警惕，担心再度出现挤提以及美联储无法及时作出反应，在 1932 年银行开始大幅增持超额准备金。如图 8 - 2 所示，在 1933 年和 1934 年银行恐慌开始减弱、现金比率下降，银行仍然继续增持超额准备金——也就是说，re 上升。注意，图 8 –2 显示，在 1935 年末，银行持有的超额准备金超出了法定准备金，银行持有两倍于法定存款准备金的准备金。

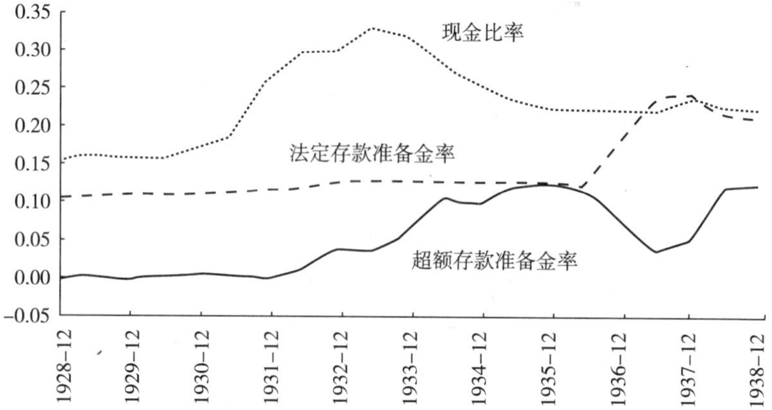

资料来源：联邦储备理事会、《银行及货币统计》（华盛顿特区：国家首都出版社，1943）。

图 8 –2　1928—1938 年货币乘数影响因素的变化

现金比率（*k*）和超额准备金率（*re*）的急剧上升能够很好地解释狭义和广义货币乘数（*m*1 和 *m*2）在 1929—1933 年的下降，同时也要看到加权平均的法定准备金率（*rr*）呈现轻微上涨的趋势。在 20 世纪 20 年代和 30 年代，从全国范围来看，大城市银行的法定准备金率远远高于乡村银行。由于城市化进程加快，大城市银行增长越来越快，这推动了平均法定准备金率 *rr* 随着时间而逐渐上升。在大萧条中，老练的存款人察觉到大城市银行的经营更多元化、更安全且不会轻易破产，于是他们把资金存入大银行。这种行为进一步刺激了法定存款准备金上升的长期趋势。1936 年和 1937 年法定准备金率 *rr* 急剧上涨是因为美联储实施了提高法定准备金率的政策，它希望能够吸收银行超额准备金。[10]

VI. 对 20 世纪 30 年代事实的不同解读

表 8 –3 和图 8 –2 指出了导致 *M*1 和 *M*2 急剧收缩的事实因素。经济学家对这些事实作出了不同的解释。人们会发现著名的经济学家，即使是诺

贝尔奖得主，对20世纪30年代美联储的角色会持截然不同的看法。部分这类观点展现如下。

凯恩斯主义者的观点：你完全无法控制

大萧条最具影响力的早期解释——由美联储提出，并得到英国伟大的经济学家约翰·梅纳德·凯恩斯支持——在大萧条后30年里被人们普遍接受。在凯恩斯主义者看来，在经济下行后不久美联储就制定了放松货币的政策。但是，仍然无法使国家经济避免货币供应的崩溃、接踵而至的产出收缩和物价水平下降。短期证券收益率——中央银行负责管理的利率——从证券市场开始长时间下跌的1929年10月的4%下跌到1932年中期的低于1%。纽约联邦储备银行连续8次下调其贴现率，从1929年10月的6%下调至1931年中期的1.5%，为了对先前讨论过的国际因素作出反应，在1931年9月又急速上调。图8－3显示了这段时期美联储的贴现率、短期和长期国库券收益率的走势。

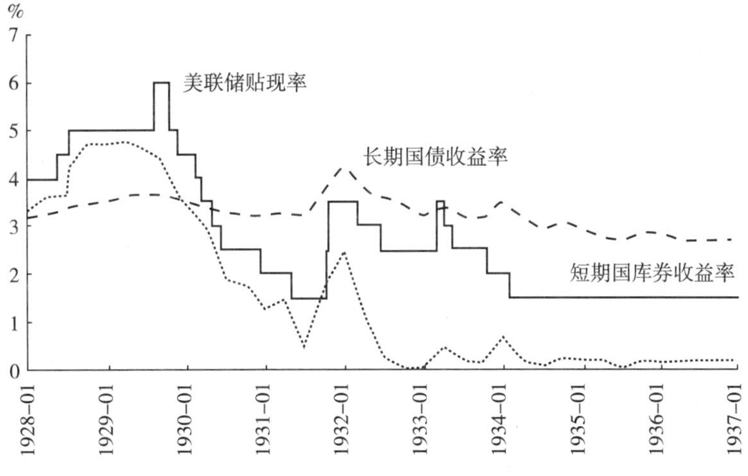

资料来源：美联储理事会：《银行及货币统计》（1914—1941），华盛顿特区：国家首都出版社。

图8－3　国库券收益率和美联储贴现率（1928—1936年）

从1929年12月至1932年12月期间，基础货币——无可置疑地受美联储控制——增长了近14%。在1932年中期以后，银行开始储备超额准备金——通常是放松货币的指标——到1934年已经达到非常高的水平。按照早期的传统观点来看，这些事实表明美联储的政策措施的确没有受到限制，所以美联储无须对大萧条负责。这也就是所说的“你完全无法控制”。利率明显以零为界限，一旦中央银行把短期利率推至该极限附近，并向银行提供大量的超额准备金，即可以断言中央银行的弹药即将告罄。如果公众不愿意从银行借款（或者说如果银行不愿意向外贷款），而且如果短期证券收益太低以至于银行觉得不值得购买，那么美联储就无计可施了，它不能强迫银行去放贷或是购买证券。

因为短期收益率在1932年异常低，银行所需的超额准备金相对利率来讲变得具有完全弹性，这就是银行流动性陷阱的假设。[11]基于这一点，任何由中央银行提供的超额准备金都将只能由银行持有，而不会被贷出或投资于证券。所谓的银行流动性陷阱成为众多经济学家对20世纪30年代美联储扮演的角色的争论焦点。

就这点而言，如果基础货币与货币供应量之间的联系不够紧密，则可能会产生扭曲。美联储没有能力增加货币供应量，因为银行不愿意拿美联储提供的超额准备金去扩大贷款或是购买证券，而这其中任何一项都将提高$M1$和$M2$的增速。银行不放贷的原因或是他们担心借款人的还款能力，或是因为对经济前景过于悲观。由于收益率太低，银行也不愿购买证券。在这种极端的情况下，货币乘数与中央银行提供的基础货币呈反向变化。如果美联储竭尽全力购买证券，进一步增加银行准备金和基础货币，则货币供应乘数将会进一步下跌，因为银行已储备了大多的超额准备金。[12]

因此，这种情况被认为是超出了美联储的控制。尽管美联储尽其所能，但只有推出强有力的财政刺激措施——减税和/或增加政府开支——才能使国家摆脱大萧条。依凯恩斯主义者的观点来看，货币政策已经不起作用，这就是所谓的“你完全无法控制”。

货币主义者的观点：美联储不作为

米尔顿·弗里德曼是最著名的货币主义经济学家，他和安娜·施瓦兹于1963年共同推出一本极具影响力的书——《1867—1960年美国货币史》。这本著作对凯恩斯主义者关于大萧条的看法提出挑战。弗里德曼和其他的货币主义者认为，20世纪30年代初期的美联储政策并不具有扩张性。事实上，他们认为政策本身是高度受限的。在他们看来，由于银行恐慌和美联储的一系列错误才导致一场典型的商业周期收缩演变成一场灾难。

例如，为了应对股市投机活动，在 1928 年 2 月、4 月和 7 月期间，美联储分三步上调其贴现率，从 3.5% 上调至 5%，而此时通货膨胀却难寻踪影。其他被认为是重大错误的还有：在银行恐慌期间听任银行准备金下降，在 1931 年 10 月戏剧性地上调贴现率，利用公开市场卖出证券以冲销黄金流入对基础货币的潜在扩张性影响，以及在 1936 年和 1937 年期间将法定准备金率上调一倍。许多经济学家确信，如果美联储在 1930 年和 1931 年期间实施强有力的刺激政策，美国只会经历一次常规的经济衰退。

货币主义者能收集什么证据来挑战传统观点呢？传统观点认为 20 世纪 30 年代早期美联储的货币政策是扩张性的。有些观点似乎很有说服力。首先，在大萧条时期基础货币（B）确实有所增加。基础货币由银行准备金（R）和公众持有现金（Cp）两部分共同组成。虽然公众持有现金在银行恐慌时期急剧增加，但美联储消极地允许银行准备金在 1929 年 10 月至 1933 年 4 月期间下降 18%——此时灾难已经产生。因此，基础货币的变化有严重的误导性，原因是银行无法将所增加的基础货币用于扩张信贷。美联储应该认识到这个事实并通过公开市场操作向银行体系注入准备金。

另外，早期解释认为短期利率较低是“放松银根”的象征，但是货币主义者认为这一推断在 20 世纪 30 年代早期的通货紧缩时期并不成立。重点应该放在真实利率而非名义利率上。表 8－2 显示，几个价格指数都证明 20 世纪 30 年代早期通货紧缩非常严重。实际上，自 1930 年到 1933 年，所有这些价格指数年均下降超过 6%。因此，尽管名义利率很低，真实利率或经价格指数调整后的利率仍然非常高。另外，1931 年后证券购买者的“安全投资转移”现象，使得市场对安全、短期证券产生异常高水平的需求。市场对国库券的异常需求，而非美联储的政策行动，导致 20 世纪 30 年代早期国库券收益率非常低。[13]虽然美联储并没有进一步下调名义短期收益率的空间，但货币主义者认为应采取积极的措施来制止物价水平的持续下降，从而避免真实利率的灾难性上升。

货币主义者也指责美联储在 20 世纪 30 年代早期还收紧贴现窗口的政策。银行向美联储借入准备金的动机并非仅仅考虑贴现率水平高低本身，而是要考虑贴现率与短期货币市场收益率之间的差异。如果贴现率明显超过短期证券收益率，那么准备金不足的银行就会发现贴现窗口并非一个具有吸引力的资金来源。如果贴现率处于1%的表面低位，而银行却在国库券上赚取0.2%的收益率，那么准备金不足的银行的理智做法应该是出售国库券而不是通过贴现窗口借款。虽然出售国库券能增加单家银行的准备金，但并不能增加整个银行体系的准备金总额。图8－3显示20世纪30年代，尤其是1931年秋季贴现率上升之后，贴现率超过国库券收益率的巨大缺口。这个缺口是限制性的贴现窗口政策的象征，同时有助于解释大萧条期间为什么银行不选择这种方式来获得准备金。

在1931年，当时的失业率接近15%的水平，美联储通过一次性大幅度提高贴现率以应对英国放弃金本位的做法，同时也收紧了对银行的借款。在这项异乎寻常的举措中，美联储向银行发出信函，告诫银行增加使用窗口贴现是不合时宜的。美联储明显地忘记了，面临银行破产日益增多而引发的全国性恐慌，只要银行体系存在资金需求，中央银行就应该注入准备金，或者通过贴现窗口或者通过公开市场操作。[14]美联储本应将贴现率降至零，放开贴现窗口借款限制，鼓励银行通过贴现窗口借入资金，直至银行恐慌平息。相反，美联储的行动却进一步加剧了恐慌。

货币主义者还质疑银行流动性陷阱的存在，即尽管美联储将再多的准备金注入到银行体系，银行也不会增加贷款。相反，货币主义者断言，银行的超额准备金需求曲线不再是水平的，而是向右倾斜的，而且轻度陡峭。银行超额准备金需求的增加，是由于银行家担心发生进一步的挤提。而基于近期的经历，银行家担心一旦挤提发生，是不能指望从美联储获得必要的资金支持的。

在这一解释中，银行准备金并非真的“超额”或“过剩”，而是基于谨慎动机储备资金，因为银行家们被银行恐慌弄得焦头烂额而美联储却作出错误的应对。如果美联储意识到银行超额准备金需求曲线不连续地向右倾斜，那么它就应该提供足够的准备金以满足银行的要求。这样一来，银行就可以恢复放贷。这也说明20世纪30年代初期银行贷款急剧下降并不是因为缺乏贷款需求，相反，银行被认为是有意避开具有贷款意愿的合格借款人，原因是银行希望持有更多的超额准备金以保护自己。

表 8－4　　20 世纪 30 年代货币政策收紧的证据

年份	M1（10 亿美元）*	M2（10 亿美元）*	银行准备金（10 亿美元）*	通货膨胀率（%）	国债收益率（%）†	贴现率与国债收益率之差（%）‡
1929	26.3	46.0	3.20	0	+4.5	+0.2
1930	25.3	45.3	3.22	-2.5	+4.7	+0.6
1931	23.8	42.6	3.26	-8.8	+10.0	+0.9
1932	20.3	34.5	2.87	-10.3	+11.1	+2.1
1933	19.2	30.1	2.96	-5.1	+5.4	+2.2
1934	21.2	33.1	4.69	+3.4	-3.1	+1.4
1935	25.1	38	5.92	+2.5	-2.4	+1.4
1936	29.5	43.2	6.76	+1.0	-0.9	+1.3
1937	30.6	45.2	7.93	+3.6	-3.1	+0.9
1938	29.2	44.1	9.11	-1.9	+2.0	1.0

注：*5 月、6 月、7 月的月平均数。

† 国债收益率减去通货膨胀率的月平均数。

‡ 6 月的纽约联储贴现率减去国债收益率之差。

资料来源：米尔顿·弗里德曼和安娜·施瓦兹合著的《美国货币历史》，1867—1960 年，普林斯顿大学出版社，1963 年，附件表 A1 和表 A2。

表 8－4 概括了 20 世纪 30 年代早期货币政策收紧的支持性证据。首先，自 1929 年至 1933 年，M1 和 M2 在急剧收缩，货币主义者们认为中央银行负责管理国家货币供应，因此他们把货币供应紧缩看做是 30 年代美联储错误政策的初步证据。其次，注意到 30 年代早期银行准备金出现收缩。因为美联储能够准确控制银行体系的准备金总额，这就反映出要么美联储在实施货币政策时粗心大意，要么就是美联储心甘情愿地充当银行准备金、M1 和 M2 收缩的帮凶。再次，注意到 1931 年和 1932 年真实利率水平非常高，这导致农场主、房屋所有者以及小企业大规模地丧失抵押品赎回权。最后，再注意到 1931 年以后美联储贴现率大幅超过了国库券收益率。所有这些迹象均向货币主义者表明，1929—1933 年的货币政策是“收紧”的。

Ⅶ. 大萧条结束的原因是什么?

大萧条在 1933 年春季触底，之后真实 GDP 强劲反弹，在接下来的 4 年中以平均将近 10% 的速度增长。尽管在罗斯福上任第一年已开始实施几项财政政策，力图改善就业问题，但许多经济学家仍然把 1933—1937 年的经济扩张归功于货币政策而非财政刺激措施。[15]从 1933 年中期至 1937 年中期，美国的货币供应量以每年 10% 的速度快速增长，而且失业率也从 25% 下降至 14% 。

货币性扩张的根源何在？从 1933 年中期到 1936 年中期货币乘数一直趋于稳定，这是现金比率（k）下降的结果——因为银行信心增强，加之实施了联邦存款保险政策——正好与超额准备金率（re）的上升相抵。然而，基础货币在 1933 年中期开始稳定而有力地增长，而且一直持续好几年。这要归功于 1934 年 2 月的美元贬值，除此之外，还要归功于 1932 年以后欧洲政治不稳定导致资金持续流入美国。除非美联储通过公开市场操作予以抵消，否则美国黄金存量的增加将导致基础货币、M1 和 M2 的相应增加。正如图 8－1 所显示的，此次货币扩张有助于 1933 年的通货紧缩结束而通货膨胀开始。通货膨胀上升意味着真实利率水平的下降，这将刺激投资和消费支出。

不幸的是，由于不当地上调法定准备金率，自大萧条中的经济复苏进程被 1937 年至 1938 年间的严重经济衰退所中断。到 1938 年末，失业率跃升至 19% 。直至美国为参加第二次世界大战而推出大规模且持久的财政刺激措施，失业率才降至 10% 以下。到了 1941 年，长时间的经济梦魇终告结束。

专栏 8－1　了解大萧条时期美联储的想法

研究大萧条时期美联储政策的学者可以客观得出：美联储在经济螺旋式下滑过程中实施紧缩政策，或消极地坐视美国金融体系和经济崩溃。有谁能解释清楚 20 世纪 30 年美联储政策的失败呢？下面提供了几种潜在的解释。

第一种观点认为，美联储被自己的错误策略给愚弄了——它倾向于关注自身政策姿态的错误信号。关注到低水平的短期国债收益率、低水平的贴现率和1932年中期后迅猛增长的超额准备金，美联储错误地得出自身政策处于扩张状态的结论。此外，在20世纪20年代初，由于银行被认为并不情愿地通过贴现窗口借入资金，美联储把贴现窗口的大量借款需求看做货币政策收紧的信号。因此，当这类银行借款随着1929年的股市崩盘而锐减，美联储据此认为货币政策是“宽松”的，而不是股市崩盘使得银行在借款方面更为保守和谨慎的信号。这个理论可以解释为什么美联储不在大萧条时期通过公开市场大量买入证券——美联储错误地认为货币政策已经处于扩张状态。美联储的注意力集中在名义利率、超额准备金和贴现窗口借款，而不是真实利率、总的银行准备金和下降的货币供应量。一些评论家因此指责美联储是不胜任的，其整体专业能力在20世纪20年代美联储主席本杰明·斯特朗1928年去世后明显下降。

第二种观点强调，美联储的稳定经济活动和确保国家银行体系安全稳健运行的双重角色存在冲突。20世纪30年代早期，由于公众贷款需求较低以及银行避险意识较高，银行大幅调整盈利资产，由贷款转向国库券。证券收益成为银行盈利的主要来源。在1932年初，在国会的压力下，美联储最终开始从公开市场购买政府债券以增加银行的准备金。由于收益率非常低（见图8-3），出于对进一步损害银行体系财务状况的担忧，美联储迅速中止了它的短期扩张计划。美联储开始关注利率太低以致银行不能赚取合理利润现象。

第三个解释涉及到金本位体制。直至1932年联邦立法允许美联储所持国库券也可充当发行储备前，12家联邦储备银行均被要求持有不少于已发行的联邦储备票据（纸币）面额40%的黄金。在20世纪30年代早期，一些联邦储备银行的“自由黄金”（所持黄金超过法定储备要求的部分）持有量相当低。在英格兰银行放弃金本位体制后的1931年9月下旬和10月期间，美联储急剧上调贴现率，以防止美国金融资本和黄金的外流。部分学者认为，美联储过度受国际经济状况和金本位体制的牵制，因而限制了其对国内经济状况的反应能力。尽管弗里德曼和施瓦兹声称黄金储备要求对美联储的制约不大，但近年来越来越多的学者接受了美联储的观点。

注释

① 现代观点认为，严重的供给冲击也会产生显著作用。大量的银行倒闭会破坏银行经理与成千上万的借款人之间的私人关系。当倒闭的银行在新的所有者和管理者运作下重新开业，先前建立的关系遭到严重破坏。这表明金融中介过程遭遇重大逆转；这种现象可视为不利的供给冲击，它将减少潜在 GDP。

② 除了房地产，其他形式的建设也在 20 年代快速增长。比如，许多较老的大学建筑都源于 20 年代。包括我们的许多大学体育馆也是在 20 年代建造的，当时是为了纪念之前在第一次世界大战中丧生的学生。

③ 关于非货币因素被认为是导致大萧条的主要原因的详细说明，详见彼得·泰敏所著的《是货币力量导致了大萧条吗?》，纽约：诺顿，1976。

④ 从 1923 年到 1929 年期间，在美国倒闭的 4 841 家银行中，有 2 408 家位于密苏里州和堪萨斯州及其向北延伸的爱荷华州、内布拉斯加州、明尼苏达州、南北达科塔州等七个州。在同一时期，在六个新英格兰州中，只有 11 家银行倒闭。

⑤ 这是中央银行在金本位时代应对危机的典型反应。在金本位体制下，每一个国家都以黄金来衡量其货币价值。一个国家可能通过提高黄金的官方价格来降低本国货币对别国货币的比值。对于这种行为的预期可能导致外国将其持有的美元财产在美国财政部合法地兑换成黄金。为了显示维持黄金价格不变以及避免贬值的承诺，中央银行的典型反应就是公开宣布提高贴现率。作为罗斯福政府的审慎政策和美联储将物价拉回至 1929 年水平的政策的一部分，1934 年 1 月美国将金价从每盎司 20. 76 美元提高至每盎司 35 美元。这一措施表明美元大幅贬值，与提高美国物价水平的愿望相一致。

⑥ 想要了解罗斯福总统任职前 100 天的吸引人的描述，请参考乔纳森·阿尔特的《起决定性的时刻》，纽约：西门和舒斯尔特平装本，2006。在 1933 年的最初几个月，一些建议罗斯福以专制力量采取行动以将国家从大萧条中解救出来的可怕讨论浮出水面。罗斯福抵制那些建议，但是在他执政的最初几个月里，依靠屈从国会通过提高就业的立法取得了空前巨大的成功。

⑦ 这显然是罗斯福政府的一种灵活的心理策略。毫无疑问，政府无论如何也无法在一个星期内决定 18 000 家银行中的哪一家是“健全的”。这种成功的策略鼓舞了美国财政部长盖特纳在 2008 年发表类似的“压力测试”声明，宣布将代管全国最大的 19 家银行。后者的情况和前者一样。当后来含蓄地宣布，银行整体情况并不是担心的那样糟糕时，金融市场也就得到了心理安慰。

⑧ 对通货紧缩的担忧基本上是格林斯潘在 2002 年到 2006 年间维持低利率政策的最

主要原因。在此期间，房地产泡沫高度膨胀，2003 年价格指数下降到 1%，2001 年的“9·11”恐怖袭击导致不利的需求冲击和 2000—2001 年股市崩盘意味着通货紧缩的风险并非不足为虑。格林斯潘必要性地采取保险的政策来对付通货紧缩。然而不幸的是，这些极低的利率滋养着房地产泡沫。我们在第九章和第十一章将对此深入讨论。

⑨ 从 1929 年 4 月至 1933 年 3 月，生产价格 12 个月变化指数连续 50 个月为负数。

⑩ 通过 1936 年 8 月、1937 年 3 月以及 1937 年 5 月三次的政策实施，美联储几乎将存款准备金率提高了一倍。经济学家现在将这一行为看做是导致 1937—1938 年经济倒退的主要政策失误。更多详情请参考后面章节的附文 9－1。

⑪ 年均短期国债收益率情况如下：1931 年 1.4%，1932 年 0.88%，1933 年 0.52%，1934 年 0.26%，1935 年 0.14%。1934 年和 1935 年的短期国债收益率与 2009 年和 2010 年类似。当时，银行再次持有大量的超额准备金。

⑫ 假设用一个图表来描述准备金的供给和需求情况，以利率作为纵坐标，准备金数量为横坐标。假设一条垂直的供给曲线（其位置取决于中央银行）与准备金需求曲线交叉，当利率很低时，准备金需求曲线为水平状态。美联储可以通过在公开市场买入证券直接改变供给曲线的位置。注意，在这种情况下，准备金数量就需要相应增加，以消耗增加的供给。此时，银行就愿意持有美联储可能供应的任意数量的准备金水平，并且不会运用任何准备金去增加贷款或购买证券。

⑬ “安全投资转移”现象的一个指标就是有风险的 BAA 企业债券与安全的国债收益率之差。这种差价或风险溢价从 1929 年中期的 2.3% 上升至 1932 年中期的 7.9%（2008 年雷曼兄弟公司破产后，出现类似性的差价扩大）。在任何情况下，对政府证券需求的增加人为地压制国库券收益率，从而产生一种幻觉，即美联储是在实行一种“宽松的”货币政策。

⑭ 少数人认为，美联储高层相信他们的政策局限性很大，但是认为这种政策立场是合适的并且最终有益的。一种教条主义也就是通常的“清算主义者理论”的支持者认为，在经济繁荣期已经产生坏账，为了重整商业基础必须在市场低迷之后进行清算。这样看来，为了避免必需的清算，在萧条时期增加货币供应量会产生相反的效果。阿道夫·米勒，大萧条时期纽约联储局主席是这种观点的支持者（这种观点在最近的大危机中再次出现）。要了解更多 1930 年代美联储的政策，可参阅附文 8－1。

⑮ 这是克里斯蒂娜·罗默的一篇被广泛引用的文章中的观点，《是什么结束了大萧条?》，经济学历史期刊，1992 年 12 月，pp. 757～784。

第九章　大危机中美联储的应对措施

Ⅰ. 介绍

第八章我们分析了 20 世纪 30 年代大萧条中美联储的政策，这些政策制定和执行效果都不尽如人意。大萧条期间，美联储犯下了一系列错误：对银行恐慌导致的准备金大幅流失放任不管；1931 年在英国放弃金本位制度之后大幅提高利率，抵消黄金流入带来的银行准备金和基础货币的扩张；1932 年中期短暂地实行扩张性的公开市场操作，随后又紧急中止；1936 年和 1937 年将法定存款准备金率提高至原先 2 倍的水平。本章我们将分析 2007—2009 年大危机中美联储的政策。

从许多角度看，大危机中美联储面临的挑战要远大于 20 世纪 30 年代的大萧条。第一，一系列的金融创新，如抵押债务工具、信用违约互换工具和其他难理解而又风险高的衍生工具和 20 世纪 30 年代完全无法类比，与金融创新相适应的监管框架并没有及时建立起来；第二，受到较少监管的影子银行体系的快速扩张使得大危机更加复杂和更具挑战性；第三，和 1929 年相比，2007 年股权和房产持有者范围更加分散，因此当股市和房地产泡沫破裂，财富损失的程度和范围也相对更大；第四，经过最近几十年的全球化运动，国家之间的联系较以往越加紧密，例如，美国进口占 GDP 的比重从 20 世纪 20 年代末的不到 4% 提高到最近几年的超过 15%，美国经济衰退对其他国家的影响相比过去也更大。随着资本在各国之间流动越来越频繁，大危机中各国中央银行协调行动也变得更加重要。

美联储主席伯南克承认他本人及同僚对大危机的来临有些措手不及，低估了金融体系联系的紧密性和脆弱性。然而，其领导的美联储的创造性和执行力还是和大萧条时期美联储的被动行为形成了鲜明对比。在 2007 年 9 月，大危机开始前的两个月，美联储就开始降息。尽管部分事后诸葛亮认为，在 2008 年 9 月雷曼兄弟公司倒闭之前的数月，美联储应该采取更为强势的措施。事实上，美联储确实采取了一系列前所未有的行动来试图阻止金融体系的崩溃和比20世纪30年代更严重的经济衰退。

向全球中央银行家警示大危机的早期信号出现在2007年8月9日，当时全世界最大银行之一的法国巴黎银行宣布暂停旗下三只投资基金交易，以阻止持有者的恐慌性赎回。在一周之内，另外几家欧洲银行也作出了类似决定。这些银行无法对它们旗下的投资基金持有的住房抵押贷款支持证券进行估值，因为当时抵押贷款支持证券交易已经停止，也无法评估这些基金是否已经破产。法国巴黎银行并不是当时陷入困境的唯一一家大银行，相反，它是第一家公开承认无法对自己持有的抵押贷款支持证券进行估值的大银行。市场观察者很快发现，几家美国大银行面临同样的问题，拥有大量的抵押贷款支持证券从而无法判断其是否已经破产。另一方面，由于潜在交易对手不能提供充足而良好的抵押，同业市场的资金拆出方意识到拆借行为风险很大而不愿意拆出资金，因此银行间市场事实上已经停止了运转。

美联储强烈意识到，法国巴黎银行流动性危机事件可能对金融市场产生影响，因此立刻声明已经做好准备通过贴现窗口提供流动性。一个星期之后，美联储又宣布降低贴现率，并将贴现率与联邦基金利率之差从1个百分点缩减到0.5个百分点。当商业银行对通过贴现窗口获得流动性仍心存犹豫时，美联储于2007年12月开始着手推出贷款拍卖计划，鼓励商业银行从美联储获取资金。几个星期之后，当英格兰银行宣布向困境中的北岩银行提供紧急贷款时，美联储又将贴现率和联邦基金利率同时降低了50个基点。通过一系列的减息政策，联邦基金利率在2008年1月底降至3%，在4月降至2%，而到了2008年12月，这一利率降至历史最低水平：0~0.25%，并且持续到了2010年。

本章将研究2007—2010年美联储的货币政策。政策批评者们认为，在2008年9月雷曼兄弟公司倒闭之前美联储没有充分认识到危机的紧迫性，从而在2008年实行的减息政策不够彻底。我们将对这一说法进行讨论，同样也将分析金融危机导致的货币供给机制的变化、紧随而来的银行行为变化以及美联储的反应。我们将看到2008年8月之后，美联储通过史无前例的资产负债表的扩张行为，如何阻止了货币供应量的收缩，与20世纪30年代相比，2008年和2009年的M1和M2都保持增长。2008年秋季之后美联储采取创新紧急流动性供给工具也会被分析。最后，我们将分析2009—2010年美联储为了降低按揭利率和其他长期利率而采取的“量化宽松”政策。

Ⅱ. 对2008年美联储利率政策的批评

美联储政策的批评者们认为，在2008年金融危机开始显现并逐步深化的时候，美联储对危机的急迫性和破坏性[①]都估计不足，从而随着局势快速恶化，在降低短期利率上行动过慢。图9－1显示了2008年联邦基金利率的变化。

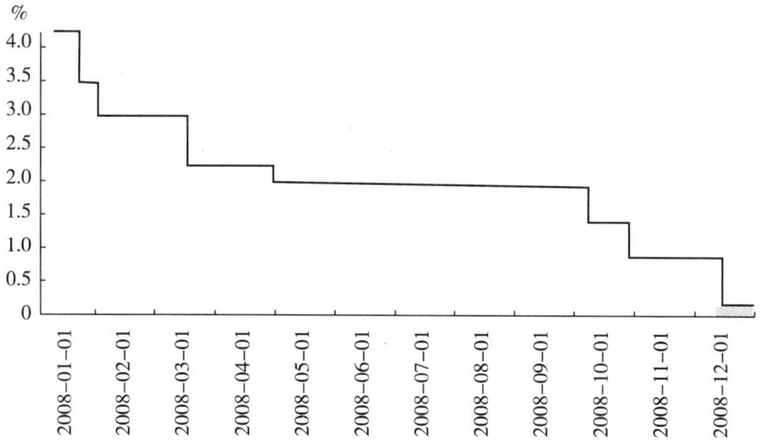

资料来源：圣路易斯联邦储备银行，FRED数据库。

图9－1　2008年的联邦基金利率

在2008年1月，美联储主要政策制定机构联邦公开市场委员会（FOMC）投票决定将联邦基金利率从4.25%降至3%；3月18日在贝尔斯登公司倒闭并被摩根大通银行收购两天后，美联储又降息75个基点至2.25%。4月30日的议息会议决定将联邦基金利率再降25个基点至2%，这一利率水平持续了5个月时间，直到10月8日美联储一致投票决定将其降为1.5%。事后证据非常明显，随着金融危机深化，美联储和大部分经济学家低估了危机可能带来的负面影响，尽管经过了三次议息会议（6月25日、8月5日、9月16日），仍将联邦基金利率固定在2%。回顾起来，美联储似乎过度关注通货膨胀，而对降低就业和产出的因素重视不够。

美联储文件显示其对通货膨胀上升和产出收缩的风险同样敏感，但是美联储议息会议显然更多关注的是可能上升的通货膨胀。以下是决定联邦基金利率水平维持在2%的三次议息会议事后公开的部分会议记录节选：[②]

2008年6月25日："劳动力市场进一步疲软，金融市场仍有较大压力，信贷状况和房地产市场仍在收缩，能源价格在接下来几个季度可能进一步上涨……尽管经济增长下滑的风险依然存在，但看起来有所减弱，通货膨胀和通货膨胀预期上升的风险加大。"

2008年8月5日："劳动力市场进一步疲软，金融市场压力仍然很大。接下来几个季度信贷状况和房地产市场可能继续收缩，能源价格可能进一步上涨……尽管经济增长下滑的风险依然存在，但委员会仍然关注通货膨胀和通货膨胀预期上升的风险。"

2008年9月16日："金融市场的压力显著增大，就业情况有所恶化……在前期能源和其他商品价格上涨刺激下通货膨胀走高……委员会对经济增长下滑和通货膨胀压力加大的风险保持同样关注。"

从9月16日的会议记录中可以看出，对于美联储维持高就业和物价稳定两个目标的冲突，委员会成员存在不同意见：

"……最近几个月经济状况不断恶化，由于私人部门薪酬下降和失业率不断提高，8月份劳动力市场明显恶化；7月份工业产出没明显变化，但在8月大幅下降；消费近几个月大幅减少。同时，年中以来房地产投资大幅下降……在通货膨胀方面，消费价格指数在持续三个月快速上升之后，在能源价格拉低作用下8月出现下跌……在能源与商品价格下降、美元走强和经济放缓前景进一步确定的作用下，通货膨胀风险看起来已经消失。然而，核心通货膨胀率仍可能保持高位。"

三次议息会议同期公布的失业率分别是5.4%、5.8%和6.1%，这表明放松银根是合适的。但是，能源价格已经持续上涨了一年多，原油价格从2007年1月的每桶55美元上升到了2008年6月的每桶130美元；在2008年夏季，汽油价格在许多地区超过了每加仑4美元。年化通货膨胀率在2008年上半年超过了4%，在7月和8月超过了5%。在2008年夏天核心通货膨胀率在2.5%左右，当时影响该数据的主要有两种相对抗的力量：一是产出和就业市场的低迷趋向于拉低核心通货膨胀率；二是能源价格的剧烈上涨趋向于拉高核心通货膨胀率。美联储仍然担心能源价格快速上涨拉高核心通货膨胀率。

事后来看，美联储显然低估了经济下滑的程度，并且高估了能源价格上涨的持续时间。[3]到2008年底，油价已跌至40美元一桶，失业率从7月份的5.8%攀升至7.4%（2009年5月已提高至9.4%）。

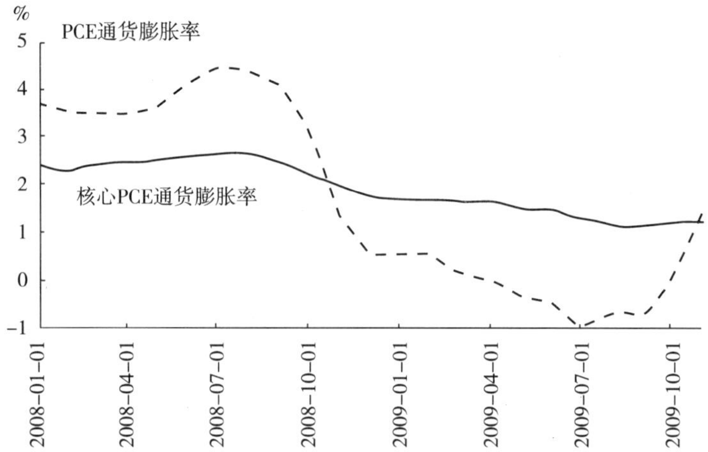

资料来源：圣路易斯联邦储备银行，FRED数据库。

图9-2　PCE通货膨胀率和核心PCE通货膨胀率（2008—2009年）

图9-2显示了2008—2009年的通货膨胀情况，两组数据分别是个人消费支出价格指数（PCE）和核心个人消费支出价格指数（Core PCE），后者是在前者基础上剔除波动较大的能源和食品价格因素后得出的，因而可以更加准确地预测中期和长期通货膨胀率和通货膨胀预期。

2008年8月5日美联储公开市场委员会召开会议之时，PCE和核心PCE分别达到4.5%和2.6%。美联储认为PCE持续高位可能导致核心PCE走高，这将推高通货膨胀预期，从而造成治理通货膨胀的成本提高。然而，到2008年12月，年化PCE和核心PCE分别下降至0.6%和1.8%，至2009年7月则分别下降为-0.9%和1.3%。2008年底经济快速衰退和能源价格急剧下跌将物价水平迅速拉低，已经低于美联储认为的合理水平。[4]通货紧缩取代通货膨胀成为了威胁经济运行的主要问题，如果美联储能够精准预测到这种情况的出现，那么它就会在2008年更彻底也更迅速地降低联邦基金利率水平。

Ⅲ. 金融危机的货币机制

第七章我们分析过连接基础货币和货币供应量的货币乘数曾经在 20 世纪 30 年代大萧条时期出现崩溃。最初是因为对银行倒闭的恐慌引发的公众现金挤兑，接下来银行出于预防流动性紧张和资本下降而收缩贷款，储备流动性，从而对超额准备金的需求增加。货币乘数的大幅下降，再加上基础货币增加较少，导致大萧条时期货币供应量下降超过 30%。

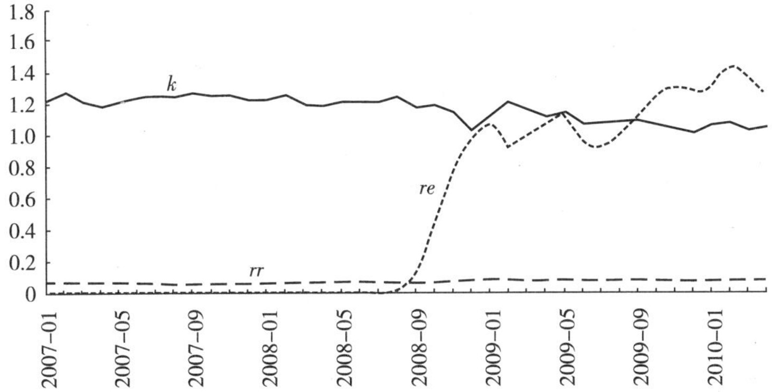

资料来源：圣路易斯联邦储备银行，FRED 数据库。

图 9－3　货币乘数 m1（2007—2010 年）

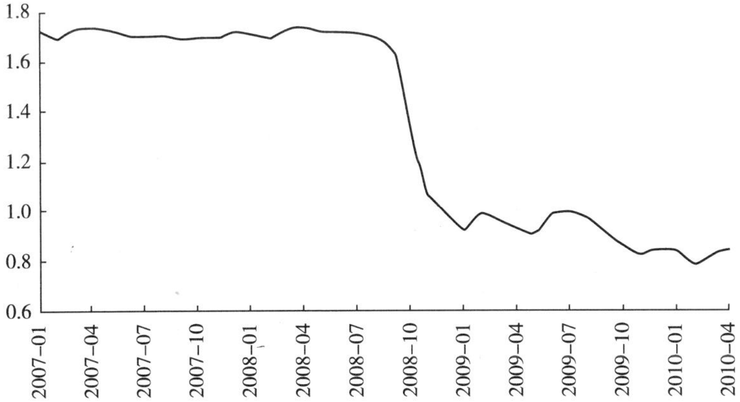

资料来源：从 FRED 数据库中数据计算得来。

图 9－4　影响货币乘数 m1 的因素（2007—2010 年）

在2008年大危机中同样出现了流动性需求的大幅上升和货币乘数的大幅下降，货币乘数下降幅度超过40%，比大萧条时期情况更糟。货币乘数m1的变化可见图9－3。从引起m1变化的因素来看，由于存款保险制度的存在，*k*（公众持有现金比率）并没有像大萧条时期一样上升，在2008—2009年甚至有所下降；*rr*（法定存款准备金率）维持不变；银行出于风险考虑收紧贷款、储备流动性，再加上债券收益率很低，因此*re*（银行超额存款准备金率）大幅上升。

图9－3显示了*k*、*rr*和*re*在2007—2010年间的变化。从图上可以看出，*re*的变化是导致货币乘数下降的主要原因，*re*从2008年8月占支票账户（DDO）的1%正常水平上升到2009年1月的超过100%。一般来讲，货币乘数如此大幅度下降将导致货币供应量的严重收缩，从而造成价格下降和严重的经济萧条。但和20世纪30年代不同的是，美联储大幅增加了基础货币，从2008年8月开始的8个月内使之翻番。图9－5描述了2006—2010年M1和M2的变化，在2008—2009年间，M1和M2的平均年增长率分别达到11%和7%。

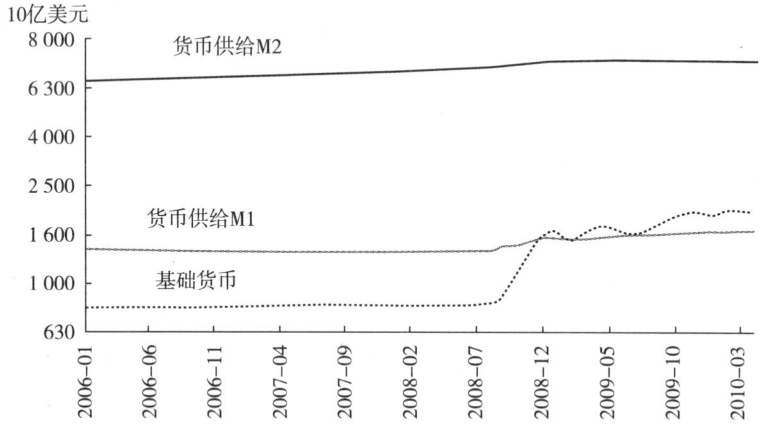

资料来源：从FRED数据库中计算得来。

图9－5 基础货币和货币供给M1和M2的增长（2006—2010年）

在2008年8月之后，基础货币的大幅增长归因于美联储通过扩张资产负债表而注入的准备金大幅增加。在2008年7月开始的4个月内，整个银行体系总的准备金增加了13倍，而到2008年底则增加了25倍，这种增长速度在美联储历史上是前所未有的。由于银行存款没有太大变化，因此法定准备金也没有变化，增长的所有准备金几乎都是以超额准备金的形式存在的。

美联储资产负债表的扩张

从 2008 年 9 月开始，美联储以前所未有的速度和规模扩张其资产负债表，以期达到增加银行准备金和基础货币、抵消货币乘数下降的影响，从而防止货币供应量 M1 和 M2 收缩的目标。考虑到银行贷款标准收紧和对超额准备金需求增加，需要扩张基础货币以抵消货币乘数的下降。随着交易对手风险大幅上升和同业拆借市场萎缩甚至关闭，美联储扩张资产负债表的最初意图主要是为了满足整个银行体系爆炸式的流动性需求。

表 9－1　　2007 年和 2009 年美联储的资产负债表

单位：10 亿美元

资产		负债	
2007 年 12 月 12 日			
黄金和特别提款权	13.24	现钞	782.51
硬币	1.21	存款	
国债	822.49	A. 存款机构	13.89
联邦政府机构债券	0	B. 财政部存款	4.33
住房按揭证券	0	C. 其他	0.39
定期拍卖工具⑤	0	其他负债	47.1
贷款	4.55	总负债	848.22
其他资产	43.61	资本	36.88
总资产	885.1	总负债加资本合计	885.1
2009 年 12 月 9 日			
黄金和特别提款权	16.24	现钞	883.2
硬币	2.04	存款	
国债	776.55	A. 存款机构	1 106.67
联邦政府机构债券	156.15	B. 美国国债	70.36
住房按揭证券	854.31	C. 其他	4.08
定期拍卖工具	85.83	其他负债	73.5
其他贷款	84.3	总负债	2 137.81
其他资产	214.55	资本	52.16
总资产	2 189.97	总负债加资本合计	2 189.97

资料来源：http：//www.federalreserve.gov/releases/h41。

表 9－1 显示了 2007 年 12 月 12 日和 2009 年 12 月 9 日美联储的资产负

债表。第一，可以看到美联储的资产规模大幅增长，从约 8 850 亿美元提高到了近 21 900 亿美元，增长了近 150%。[⑥]第二，资产负债表的组成有所变化，国债占总资产的比重从 2007 年底的 90% 下降到了 2009 年底的 35%。在最初的资产扩张过程中，美联储通过运用不同种类的贷款工具向金融机构提供临时流动性。随后，住房抵押贷款支持证券和房利美、房地美公司发行的债券成为美联储购买资产的主要组成部分，提供临时流动性的其他工具的运用有所弱化。

为了进一步理解美联储扩张资产进而增加银行准备金和基础货币的过程，我们回到基础货币的表达式

$$B = P + D + G + Float + OA + TCu - Ft - Ff - Tca - OL - CAP \tag{9-1}$$

在此式中，B、P、D 分别代表基础货币、美联储持有债券资产，以及向存款机构提供的贷款，其他 9 个部分在基础货币扩充中的作用相对较小。最初（2008 年）基础货币扩张主要是通过增加 D 来完成，美联储向存款机构提供大量贷款。2009 年开始美联储大量购买住房抵押贷款支持证券及联邦机构债券和长期国库券，造成了 P 的扩张。

基础货币扩张来源于资产的扩张，而其运用则体现在负债方的银行存款。基础货币包括 R 和 Cp（银行准备金和公众持有的现金），虽然 Cp 也有增加，但基础货币的扩张主要表现在银行准备金 R 的增加，两年之内银行在美联储存款增长了 80 倍。

专栏 9－1　避免 1937 年的错误：回收超额准备金

在美联储历史上，从来没有过如此大规模的资产负债表扩张行为：从 2008 年 8 月至 2009 年 12 月的 16 个月时间内银行准备金增长了 25 倍。许多专家和经济学家担心如果银行将超额准备金用于扩张贷款或购买债券，货币供应量将会大幅增长，从而推高通货膨胀（此问题将在第十章讨论）。所以，当经济在 2009 年下半年至 2010 年上半年出现复苏迹象时，保守派经济学家劝告美联储从银行体系回收流动性，而自由派经济学家和奥巴马政府则主张美联储维持现有的状态。为了更好地了解这种争论，有必要重温 1936—1937 年美联储提高存款准备金率的政策。

在大萧条后期，银行积累了大量的超额准备金，主要原因是贷款需求较弱，还有国债收益率长期在0～0.5%徘徊导致的低利率。持有超额准备金的机会成本几乎是零。然而，银行持有超额准备金也是为了防止可能发生的挤兑，毕竟在大萧条时期发生了如此多的银行倒闭事件，幸存下来的银行也就变得极其谨慎。

从1933年初至1937年初，经济出现了强劲复苏，真实产出年增长率达到两位数。导致复苏的原因主要有低利率、流入美国的黄金增加导致的货币扩张、1933年上台的罗斯福总统采取的一系列促进就业政策，以及公众对经济的乐观预期。罗斯福总统明确表示首先需要考虑的问题之一是防止通货紧缩并使价格回归到1929年的水平。为了达到目标，采取了扩张货币、维持较低利率、在1934年初实行美元贬值并在1933—1934年实行了扩张性财政政策等手段。

到1936年中期，经济已经从大萧条中基本复苏，尽管失业率仍然超过13%，但部分评论家担心可能爆发通货膨胀。美联储开始担忧超常规的超额准备金数量可能导致银行信贷的大幅扩张。另外一种解释认为，鉴于美联储在20世纪30年代对金融危机的错误反应，商业银行选择保留超额准备金作为预防经济出现问题的后备手段，那么超额准备金导致通货膨胀的可能性就大大下降。

为了减少超额准备金，美联储在1936—1937年分三阶段采取措施提高法定存款准备金率至之前的两倍的水平。今天的经济学家们一致认为这是个糟糕的决定，为了回到美联储意愿的超额准备金水平，商业银行收紧贷款标准以应对法定准备金率的提高。结果，货币供给量下降，利率提高，经济在1937—1938年重新步入严重衰退。雪上加霜的是，财政政策在1937年也开始紧缩性调整，收入所得税税率和资本利得税税率大幅提高，政府首次征收社会保险税，为第一次世界大战老兵提供的福利项目在1936年到期终止。所有这些政策导致失业率在1938年飙升至18%。

在2009—2010年，超额准备金同样大幅上升。作为大萧条的长期研究者，美联储主席伯南克决心不再重复70年前的政策错误。他很清楚回收超额准备金的重要性，然而大萧条的研究经验直接告诉他应将避免衰退和通货紧缩置于比通货膨胀更为优先的目标。这也解释了为什么在后危机环境的2009—2010年美联储并不急于回收超额准备金。

Ⅳ. 美联储增加流动性供给的措施

本节主要分析大危机时期美联储资产负债表的主要变化。表 9－2 显示了 2008 年和 2009 年美联储实施的不同工具的时间和规模，深入揭示了美联储资产负债表的结构变化。

表 9－2　　2008—2009 年美联储资产负债表的变化

单位：10 亿美元

日期	国债	住房抵押贷款支持证券	定期拍卖工具	其他贷款	总资产
2007－12－27	797.1	0	20	4.5	894.3
2008－04－14	615.6	0	125	27.9	880.7
2008－09－03	588.7	0	150	19.1	905.7
2008－09－17	577.8	0	150	121.3	996.1
2008－09－24	572.6	0	150	262.3	1 214.4
2008－10－15	570.7	0	263.1	441.4	1 772.4
2008－10－29	570.1	0	301.4	369.8	1 970.7
2008－11－12	569.4	0	415.3	316.1	2 214.5
2009－04－08	564.7	236.7	467.3	115.2	2 090
2009－08－08	813.4	542.9	233.6	105.7	1 992.2
2009－12－30	936.5	908.3	75.9	89.7	2 237.3

资料来源：http：//www.federalreserve.gov/releases/h41，其中国债包括政府机构债券。

从 2007 年末至 2009 年初，美联储传统的主要资产国债和联邦机构债券数量翻番，但它们在美联储总资产中所占比重依然下降，主要原因是定期拍卖工具和其他贷款的增长。2008 年 9 月中旬，财政部长保尔森、纽约联邦储备银行主席盖特纳以及美联储主席伯南克经过努力，仍然无法在金融市场促成雷曼兄弟公司的出售交易。9 月 15 日雷曼兄弟公司宣布破产，紧接着美林集团被美国银行收购，美国保险集团被美国政府接管。在两天之内，老牌货币市场共同基金第一储备基金的净资产跌破面值，其他货币市场共同基金和商业票据市场因此承受了巨大压力。为了阻止整个金融体系崩溃，美联储迅速采取了一系列紧急措施试图为近乎阻滞的市场注入流动性，这些创新性措施反映在美联储资产负债表上就是定期拍卖工具和其他贷款的变化。

定期拍卖工具和其他贷款从 2008 年 9 月 3 日的 1 690 亿美元增加到了 11 月 12 日的 7 310 亿美元。而所有通过流动性工具创造的信用从 2007 年 12 月早期的不到 10 亿美元提高到了 2008 年 12 月的超过 1.5 万亿美元，又逐渐下降到 2010 年 1 月的 2 000 亿美元。美联储的三个最重要的流动性工具分别是定期拍卖工具（TAF）、流动性互换安排（SWPs）以及商业票据融资工具（CPFF）。这些工具的使用情况显示在图 9－6 中。

定期拍卖工具（TAF）

在正常时期，美联储能够通过公开市场操作向商业银行注入资金。一级国债交易商卖给美联储国债而获得资金，这些资金又通过银行间市场和其他渠道流向最需要的金融机构。然而，在大危机的早期阶段，由于市场对借款机构的风险状况充满担忧，银行间市场的运行出现失灵，货币传导渠道出现阻滞，这种情况在期限超过 1 ~2 天的短期拆借市场尤为严重。由于很多银行已经无法从银行间市场获得资金，美联储准备通过贴现窗口贷款给金融机构，但在大危机时期这一传统渠道已经无法解决流动性问题。

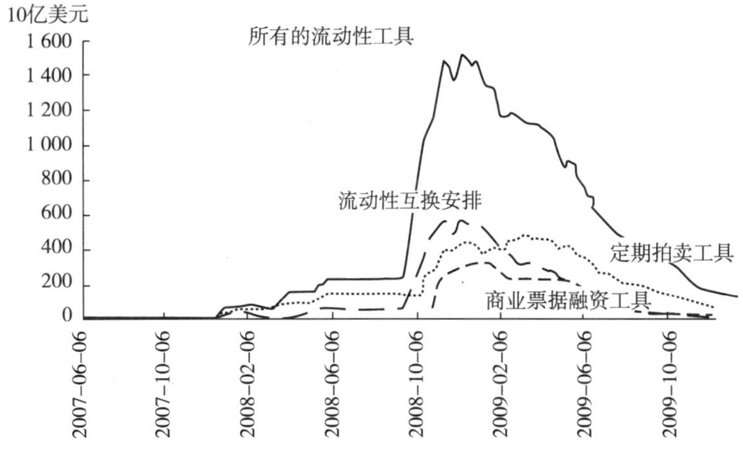

资料来源：Federal Reserve System。

图 9－6　美联储的流动性工具（2007—2009 年）

在一般情况下，经营状况正常的银行并不需要从贴现窗口借款，所以市场认为寻求此类借款的银行可能存在问题。为了避免负面信息产生，银行并不情愿从贴现窗口借款，特别是在金融危机恐慌弥漫时期，银行认为从贴现窗口借款不仅不能解决问题，反而会造成负面效果。如果同时存在其他信息印证该家银行经营状况出现了问题，那么可能引发企业和个人客户的挤兑（特别是那些存款超过联邦存款保险上限[7]的客户）。因此，尽管美联储希望通过贴现窗口提供流动性并且降低了贴现率水平，但很少银行愿意这么做。基于以上原因，美联储在2007年12月12日宣布创立定期拍卖工具，第一次拍卖在5天之后进行。

在传统贴现窗口贷款中，由金融机构按照美联储设定贴现率申请隔夜借款。在TAF模式下，商业银行通过拍卖程序获得向美联储贷款的权利，贷款期限一般在28～84天，贷款需要提供抵押，利率由拍卖决定。拍卖每两个星期举行一次，美联储决定每次拍卖的贷款额度。在最初的拍卖中，美联储设定的贷款额度得到金融机构的充分认购，而在2008年末之后，随着TAF项目接近尾声，被拍卖的贷款额度没有得到充分认购。[8]

TAF的使用避免了贴现窗口贷款中存在的问题。一方面是因为TAF竞价者[9]众多，从而银行财务困难信号不像在贴现窗口贷款中那么明显；另一方面则是因为借款银行获得资金的结算日是在拍卖3天之后，[10]这就意味着那些急需贷款的银行并不能在当天就获得资金，程序上将那些有严重财务问题的银行排除在外。美联储认为在金融危机时期TAF相比贴现窗口贷款有明显的优势：一是拍卖程序使得美联储能够决定在何时将多少数量的资金注入金融体系；二是避免了贴现窗口借款的负面信号问题；三是拍卖程序使美联储可以将资金配置给财务状况相对健康的金融机构。考虑到危机时期同业市场功能失灵，资金在借款银行间的分散也就显得特别重要。

第一次TAF拍卖在2007年12月进行，拍卖金额为200亿美元。表9-2列出了每次TAF拍出的金额。到2008年5月后期，美联储的拍卖金额逐渐提高到了1 500亿美元，并且保持到了2008年雷曼兄弟公司破产之后，那时银行间市场几乎停止运行，拍卖金额迅速上升，2009年3月达到峰值的接近5 000亿美元。随后，TAF稳定下降，在2009年12月下降为760亿美元。总体来看，TAF项目成功增加了金融体系的流动性，它于2010年初中止。

流动性互换/现金互换安排（SWPs）

在金融危机时期，开展美元负债业务的外国银行的美元流动性需求十分强烈。在2007年底，这种需求溢出到美国联邦基金市场，带来了市场动荡。美联储与其他14个国家的中央银行（主要的借款者是欧洲中央银行和日本中央银行）建立了货币互换安排。根据该安排，美联储向外国中央银行提供美元流动性，以便对方向其国内商业银行提供美元贷款。美联储的贷款风险几乎可以忽略不计，一是因为美联储的交易对象是外国中央银行而不是外国商业银行；二是美联储在提供美元贷款的同时，按照当时汇率获得等值的外国货币。

从图 9 -6 中可以看出，一开始这类贷款的规模并不大，直到 2008 年 9 月雷曼兄弟公司倒闭之后，其数量开始激增，到 2008 年 12 月达到 5 800 多亿美元的峰值，2009 年之后其规模开始逐步下降，并于 2010 年初中止。2010 年 5 月希腊、爱尔兰等欧洲国家发生了主权债务危机，这有可能将欧洲和美国重新拖入衰退，美联储决定重新启动 SWPs 项目。

商业票据融资工具（CPFF）

金融市场各部分之间的内在联系十分紧密，这一点在雷曼兄弟公司倒闭时有了充分的显现。第一储备基金是美国一家大型的货币市场共同基金，资产总值超过 600 亿美元，持有超过 7 亿美元的雷曼兄弟公司发行的商业票据。雷曼兄弟公司的倒闭意味着这些票据变得分文不值，迫使第一储备基金资产减计，该基金的净资产值跌破了 1 美元/股。这表明第一储备基金已经无法按照 1 美元的面值赎回已发行的所有份额。[11]在雷曼兄弟公司倒闭后 1 天之内，该基金的购买者提出了 250 亿美元的赎回要求，但只有不到一半的赎回要求得到偿付。

第一储备基金净资产值跌破 1 美元/股且无法履约赎回的消息引发了对其他货币市场共同基金的挤兑性赎回，投资者纷纷卖出基金份额，转而购买较为安全的银行存单。对基金的挤兑引发基金管理者变卖资产获取流动性，这些资产中包括大量的商业票据，这又对商业票据市场产生巨大冲击。资金从票据市场撤出转投国债，商业票据收益率大幅攀升，AA 级以上票据的收益率和国债收益率之差越拉越大，2004—2006 年这两者利差平均为 0.28 个百分点，2007 年扩大为 0.75 个百分点，雷曼兄弟公司倒闭之后大幅攀升至 3 个百分点。

鉴于商业票据在存货、周转及其他融资方面所发挥的重要作用，在商业银行已经大幅收缩信贷供给的情况下，美联储认为，挽救商业票据市场并防止其倒闭十分紧迫。通过 CPFF，美联储向资信较好的公司提供 3 个月期限的贷款，利率高于正常的市场利率，为了防止这一工具被滥用，在利率之外美联储还收取较高的先期费用。从图9－6可以看出，在雷曼兄弟公司倒闭之后，CPFF规模大幅上升，至2009年1月达到3 500亿美元，之后快速回落，2009年12月下降到150亿美元，2010年早期这一工具中止。从2008年10月至2009年中期的时间内，商业票据利率与其他货币市场利率之差从不正常的高位逐步回归正常水平。因此可以说CPFF计划成功达到了预期目标。

一级交易商信用工具（PDCF）

在进行公开市场操作的时候，美联储通过指定的银行和经纪商进行交易，这些机构被称为一级交易商[12]，它们在为美国国债市场提供流动性方面扮演重要角色。金融危机期间，国债交易商融资市场遭到破坏，美联储因此设立了PDCF，试图保持美国金融市场的正常运转。PDCF从2008年3月17日贝尔斯登公司倒闭前后开始启动，美联储向一级交易商提供隔夜抵押贷款，数量至4月初期迅速提高到380亿美元，市场稳定之后又快速回落。2008年9月雷曼兄弟公司危机之后其数量又提高到1 480亿美元，至2009年5月清零，2010年初中止。

定期资产支持证券贷款工具（TALF）

就像在第四章和第五章讨论的一样，最近十年信用卡贷款、学生贷款、汽车消费贷款和其他类型贷款已经被证券化，银行将这些资产打包后发行资产支持证券，卖给养老基金、人寿保险公司等外国机构投资者。金融创新保证了家庭和个人可以较以往更方便地获得贷款。在金融危机时期，投资者对此类资产支持证券极其抵触，导致即使是AAA级的资产支持证券收益率也大幅飙升，远远超过国债收益率，以及此类债券发行量大幅缩减。这造成了家庭、学生、汽车购买者、小企业主可获得的贷款量大幅下降。

TALF从2008年11月开始实施，美联储向资产支持证券发行机构提供为期一年的总计2 000亿美元的贷款，这些贷款以AAA级资产支持证券的市场价值做抵押。TALF数量稳定扩张，从2009年3月的不到10亿美元增长至2009年底的超过470亿美元。考虑到资产支持证券市场问题不断，TALF并没有像其他工具一样停止实施，它直到2010年10月还在运行。

资产支持商业票据和货币市场共同基金流动性工具（AMLF）

在2008年9月美联储创立CPFF的时候，同时也推出了AMLF。美联储向存款机构提供贷款，支持其从货币市场共同基金购买高质量的资产支持商业票据。创立这一工具有两个目的：一是稳定商业票据市场；二是向货币市场共同基金输入流动性，协助其满足持有者的赎回要求。此类贷款从2008年9月第三个星期的220亿美元增加到一个月之后的1 510亿美元，2009年8月AMLF贷款已经低于10亿美元，此后几乎可以忽略不计。

V．美联储为降低长期利率而采取的措施

美联储对短期利率可以施加决定性的影响，但对按揭贷款利率、公司和政府债券收益率等长期利率则影响甚微。在2009年初衰退加深之时，联邦基金利率已经降到了0～0.25%的区间，美联储决定采取激进措施来推低长期利率水平。企业的设备、厂房以及研发投资支出受长期利率特别是公司债券收益率的影响。如果美联储通过直接干预长期债券市场能够推低长期利率水平，这将会刺激投资增长。

如果美联储可以成功推低按揭贷款利率，这将会通过几个渠道帮助买房家庭和刺激经济活动：一是新按揭房屋的月供款降低，将会刺激新购房需求，有助于结束“房价下降—房屋止赎收回清算—房价进一步下降”的恶性循环；二是上百万的房屋按揭者能以较低利率重新融资，月供款减少不仅能使更多家庭按时付款和避免房屋被银行收回，也能使买房家庭腾出现金用于其他方面的支出，刺激非房地产消费。

经济学理论认为，当前长期利率水平由人们对未来短期利率水平的预期决定。举例来讲，当前20年期债券收益率与当前一年期债券收益率和预期未来19年的一年期债券收益率的平均值[13]密切相关。这表明，如果美联储可以降低金融市场对今后几年的一年期债券收益率的预期，那么它就可以影响当前的长期利率水平，例如按揭贷款利率和公司债券收益率。这就可以解释美联储联邦公开市场操作委员会在2009年和2010年公开发表的每一份声明包含的动机，声明明确表示“在今后一段时间内将短期利率维持在非常低的水平”。在住房市场和经济严重低迷时，这有助于将长期利率保持在尽量低的水平。

更为重要的是，美联储采取了前所未有的举措，从2009年初至2010

年初共计购买了 1.25 万亿美元的抵押贷款支持证券和 5 000 亿美元的长期国债。如此大规模的购买债券行动远远超过了世界上任何一家中央银行曾经买卖债券的数量。抵押贷款支持证券市场在过去30 年已经发展成为最重要的房地产融资机制，随着近几年房价的大幅下跌，抵押贷款支持证券及其衍生证券的价值也大幅缩水，交易量下降，这对住房市场和建筑行业复苏前景造成了严重破坏。通过大量购买抵押贷款支持证券，美联储不仅是为了推低长期利率水平，也是为了促进这个重要市场恢复正常运行。

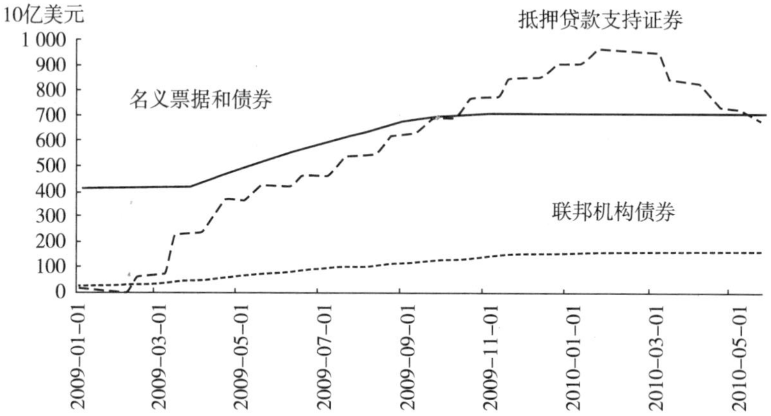

资料来源：Federal Reserve System。

图 9－7　美联储持有的长期债券

图 9－7 显示了在 2009 年和 2010 年早期美联储证券资产组成的变化。可以看到，2009 年早期开始，美联储拥有的抵押贷款支持证券、联邦机构债券和长期国债都大幅攀升。美联储通过大量购买资产并且降低公众对今后几年短期利率水平的预期，成功地推低了长期利率水平。30 年的按揭贷款利率从 2009 年 6 月的 5.4% 降低到 12 月的 4.9%，到 2010 年 7 月仅为 4.5%。2009 年早期美联储在购买抵押贷款支持证券之后，按揭贷款利率和 20 年期国债利率之差大幅下降。2010 年的一项研究表明，美联储的措施减少了市场上长期资产的存量，增加了市场流动性，拉低抵押贷款支持证券收益率 50～100 个基点。[14]2010 年下半年美国经济增长下滑，鉴于第一轮政策的成功，金融市场普遍认为美联储将在 2010 年最后 1～2 个月内实施新一轮的量化宽松政策。

Ⅵ. 结论

2006 年房价的大幅下跌显示了美国甚至其他国家的经济可能出现问题，2007 年这些问题已经浮出水面，以抵押贷款为基础衍生的一系列证券的价值大幅下跌。那时候，没有人可以预计问题将会有多严重，即使是诺贝尔经济学奖获得者和全世界所有的中央银行家也是如此。没有人能够预料到，至 2009 年末超过 800 万的工作岗位被裁减，上百万家庭失去房屋，美国 50 个州及许多其他国家被迫实施大幅的财政预算紧缩政策。

在 2007 年 12 月衰退真正开始之前几个月，美联储就开始降低利率。到 2008 年末美联储已经把联邦基金利率降到了历史最低水平——0~0.25%。然而，马后炮者指责美联储最初行动迟缓。现在来看，美联储应该采取更迅速更彻底的降息行动。如果让一个严格的评分者来打分，美联储在 2008 年 9 月雷曼兄弟公司倒闭前一年的表现最多得到 B-，但这个分数肯定远远高于其在大萧条期间实施错误政策可以得到的分数。

然而，从 2008 年秋季危机全面爆发开始，美联储的政策充满创新性，及时且有力，政策实施十分到位。当市场恐慌情绪蔓延，金融中介的正常渠道开始崩溃，伯南克领导的美联储反应非常及时，大胆地采取了一系列创新措施，促进了市场信用的流动。伯南克和世界主要中央银行加强政策协调，共同对抗金融危机。严重的金融危机通常伴随着货币供给乘数的大幅下降，2008 年并不例外。美联储通过实施激进的贷款计划和大幅购买抵押贷款支持证券、联邦机构债券、长期国债等资产来快速增加银行准备金和基础货币，以应对可能发生的破坏性货币供给收缩，通货紧缩的局势被逆转。

对于危机发生，美联储难辞其咎，尤其是格林斯潘任期的后几年，将利率维持在过低水平，特别是没有采取有效措施加强抵押贷款支持证券市场的监管。然而，2008 年 9 月危机全面爆发以来，美联储的表现值得高度赞扬。

注释

① 罗伯特·埃特泽尔，“在 2008—2009 年衰退期的货币政策”，里士满联邦储备银行

季度经济报告，2009年春季，第201~233页。

② 在6月25日的议息会议中，理查德·费希尔对保持利率不变的建议投了反对票，他是达拉斯联邦储备银行的主席，他认为应该提高利率，并在8月5日的议息会议中持同样的意见，在这两次会议中他都是唯一持异议的人。9月16日的会议就保持利率在2%达成了一致意见。了解更多会议讨论内容，请前往 http：//www. federalreserve. gov/monetarypolicy/fomc. htm。

③ 众所周知油价非常难预测，影响油价的因素有无法预料的天气变化、宏观经济预期、石油远期市场套期保值工具的广泛运用以及大量的投机行为。

④ 和其他20个国家不同的是，美联储并没有明确制定通货膨胀目标，但是经济学家普遍认为其默认理想的通货膨胀率为每年2%。

⑤ 译者注：TAF（Term Auction Facility）是美联储为了解决金融市场的短期流动性困难而采取的新工具。从2007年12月开始，美联储通过拍卖的方式向存款类金融机构卖出抵押贷款，这些贷款的期限在28~84天不等，抵押标准和贴现窗口贷款相同，存款机构必须基本面良好才能获得拍卖资格。该项目旨在缓解金融市场短期流动性困难，自2007年底开始银行间隔夜拆借利率与短期贷款利率剪刀差逐步扩大，反映了投资者和银行家对风险的担忧。资料来源：http：//en. wikipedia. org/。

⑥ 事实上，美联储的资产扩张主要集中在2008年秋季金融危机最严重的8周之内，从2008年9月4日（在雷曼兄弟公司破产前日）的9 050亿美元扩张到11月6日的20 750亿美元。但是，资产的构成从2009年至今一直在变化。

⑦ 联邦存款保险上限最初是10万美元，随后提高到25万美元。

⑧ 举个例子，2009年12月14日，美联储提供了总金额为750亿美元为期28天的TAF，结算日期在12月17日。最低和最高拍卖金额分别为500万美元和75亿美元。在12月14日的声明中，美联储指出拍卖结果将于12月17日在其官网公布。结果显示，共有102家银行参与竞价，金额共计460. 35亿美元，占总金额的61%。由于金额没有用完，所有贷款的利率为拍卖的初始底价的0. 25%。

⑨ 例如在2009年末，共有240家银行成功地参与了拍卖。

⑩ 传统贴现窗口借款能立即获得资金。

⑪ 货币市场共同基金（MMMF）是在20世纪70年代出现的。从20世纪30年代至80年代，金融机构的存款利率有上限限制（该监管条例被称为《Q条例》，在20世纪80年代逐渐淡出）。由于通货膨胀率较高，市场利率在70年代大幅上升，超过了存款利率上限。金融家们由此创立了货币市场共同基金，此类基金不受利率上限管制，尽管银行试图就限制利率进行游说，但没有成功。货币市场共同基金以票面价值1美元向公众发行份额，并把募集的资金用于购买风险较低的国债、

商业票据，以及大银行发行的大额可转让存单。基金购买者可以基于其 MMMF（一般不低于 250 美元）账户开支票，并且获得高于银行支票账户的利率。尽管并没有明确保证，但货币市场共同基金被认为是和银行存款同等安全的资产，这一共识到雷曼兄弟公司倒闭之后发生了变化。

⑫ 目前的一级交易商名单可以在 http：//www. newyorkfed. org/markets/pridealers_ current. html 找到。

⑬ 长期债券相较于短期债券风险更大，因为长期债券价格每天每月都在大幅波动。当投资者不得不在债券到期前出售时，风险更大。假设投资者为风险规避型，那么长期债券收益必然要高过短期债券，才能使其进行投资。长期债券高过短期债券的这部分收益就是风险溢价。风险溢价随着对经济形势的预期变化而变化，预期经济形势不稳定则风险溢价上升。在风险溢价不变的情况下，如果金融市场对今后几年的一年期债券收益率预期降低，那么 20 年期债券收益率也会降低。在金融危机期间，美联储希望尽量降低金融市场对今后几年的一年期债券收益率的预期。

⑭ 约瑟夫·加农、马修·拉斯金、朱莉·里玛哲以及布莱恩·萨克：《纽约联邦储备银行报告》，第 441 页，2010 年 3 月。

第十章　美联储的退出战略和通货膨胀阴影

Ⅰ. 介绍

美国国家经济研究局认为，在2009年6月大衰退已经结束。然而在接下来的16个月，失业率却顽固地停留在了9% ~10%的水平，为25年来最高。从2007年12月至2010年10月间，近800万人失去工作。尽管经济仍不活跃，然而经济学界已经开始争论美联储在刺激政策退出方面是否行动迟缓，一部分人担心退出政策会导致通货紧缩，另一部分人担心货币大投放将使通货膨胀成为常态。2008—2010年，美联储大幅扩张资产负债表，使得基础货币数量翻番，银行准备金增长为原来的25倍，超额准备金从2008年初的20亿美元增长为2010年10月的9 500亿美元，这是前所未有的。

就像米尔顿·弗里德曼的名言所描述的："通货膨胀在何时何地都是一种货币现象。"尽管从2008年初至2010年秋季M1和M2增长相对温和，但许多人仍然担心，一旦银行恢复信心和重建资本，大量的超额准备金将导致信贷爆炸式增长，从而使货币供应量大幅增长，最终导致严重的通货膨胀。

部分批评美联储扩张政策的评论家认为，无论失业率和闲置产能如何，货币增长和通货膨胀都存在正相关性。部分评论家并不认可这种观点，但他们也担心当经济增长动力恢复、失业率大幅下降时，美联储可能很难（政治阻力可能很大）采取及时有效的措施来阻止过多的超额准备金导致的通货膨胀。由于未来经济形势充满不确定性，评论家们担心美联储在刺激政策的路上走得太远。评论家们的担心并非没有根据，他们知道美联储主席伯南克是大萧条政策的研究者，他决心避免重犯20世纪30年代的错误，错误之一就是在1936年大幅提高法定存款准备金率以试图减少超额准备金数量。经济学家认为这一政策停止了大萧条以来的经济复苏进程，并造成了1937—1938年的严重衰退。

根据预测，2010—2020年的年均通货膨胀率将显著高于1995—2010年的2.5%，本章将对此进行研究。我们也将考察美联储防止通货膨胀的两种策略，一是在适当时间压缩超额准备金数量；二是引导银行继续持有这些超额准备金而不用于发放贷款。

Ⅱ．奥肯法则和高通货膨胀前景

通过观察实际GDP增长率和潜在真实GDP增长率的缺口，或者实际失业率和自然失业率的缺口，我们可以大致预测今后三到四年内通货膨胀的基本情况。传统经济理论认为，市场经济中通货膨胀和过剩产能及劳动力闲置存在负相关性，当存在大量过剩产能、失业率远高于自然失业率时，通常认为工资和物价的上涨压力很小。排除供给形势逆转的可能性，企业生产成本快速上升的可能性很低，即使生产成本上涨，企业也很难通过提价将成本转嫁给消费者。在经济萧条时期，一国的通货膨胀水平通常会下降。

相反地，当经济重获活力并逼近充分就业，潜在产能得到充分利用时，工资和物价水平上涨的压力显现。生产成本正在上升，由于市场需求强烈，企业可以将生产成本转嫁给消费者。

受财政政策和货币政策刺激影响，2009年中期经济出现复苏增长，实际GDP增长率和潜在GDP增长率之差缩小，奥肯法则可以衡量此轮增长是否会导致通货膨胀压力上升。如等式（10－1）[①]所示：

$$URATE\text{的变化率} = \alpha + \beta \times (RGDP\text{增长率}) \qquad (10-1)$$

其中，*URATE*代表一国的失业率，*RGDP*代表真实GDP。这种形式的奥肯法则表明，一国失业率的变化取决于真实GDP的增长率，α、β为参数。等式显示，如果一年之内真实GDP没有增长，失业率的变化就是α。劳动力数量每年都在增长，如果真实GDP保持不变，就没有多余的工作机会提供给新增劳动力。因此α为正数，表示在真实GDP不变的情况下失业率将上升。即使劳动力数量保持不变，随着技术进步，单位劳动力的产出和劳动生产率将提高，这意味着生产同样数量产品所需要的劳动力下降，因此企业将裁员，失业率也将上升。

大体上，为了保持失业率不变，真实GDP增长率需要近似等于劳动力数量增长率加上生产率增长率。如果劳动力数量每年增长 1%，生产率每年增长 2%，那么真实 GDP 必须每年增长 3%，才能保持失业率不变。真实 GDP 年增长率超过 3% 将使失业率下降，低于 3% 则会使失业率上升。

β 描述了真实 GDP 每增长 1 个百分点将对失业率产生的影响。如果 β 是 0.4，那么当真实 GDP 增长 1% 时，失业率会下降 0.4 个百分点。β 有时也被称做"奥肯系数"。

我们可以计算出保持失业率不变的真实 GDP 增长率，在等式（10－1）中设定 *URATE* 的变化率为 0。通过计算即可得出，此增长率等于 $-\alpha/\beta$。因为真实 GDP 增长率越高，失业率就越低，因此 β 取值为负。由于 α 为正数，$-\alpha/\beta$ 为正数。假设 α 为 1.2，β 为 -0.4，那么 $-\alpha/\beta$ 为 3，这表明，真实 GDP 每年增长 3% 可以保持失业率不变。

通过研究真实 GDP 增长率和失业率的历史数据，我们可以估算 α 和 β。图 10－1 是从 1950 年第一季度至 2010 年第一季度美国真实 GDP 增长率（数据提前 4 个季度）和失业率数据的散点图。图最右边的数据点表明，1950 年第四季度真实 GDP 以约 13% 的速度增长，而失业率下降了 2.3 个百分点（从 6.6% 下降到 4.3%）。图最左边的数据表明，从 2008 年第二季度到 2009 年第二季度真实 GDP 以 3.8% 的速度下降，失业率在此段时间内上升了 3.9 个百分点（从 5.6% 到 9.5%）。

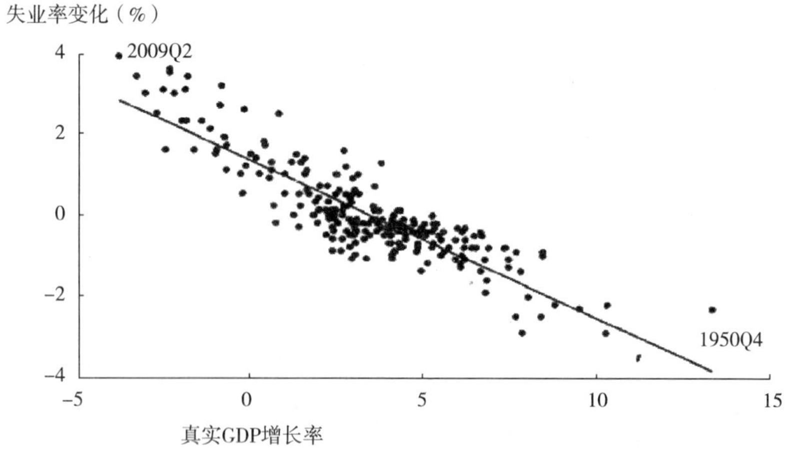

资料来源：圣路易斯联邦储备银行，FRED 数据库。

图 10－1　年产出增长率和失业率变化（1950—2010 年）

通过这些数据点可以得到关于失业率和真实 *GDP* 增长率关系的一元线性回归方程，用等式表达为：

$$URATE \text{ 的变化率} = 1.34 - 0.385 \times (RGDP \text{ 增长率}) \quad (10-2)$$

$$R^2 = 0.76$$

常数项 1.34 和奥肯系数 -0.385 在严格水平上都是统计显著的。从图上也可以看出，一国的经济增长率和失业率之间存在明显的线性关系（R^2 为 0.76）。等式也表明，根据 60 年数据的平均值，当真实 *GDP* 在一年内保持不变时，失业率将上升 1.34 个百分点。我们可以计算使失业率保持不变的真实 *GDP* 年增长率，令 *URATE* 的变化率等于 0，可以得出真实 *GDP* 增长率是 3.48%，也就是回归直线和纵轴交点显示的数值。一般来讲，在此 60 年的区间内，当真实 *GDP* 增长率大于 3.48% 时，失业率下降，反之则失业率上升。

真实 *GDP* 增长率和失业率的线性关系随着生产率、劳动力和其他因素的增长变化而变化。例如，假设我们从 1983 年第 1 季度至 2009 年第 3 季度取值检验这一关系，回归方程即为[②]

$$URATE \text{ 的变化率} = 1.37 - 0.465 \times (RGDP \text{ 增长率}) \quad (10-3)$$

$$R^2 = 0.77$$

该等式表明，真实 GDP 保持不变将使失业率提高将近 1.4 个百分点。奥肯系数为 -0.465，意味着保持失业率不变的真实 GDP 年增长率为 2.95%。该等式可以帮助我们预测紧随大危机之后的几年内通货膨胀的压力。

Ⅲ. 通货膨胀前景：乐观预期

考虑到 2010 年 9 月美国失业率达到 9.6%，等式（10-3）提供了一个估算今后 2 ~4 年内失业率的方法。由于持续且严重的通货膨胀一般不可能和超过 6% 的失业率并存，我们可以进一步判断今后 2 ~4 年的通货膨胀风险。根据等式（10-3），我们需要了解衰退之后的经济复苏中真实 GDP 增长的历史数据。从 1950 年至大危机之前，共有 9 次经济衰退，衰退之后的经济复苏中的第一、第二、第三年的真实 GDP 的平均增长率分别为 4.9%、4.3% 和 4.0%。在 20 世纪 90 年代之前，经济复苏的早期进程较为强劲，一般表现出 V 型增长。[③]然而，2007 年前的最近两次经济衰退

（分别为1990—1991年和2001年）之后的经济复苏较为乏力，这两次经济复苏中头三年的真实GDP平均增长率分别为3.2%和2.4%。这就是所谓的“无就业复苏”，因为复苏阶段产真实GDP增长率不够高，失业率并没有出现大幅下降。

表6-1显示，在前几次经济衰退中，在严重程度上和大危机最为接近的是1973—1975年衰退和1981—1982年衰退，特别是后者被认为是自第二次世界大战之后、大危机之前最为严重的经济衰退。紧随1982年之后的三年经济复苏，经济增长较快，真实GDP的平均增长率达到5.2%。然而，鉴于大危机对国家财富、银行体系和信用机制造成的严重破坏，很少有经济学家期望大危机之后的美国经济能达到如此快速的复苏。

由于大量家庭拖欠按揭贷款或者面临抵押房屋的止赎，在大危机之后住宅建筑行业的萧条可能要持续好些年，非住宅建筑也存在同样问题。由于房价和养老金账户金额下降，家庭倾向于增加储蓄以弥补财富损失，因此消费支出也会缩减。另外一个重要因素是2009—2010年持续的去杠杆化使得银行贷款（包含影子银行信用）大幅减少。在2009年早期7 870亿美元的财政刺激计划实施之后，受巨额财政赤字[④]影响，更进一步财政刺激政策的推出受到了政治力量的阻碍。2010年欧洲主权债务危机爆发之后，英国和大多数欧元区国家推行了严厉的紧缩政策。在1981—1982年经济衰退之后的第一年复苏中，美国真实GDP增长了5.6%，与之形成对比的是，在大危机之后的第一年复苏中（从2009年中期至2010年中期），真实GDP仅增长了3.0%。即使是这样微弱的增长，也是受到暂时性财政政策刺激的影响（这些政策已经停止），这些政策包括新购房屋者的税收抵免，以及“旧车换现金”项目等。

用等式（10-3）作为我们的分析框架，假设从2010年9月至2013年9月的三年间，年均真实GDP增长率为4%，那么失业率将每年下降0.49个百分点，三年共下降约1.5个百分点。这表明到2013年9月失业率将降至8.1%。继续推算，到2014年9月失业率为7.6%，2015年9月则为7.1%。假设经济连续三年保持年5%的稳健增长（这种情况可能性很小），等式（10-3）表明失业率三年内将下降2.9个百分点，到2013年9月仍然有6.7%。然而，事实上很少有经济学家预计的自然失业率会有那么高，或者预计经济增长会如此强劲。

最终结果就是，考虑到美国经济中存在大量过剩产能，乐观主义者认为，在2014年或者2015年之前供给都将大于需求，经济运行没有形成通货膨胀的基础。这表明，对中短期通货膨胀的担忧是没有道理的。从2010年秋季的情形看，越来越多的经济学家认为，相对于通货膨胀，通货紧缩更有可能发生。

Ⅳ. 通货膨胀前景：悲观预期

部分著名经济学家和学者相信，在未来几年通货膨胀率将大幅上升。部分分析家认为国会预算办公室（CBO）对潜在GDP和自然失业率的估算是错误的，其过高估计了潜在GDP和实际GDP之差。为此，美联储可能拖延刺激政策的退出时间，从而导致高通货膨胀率。另外一些人认为，为了摆脱过去十年发生在美国、英国、欧元区国家及其他国家巨额的公共和私人领域债务，政治力量将主导货币贬值策略，毕竟这是最实际的办法。从这个角度看，美国政府可能主动成为货币贬值的同谋，或者迫于压力不得不默许通货膨胀的发生，从而达到减轻债务压力的目的。未来货币供给增长的火种已经点燃（以超额准备金的形式存在），许多人担心美联储不能及时采取措施阻止通货膨胀的发生。

对潜在GDP和自然失业率的不同估算

部分评论家认为，国会预算办公室对潜在GDP的估算高于其他机构，同时对自然失业率的估算过低。因此，国会预算办公室高估了实际GDP和潜在GDP之差（以下简称产出缺口）。最近公布的关于潜在GDP估算的研究结果表明，国会预算办公室对2009年第一季度产出缺口的估算为-6.2%，其他机构估算范围从-4.9%到-2%。[⑤]这些数据表明，2010年之后经济增长可能使产出很快达到潜在水平，失业率下降并趋近自然失业率的时间将比国会预算办公室预计的更早。

经济学家通过构建经济和统计模型来估算潜在GDP。国会预算办公室的模型包括了两个估算量：一是未来的劳动生产率，二是充分就业时的劳动力数量。通过这两个估算量可以得出潜在GDP的数值。为了估算未来的劳动生产率，国会预算办公室采纳了教育程度、经验、现有的资本和技术等因素。这些因素都是不确定的，因此潜在GDP估算量也存在不确定性。

国会预算办公室运用的方法估计出的潜在GDP数值存在惯性，数据序列随时间平滑上升，但是短期波动性较小。其他估算方法认为劳动生产率和劳动力数量增长率（决定性变量）处于不断变化之中，因此，短期的潜在 GDP 数值呈现出较大的波动性，其增长率可能随时间发展而下降。例如，20 世纪 70 年代的石油价格冲击导致部分有效资本储备存量被废弃，资本品一般都是能源密集型的，公司倾向于用劳动力替代资本。资本劳动比率的下降降低了劳动生产率。因此，能源冲击降低了潜在 GDP 和产出缺口。⑥

直觉上看，像 2007—2009 年那样严重的金融危机不只降低了实际 GDP，也降低了潜在 GDP 水平。作出这个论断基于多方面的原因，其中之一是金融危机损害了大量企业和银行的融资能力，使得企业在设备和研发方面的投资意愿有所下降，投资能力也可能因此受到影响。金融的中介职能受到沉重打击，以至于企业不能为有前景的投资项目筹集到资金。举例来讲，大企业可以通过发行债券或其他融资工具直接从金融市场筹资，而大多数中小企业无法进入直接融资市场，只能依赖银行贷款。在大危机期间及之后，尽管美联储极力以低利率向银行提供资金，但银行仍然收紧了贷款标准，这意味着小企业融资变得非常困难。在金融危机时期，相对于较安全的国债，公司债券收益率因风险溢价飙升而大幅上涨，因此大公司发行债券筹资的过程也变得迟缓。⑦

以上这些因素导致了 2007—2009 年厂房和设备投资的收缩，投资下降进一步放慢了资本积累的增长，从而降低生产率。这导致了潜在 GDP 增长率的下降，在极端情况下可能带来其负增长。

另外，金融危机之后失业率大幅增长，高失业率持续时间延长。在如此差的经济形势下，工作习惯、技能和再就业动力有所减弱，失业工人未来的生产能力可能下降。2010 年秋季，长期失业率（超过 26 周没有工作的工人占所有劳动力的比重）是 1981—1982 年严重经济衰退时期的两倍。这也可能导致潜在 GDP 增长率的大幅下降甚至负增长。

最后，在房地产泡沫时期大量的新建房屋使得资源被过度配置到房地产领域，资源的重新分配可能需要用上好几年。这个结构性问题表明，随着房地产泡沫破灭，潜在 GDP 水平可能已经出现下降，自然失业率可能已经上升。事实上，这个分析也同样适用于金融部门，在房地产和信贷泡沫时期，受高收入吸引这个国家最聪明、最有雄心的学生进入华尔街，过多的人力资源被配置到了金融领域。随着房地产和信贷市场双泡沫的破裂以及大投资银行的倒闭，市场力量将迫使金融行业显著收缩。

这些因素表明，国会预算办公室对潜在GDP水平估计过高，而对自然失业率水平估计过低。[⑧]其结果就是潜在GDP和自然失业率水平具有较大不确定性。一旦失业率回升至6%左右，美联储就需对劳动力短缺等导致通货膨胀压力上升的信号保持警惕。

政治因素、赤字货币化、货币增长和通货膨胀

大部分经济学家认同严重且持久的通货膨胀主要是由货币因素引起的，严重的通货膨胀一般都伴随着货币供应量的快速增长，这一现象没有例外。通过考察经历过不同程度通货膨胀国家的货币增长和通货膨胀率数据，我们可以找到支持该说法的有力证据。

如果一个国家经历了相当长时间的货币高速增长，其通货膨胀率一般都较高，显著高于那些货币增速较低的国家。举例来讲，在1989—2009年的20年间，土耳其的年均货币供给增速和通货膨胀率均高于50%；尼日利亚和乌干达年均货币供应量增速超过30%的历史长达30年，在同样的时间区间内其年均通货膨胀率超过20%。只要年货币供应量增速超过20%，很少有国家能逃过两位数的通货膨胀率，只有中国是个例外。日本将3%左右的货币供应量增速保持了20年，其年均通货膨胀率低于1%。[⑨]

高通货膨胀国家通常政局不稳、金融市场不发达、税收系统效率较低，并且中央银行独立性不够。在这样的环境下，中央政府通常具有较高的赤字水平，并且依赖中央银行购买大部分新发行的政府债券。

当政府购买商品和服务时，必然会减少其在中央银行账户上的资金，收款方将收到的资金存入其在商业银行的账户，存款、M1和M2随之增加。如果政府通过征税来偿付这些开支，那么公众通过商业银行向政府付款，从而导致存款、M1和M2减少。因此，如果政府通过征税为增加的支出融资，并不会增加货币供给。具有同样效应的还有向公众发行政府债券，债券购买行为减少了商业银行存款，抵消了赤字的扩张效应，也不会增加货币供给。

然而，当政府通过向中央银行出售债券为赤字融资时，并没有相应地减少商业银行存款，从而减少货币供给。政府融资最终由中央银行承担，因此，其净效应是增加货币供给。这种情况一般称做赤字的货币化，如果发债数量很大，将不可避免地导致货币供给和通货膨胀的快速增长。[10]如果一国的税收体系、金融市场效率不高，中央银行功能不健全，通常会产生赤字货币化问题。

进入21世纪，美国政府不负责任地默许赤字的扩张化和长期化。事实上，在2009—2010年美国政府赤字占GDP的比重接近希腊，而后者是欧洲主权债务危机的发源地。许多家庭不负责任地负债购买自己无法负担的房屋、汽车和其他大件物品。由于公共和私人债务危机，也由于后危机时期来自国会的压力，货币政策的独立性变得脆弱，一些经济学家担心未来十年美国也将步赤字货币化国家的后尘而导致高通货膨胀。

通货膨胀产生很多负面影响，造成不公平的收入和财富再分配，通过资源错配降低经济效率，给投资支出和经济长期增长带来负面影响。然而，进入21世纪，美国已经积累了大量私人、企业和政府债务，通货膨胀确实可以减轻债务负担，这也是政治力量认可更高通货膨胀率的原因。

为什么高通货膨胀在政治上有利可图呢？这可以通过一个例子说明。2000—2006年得到按揭贷款的数以百万的家庭已经资不抵债，这些贷款的账面余额超过了房屋的实际价值。当经济从衰退中复苏，美联储一般会提高利率至正常水平以防止通货膨胀的发生，但这样就会提高按揭贷款利率。这意味着房地产市场的恢复也将变得缓慢，进而使大量的房屋购买者、按揭贷款机构和建筑业的日子变得更加困难。美联储将因此承受来自国会和政府机构阻止其提高利率的压力，这可能纵容通货膨胀的产生。

另外，美国政府的债务和赤字也在不断上升，如果继续下去，像早期的阿根廷、墨西哥和近期的希腊和爱尔兰一样，美国也可能发生主权债务危机。理想的解决办法就是政府削减补贴和支出，同时增加税收以减少赤字。然而，政治家们明白，一旦他们寻求解决赤字问题的正式方法，其被选上的概率将会下降。如果维持较高的通货膨胀率，税收和工作机会就会增加，解决赤字问题的可能性也较大。[11]因此，美联储可能承受来自于政府要求保持较高通货膨胀率的压力。

美联储与货币快速增长的原始因素

就像在第九章指出的，为了应对大危机，美联储极大地扩张其资产负债表，为M1和M2的快速增长提供了可能性。美联储通过贷款拍卖计划、购买抵押贷款支持证券和其他融资工具，将银行准备金从2008年1月的

420 亿美元扩张到了 2010 年秋季的 1.1 万亿美元，在同一时期基础货币从 8 200亿美元增长到了 2 万亿美元，增长率达到 150%。假设货币乘数保持不变，那么 M1 和 M2 将同样增长约 150%。

当然，实际情况是，银行的流动性需求大大增加，导致货币乘数 m1 和 m2 的大幅下降。银行持有超额准备金的意愿明显上升，超额准备金在存款中的占比提高了超过 500 个基点，从而大幅降低了 m1 和 m2。从 2008 年 1 月至 2010 年 10 月，尽管基础货币剧烈增长，但 M1 和 M2 分别仅增长了 10% 和 6%。

当然，当经济逐渐回归正常时，可以预期银行也将通过正常渠道释放其超额准备金，这表明货币供给乘数也将回归正常并大幅上升。为了防止通货膨胀，美联储需要采取措施减少超额准备金数量，或者设法使银行继续持有大量超额准备金。这表明，美联储可能采取大幅减少基础货币、防止货币乘数上升至正常水平等单一或组合措施来实现政策目标。下一节将描述美联储为了防止货币供给大幅增加而制定的计划和采取的方法。

V. 美联储的退出战略

美联储有充足的工具可以阻止大危机之后累积的大量超额准备金转化为贷款和货币供应量。美联储共有四种工具可供在恰当的时间使用（当然也可能采取组合工具）：一是美联储可以采取传统的卖出资产的方式，这些资产包括短期和长期国债、联邦机构债券和抵押贷款支持证券；二是开展数额巨大的反向回购交易；三是通过提供较高利率的美联储定期存款，以替代私人部门商业贷款；四是通过管理准备金利率来吸引银行继续持有超额准备金，从而防止货币乘数大幅上升。以上这些措施都将提高短期利率水平，我们将逐一讨论这些措施。[12]

通过公开市场操作卖出资产

通过卖出国债、联邦机构债券和抵押贷款支持证券，美联储从买入银行获得资金，买入银行在美联储的存款相应减少，从而银行准备金减少。美联储卖出其持有的部分巨额债券将直接提高利率，减少资产负债表规模、银行准备金和基础货币。

在目前情况下，美联储的主要资产是抵押贷款支持证券、长期国债和联邦机构债券，现阶段的资产构成使得卖出资产存在一些问题。2010 年，在美联储的资产构成中，国债仅占到不足1%，因此，为了大幅降低银行准备金的水平，美联储势必要卖出其他长期债券。大量卖出抵押贷款支持证券等资产将推高按揭利率水平，从而放慢房地产市场脆弱的复苏进程，也将影响持有抵押贷款支持证券的银行和其他机构的资产负债表。

在2009—2010年美联储通过大量购买抵押贷款支持证券成功地拉低了按揭利率水平，因此，当形势尚未出现明显好转时，美联储对采取逆转措施有所犹豫是完全可以理解的。事实上，美联储担心仅仅宣布卖出抵押贷款支持证券就将引起市场动荡。为此，伯南克主席强调美联储的退出战略将首先从其他资产着手。对抵押贷款支持证券的减持将随市场时机成熟而逐步展开，这可能需要延续十年甚至更长的时间。

反向回购交易

在反向回购交易中，美联储卖出国债，并与交易商签订协议，承诺在未来特定时间以特定价格将其购回。通过买入国债，交易商在美联储账户的存款减少，银行准备金和基础货币相应减少。在三方反向回购交易中，债券卖出方（在此为美联储）为交易对手提供担保（通常为国债）。

考虑到美联储在政策退出过程中开展的回购交易数额巨大，不能确定国债交易商的买入规模能否达到要求。美联储也不一定有足够数量的国债作为抵押，能够达成多少交易将取决于美联储意愿削减资产负债表规模的速度。鉴于美联储持有大量抵押贷款支持证券，可以将其作为抵押开展反向回购交易以减少银行准备金。为了使逐渐增加的此类交易能够顺利进行，美联储试图从多种渠道拓宽交易对手的范围，其中一个考虑就是与货币市场共同基金开展反向回购交易。

发行定期存款工具

在此项计划中，美联储向银行提供具有吸引力的存款利率，允许其将一部分超额准备金转为在美联储的定期存款。这部分存款不计入准备金，期限锁定（一般为3个月或6个月），因此在存款期限内不能充当流动性用途。这类定期存款和商业银行发行的大额定期存单类似。美联储规律性地拍卖此类定期存款，数额一般较大，从而可以控制定期存款的数量和准备金减少的数量。市场估计此类定期存款的利率要略高于超额准备金利率，就像大额定期存单利率要高于储蓄账户利率一样。和反向回购交易一样，每一美元的美联储定期存款都将减少相应数量的准备金。优于反向回购交易的是，它不要求美联储在市场上进行频繁的交易，有利于市场稳定。

对银行准备金支付利息

几十年来，美联储一直要求国会授权其向银行准备金支付利息。支付利息会减少美联储的收入，而其收入的大部分都将缴纳给财政部，但国会一直拒绝授权。然而，2008年国会终于同意美联储可以向准备金支付利息。这意味着，在经济复苏时期，美联储又多了一项用于压缩资产负债表规模的重要工具。

在联邦基金利率水平极低并且超额准备金数额巨大的情况下，美联储担心卖出资产将推高利率水平；一旦合适时机降临，美联储并不需要卖出大量资产就能推高利率水平。就像之前指出的，在脆弱的复苏时期，美联储并不想冒险推高按揭利率，而大量卖出资产（大部分是长期债券）很可能导致按揭利率的明显上升。在目前联邦基金利率水平极低的情况下，银行超额准备金需求对联邦基金利率的弹性较大，这意味着，美联储需要卖出大量的长期资产才能够明显推高联邦基金利率。美联储完全无意于此。

通过向准备金支付利息，美联储可以通过调整准备金利率来管理联邦基金利率，而不需要卖出大量资产。银行的套利行为保证了实际的联邦基金利率不会大幅低于美联储设定的准备金利率。假设美联储设定联邦基金目标利率为1.5%，由于存在大量超额准备金，实际的联邦基金利率只有1.35%。美联储可以设定准备金利率为1.5%，商业银行将从联邦基金市场借款（利率为1.35%）并将其作为超额准备金持有，以获取1.5%的收益。套利行为将持续，直到实际的联邦基金利率接近1.5%，两者之差不会高于市场交易成本。美联储认为这一工具可以使其更紧密地控制联邦基金利率。

由于银行不愿意在市场上获得低于无风险的准备金利率的收益，此工具可以保证美联储能够根据意愿施加推高短期利率的压力。在刺激政策退出时期，这一工具可能更受欢迎，因为欧洲、加拿大、日本和一些其他国家的中央银行已经成功地运用过它。当政策退出时机一到，美联储很可能先提高准备金利率，随后再开展出售长期债券、反向回购交易和定期存款拍卖。

Ⅵ. 结论

许多分析家担心美国和其他国家在后危机时代都将面临高通货膨胀的威胁。就美国情况来看，美联储有足够多的工具可以防止高通货膨胀的发生，但是选择使用这些工具从而退出刺激政策的时机存在较大困难。刺激政策过早退出或者退出力度过大会伤害脆弱的经济复苏，使国家重新陷入经济衰退，引发银行部门新的问题；刺激政策持续太久则会导致代价沉重的通货膨胀。

选择时机之所以困难，是因为货币政策从制定实施到对经济活动产生影响存在时滞。美联储必须能够对未来6个月或者1年的经济情况作出最精确的预测，之后才能决定何时开始实行退出战略，而准确的经济预测显然十分困难。在前景未明的情况下，美联储尝试尽量做到深思熟虑。如此大规模的刺激政策退出前所未有，当美联储采取措施减少银行准备金和基础货币并提高利率时，其判断能力必然面临较大的不确定性的挑战。乐观主义者可能注意到，现今美联储领导层的专业能力接近历史最高水平。然而，退出政策实施太迟或力度太小则必然会受到鹰派人士批评，反之则会受到鸽派人士批评。

注释

① 亚瑟·奥肯是耶鲁大学的一名经济学教授，1960年大选中任民主党候选人约翰·肯尼迪的经济顾问。肯尼迪指责共和党在之前的8年任期中使得经济停滞过久，失业过多。奥肯发表了一篇著名的文章，文章中估计失业率每上升1个百分点，将导致年产出降低约3个百分点，随后被称为“奥肯法则”。

② 生产率增长既有周期性因素也有趋势性因素。为了消除周期性因素的干扰并集中在趋势性因素上，我们选择1983年第一季度至2009年第三季度作为数据区间。因为两次经济周期的低谷分别在1982年第四季度和2009年第二季度，这样我们就选择了一个完整的周期来分析，避免了周期性因素的干扰。

③ 唯一的例外是1980年的衰退，经历了一年的经济复苏和扩张之后，经济在1981—1982年又步入衰退。

④ 美国2009年的赤字/GDP比率可以和欧元区16国当中最严重的国家相比，可以参考表1-1，第4页。

⑤ 负的产出缺口表示实际 GDP 低于潜在 GDP，对于不同的产出缺口估计值，可以参考约翰·里德纳和约翰·威廉姆斯的文章“产出缺口有多大?”，刊登于旧金山联邦储备银行的经济刊物，2009 年 6 月 12 日。

⑥ 参考阿萨纳西奥·蒂莫西的文章“货币政策规则和严重的通货膨胀”，美国经济评论，2002 年 5 月，第 115～120 页。蒂莫西认为，美联储没有考虑负面的供给冲击对潜在 GDP 的影响，从而高估了产出缺口。这必然导致过度宽松的货币政策，由此 20 世纪 70 年代通货膨胀率大幅上升。

⑦ 很多时候，因为监管机构对银行的资本/资产比率有最低要求，银行必须收紧贷款标准。金融危机时期，因为冲销坏账使得银行资本显著下降，银行只能通过减少资产（大部分是贷款）来满足监管要求。

⑧ 参考埃德蒙·菲尔普斯的文章“美国货币政策和预期的结构性崩塌”，在第 7 届 BIS 货币政策年度会议上的演讲，2008 年瑞士卢塞恩市。

⑨ 必须指出，在过去 25 年间，当美国市场通货膨胀率较低时，几乎不存在货币增长和通货膨胀的正相关性。例如，在 1995—2001 年和 2005—2010 年间，广义货币 M2 大幅增长，但通货膨胀率有所下降。

⑩ 美国法律规定美联储不得购买新发行的政府债券，然而这并不能避免赤字货币化。美联储可以在二级市场任意购买政府债券，同时政府也在发行新的债券，这和直接购买新发行债券的效应类似，都会导致货币供给增加。

⑪ 现今，通过通货膨胀减少赤字已经不如过去那样有效，因为收入所得税很大程度上被采用指数化法所抵消。在采用指数化法之前，通货膨胀导致的名义收入上升使纳税人进入更高的所得税档次，从而使得税收增长率高于收入增长率。指数化法的采用防止了这种不对等的增长。然而，一个运用更强刺激政策且伴有更高通货膨胀的经济体的赤字仍将减少，主要原因在于真实收入上升，税收收入比支出更快增长，更高的通货膨胀率也将降低既有债务负担，这有利于政府的资产负债表。

⑫ 还有一种降低银行准备金的工具，即是由财政部而非美联储推行的国债补充融资计划。财政部向公众发行超过支出所需数量的债券，公众购买债券并向财政部支付，财政部将资金存入其在美联储的补充账户。美联储增加其负债方的财政部账户存款，相应减少商业银行存款（公众从商业银行提现购买财政部债券），从而减少了总的银行准备金。此方法对减少银行准备金是有效的，但在当前情况下作用有限，因为财政部债务总额已经接近国会规定的债务上限，补充发债规模有限。

第十一章　泰勒法则及其对美国货币政策的评价

Ⅰ. 介绍

经济学界就货币政策的制定应当遵循“单一规则”还是应当遵循“相机抉择”进行了长时间的争论。货币政策单一规则是指中央银行事先宣布其政策目标，通过货币政策工具的运用来不遗余力地达到目标。举例来讲，如果一国的中央银行宣布其政策目标是将通货膨胀率保持在2%，那么当实际通货膨胀率或通货膨胀预期超过2%时，它就将提高利率，反之则降低利率。此种方式的货币政策运行机制和相机抉择方式有所不同，后者是指中央银行拥有最大限度的自主权来根据自己的判断而制定相应的政策。

许多经济学家认为，货币政策的制定遵循一定的规则要比相机抉择更好。对于经历了长时间高通货膨胀率的国家来说，这种判断是特别正确的。本章将探讨这两种不同的货币政策机制，并且重点讨论著名的泰勒法则。泰勒法则是指中央银行根据实际通货膨胀率和产出偏离理想值的差距来制定短期利率目标。本章首先讨论运用泰勒法则存在的局限性和问题，随后运用泰勒法则来评价在大萧条和大危机期间美国货币政策的实施效果。

Ⅱ. 一个货币政策规则的例子

货币政策单一规则的拥护者提出了几个论点以支持他们的观点。首先，政客和政策制定者可能想通过货币政策来达到他们自己的政治目的，而不是促进公众利益。鉴于中央银行的制度设计并没有使其独立于立法机关和政府机构，货币政策的制定很可能被政治力量所左右。在任的政府官员清楚大选时期的经济形势对选举结果有重要影响，如果失业率很高，选票结果也就不会太好。

为了政治目的，政客将操纵经济，这就形成了政治经济周期。在任的政府官员从选举时期的高经济增长和低失业率中受益。如果中央银行受政治因素影响而倾向于现任执政者的连任，那么就可能在选举前一年无根据地实施刺激措施，或者在选举之后在退出刺激措施以防止通货膨胀和货币过度增长方面遇到阻力。[①]从这一角度来看，相机抉择机制可能助长政治经济周期的形成，扩张与紧缩交替的宏观政策不利于经济增长，单一规则的机制可以防止此类问题的发生。考虑到经济从大危机复苏过程中，美联储可能承受到的政治压力（第十章已经讨论过），单一规则的货币政策制定机制或许可以挽救国家免于代价沉重的通货膨胀。

一些经济学家相信，即使中央银行完全不受政治因素影响，不确定性、政策时滞、预测困难及其他因素等内在难题，也将使相机抉择机制不太可能实现经济稳定。货币主义者长期以来一直认为，从历史上来看，美联储本身就是一个不稳定因素，运用并坚持单一规则机制则有可能促进经济的更大稳定。从美联储建立之后的16个经济周期看，基础货币和货币总量一般在经济扩张时期较之经济衰退时期增长较快。然而，在20世纪70年代之后的经济周期中情况则有所变化。

最后，即使货币政策制定者在预测和评估政策需要收紧还是放松方面非常专业，但是由于存在时间不一致性问题——政策制定者为了影响预期宣布实行一项政策，但在预期形成后又实行不同的政策——因此最好制定并遵守货币政策规则。

这里举一个国际政治的时间不一致性问题作为类比。为了防止恐怖分子劫持人质，政府通常声称不会与恐怖分子进行谈判。政府相信这样的声明将降低人质被劫持的可能性。然而，一旦劫持真的发生，尽管政府已经声明不会与恐怖分子进行谈判，但仍将面临解救人质的巨大压力从而可能改变策略。理性的恐怖分子能够认识到时间不一致性的困境，从而采取劫持人质策略。如果有独立的法律规定政府不能和恐怖分子谈判，理性恐怖分子劫持人质的动机就会被削弱。由于劫持人质已经无法获益，此类行为数量将下降。具有讽刺意味的是，对政策自主权的削弱反而产生了一个好的结果。

货币政策面临的情况是类似的。假设中央银行以低通货膨胀率和低失业率为目标，菲利普斯曲线描述了短期内失业率和通货膨胀率此消彼长的关系。在其他因素不变的情况下，低失业率通常伴随高通货膨胀率。菲利普斯曲线的位置取决于通货膨胀预期，如果通货膨胀预期较高，则短期菲利普斯曲线在坐标系中靠右，离原点较远。换句话讲，给定失业率不变，如果通货膨胀预期较高，那么实际通货膨胀率也将较高。为此，美联储有较强的动机通过官员演讲、公开声明等手段降低通货膨胀预期。

然而，一旦通货膨胀预期已经形成，政治因素可能使中央银行利用短期菲利普斯曲线所揭示的关系以推高未来通货膨胀率为代价来降低短期失业率。因为理性的经济主体意识到时间不一致性问题，中央银行对通货膨胀前景的保证性声明就变得没有公信力。令人惊讶的是，严格遵循单一规则的货币政策机制削弱了时间不一致性问题的影响，改善了政策实施效果。确定的货币政策规则增强了中央银行在处理通货膨胀问题上的公信力，降低了通货膨胀预期，将短期菲利普斯曲线移向原点，从而在给定失业率的情况下将通货膨胀率变得更低。

Ⅲ. 被动性和主动性规则

货币政策规则可以是被动的也可以是主动的。在被动性规则中，中央银行对目前和预期的经济发展不作反应。一个基本的例子是货币恒定增长规则，中央银行仅仅是保证货币供应量每年以一个较低的恒定速率增长，无论经济状况如何，哪怕在通货膨胀率或者失业率高企时也不改变政策。在主动性规则中，为了达到规则规定的特定目标，中央银行在需要的情况下会快速改变工具的使用。泰勒法则是一个主动性规则的例子，中央银行根据通货膨胀率和失业率偏离理想水平的程度来调整短期利率目标。

货币恒定增长规则

从20世纪40年代后期至70年代，货币流通速度即联结货币供应量和GDP的货币乘数保持相对稳定，每年增幅约3%，偏离很小。对货币恒定增长规则的倡导者来说，货币供应量低速且稳定的增长可能伴随着GDP的稳定增长和较低的通货膨胀率。如果货币供应量每年保持稳定增长，虽然经济周期不会消失，但经济不太可能经历像20世纪70年代后期那样两位数的通货膨胀，也不太可能经历像20世纪30年代那样的大萧条。

货币主义者认为，在过去几十年中，如果美联储严格遵守货币恒定增长规则，不仅可以避免以上这些极端情况，还可以使产出增长和通货膨胀率更加稳定。当然这是一个颇具争议性的结论。在经济学家中已经形成了一个共识，在过去30年里美联储的政策行为已经比更早期有了很大进步。大多数经济学家相信，如果在这段时期采取货币恒定增长规则，美联储也不会取得比既有政策更好的效果。在1980年之后，当金融体系管制放松和金融创新步伐加快，M1和M2增速的波动性大幅提高。关于货币恒定增长规则的讨论在20世纪70年代末达到高潮，最近几年已经很少被提及了。

通货膨胀目标制

以1989年为起点，新西兰等二十多个国家的中央银行实行了通货膨胀目标制。当一个国家采取通货膨胀目标制时，通常会宣布一个特定的通货膨胀目标值（例如2%）或者一个数值区间（可能是1%～3%），中央银行的目标就是将通货膨胀率保持在该数值或区间内，并为此有一套系统且可靠的执行方案。许多国家还有补充条款，当供给冲击发生时，允许暂时偏离目标。在通货膨胀目标制中，中央银行必须发展出一套能够预测通货膨胀率的方法，该方法一般涉及宏观经济模型和包含未来通货膨胀率信息的一组指标。中央银行采取一系列前瞻性操作程序，根据预计的通货膨胀率和通货膨胀目标的差距来调整短期利率水平。

通货膨胀目标制被认为提供了一个通货膨胀预期的锚，并且向公众确保了严重的通货膨胀率是不被允许发生的。如果没有这个锚，货币政策行为可能随着近期的经济和政治因素而变化，变得与长期政策目标不一致。采用通货膨胀目标制提高了一国中央银行的透明度和可信度。相比“在长时期内保持物价相对稳定”的言论，中央银行宣布以2%为通货膨胀目标使得政策意图更加透明。透明度提高，可信度也随之提高。当一个采取通货膨胀目标制的中央银行大幅偏离其政策目标时，政策制订者必须作出解释。在某些情况下，偏离目标是有理由的，例如石油价格大幅上升使得近期通货膨胀率上升无法避免；而在其他情况下，政府需要维持中央银行官员的可信度，在极端的情况下甚至使其去职。

通货膨胀目标制在很大程度上避免了货币政策的时间动态不一致性问题。通过对低通货膨胀率的承诺，中央银行获得了最大的可信度，通货膨胀目标制使得政策制定者面对一个较理想的短期菲利普斯曲线。支持者们认为通货膨胀目标制的实行特别有利于那些长期饱受高通货膨胀率之害的国家控制物价。如果一个国家采取通货膨胀目标制，牺牲比率即为了降低1个百分点的通货膨胀率而必须放弃的GDP增长比率可能降低。

美联储从来没有采取过通货膨胀目标制。然而，鉴于近些年公共和私人领域的债务大幅增加，以及在大危机之中及其之后，美联储向银行体系注入了前所未有的超额准备金，许多观察家对于在不远的将来可能出现的高通货膨胀心存担忧，就像我们在第十章已经讨论的那样。美联储采取明确的通货膨胀目标制的时间或许已经来临。

Ⅳ．泰勒法则和美国货币政策

美联储的政策行为由其双重政策目标决定，一是保持物价水平合理稳定，二是在较高就业水平上促进产出稳定。在过去几十年美联储采取了多种不同的方法来达到这两个目标。例如，20世纪70年代，美联储（还有其他许多中央银行）在基于物价稳定、产出和就业在较高水平上实现稳定的目标，为广义货币M1和M2增长率设定了目标。

从20世纪80年代开始，美联储将联邦基金利率——商业银行将准备金借给其他银行而使用的利率——纳入其货币政策工具范畴。联邦基金利率对其他种类的短期利率水平影响较大，包括商业票据利率和短期国债收益率。联邦基金利率也决定了初级贷款利率，初级贷款利率一般是在联邦基金利率基础上加上3个百分点，商业银行以初级贷款利率为基础来制定各种类型、各种期限的贷款利率。当美联储调整联邦基金利率目标时，一系列的商业贷款利率也将随之调整。美联储通过在公开市场上买卖国债以确保联邦基金利率尽可能地接近其目标水平。当市场因素使联邦基金利率高于目标水平时，美联储将购买债券，因而增加银行准备金，拉低实际联邦基金利率水平；当市场因素使联邦基金利率低于目标水平时，美联储将卖出债券，因而减少银行准备金数量，推高实际联邦基金利率水平。

有两个原则需要强调：一是当通货膨胀率上升到超过可以接受的水平时，美联储必须提高联邦基金利率，从而推高各种期限、各种类型贷款的利率，这就可以减缓总支出的增长，降低通货膨胀压力；二是当产出增长大幅放慢甚至出现负增长、失业率上升至超过可以接受的水平，美联储必须降低联邦基金利率，从而在更大的范围内降低利率水平，刺激总需求、产出和就业。

泰勒法则的表达式

1993 年，斯坦福大学约翰·泰勒教授提出了一项货币政策规则，中央银行根据通货膨胀和产出缺口（潜在真实 GDP 和实际真实 GDP 之差）来调整联邦基金利率目标。泰勒法则设定联邦基金利率的一般表达式如下：

$$FFR = r^* + \pi + w_1(\pi - 2\%) + w_2[(Y - Y^*)/Y^*] \times 100 \tag{11-1}$$

在以上表达式中，FFR 代表中央银行设定的联邦基金目标利率，在等式的右边，r^* 代表中性的真实利率，和经济长期均衡相一致，随时间波动，平均值约为 2%，和联邦基金利率在过去 50 年的均值 1.8% 很接近。希腊字母 π 代表现在的通货膨胀率。等式中的（$\pi - 2\%$）代表通货膨胀缺口，即通货膨胀率与潜在的理想通货膨胀水平 2% 之差。[②] 真实 GDP 用 Y 代表，Y^* 为潜在真实 GDP。

等式（11－1）的最后一部分是 $Y - Y^*$，代表美元计价的产出缺口，将其除以 Y^* 并乘以 100，就得到以潜在产出的百分比表示的产出缺口。正的产出缺口表示经济繁荣，实际产出水平高于潜在产出水平，失业率低于自然失业率；负的产出缺口表示经济萧条，实际产出水平低于潜在产出水平，失业率高于自然失业率。

参数 w_1 和 w_2 表示中央银行分别根据通货膨胀缺口和产出缺口的重要性给出的权重。经济学家对泰勒法则中的权重有不同看法，他们在 w_1 和 w_2 的相对值以及两者绝对值的大小上存在争议。关心通货膨胀的鹰派经济学家担心高通货膨胀率的后果，支持对通货膨胀缺口设置更大的权重（$w_1 > w_2$），那些更关心高失业率成本的经济学家则支持对产出缺口上设置更大的权重（$w_2 > w_1$）。举例来讲，在 2010 年，奥巴马总统考虑增加 3 名美联储理事会成员以补齐全部 7 名委员，当时失业率飙升至近 10%。考虑到近期通货膨胀压力很小，新闻评论员建议他应该倾向于选择同情失业工人的候选人，也即那些支持 $w_2 > w_1$ 的候选人。[③]

同样地，较高的 w_1 和 w_2 绝对值代表中央银行对通货膨胀和产出的变化将反应更强烈，较低的 w_1 和 w_2 则相反，如表 11－1 所示。

泰勒教授在 1993 年最初提出泰勒法则时，选择性设定 w_1 和 w_2 均为 0.5。如果我们采用这个赋值，假设 r^* 为 2%，将通货膨胀率 π 挪到等式左边，等式（11－2）就代表了美联储采用泰勒法则而应该实施的真实联邦基金利率。值得注意的是，法则要求中央银行根据产出缺口和通货膨胀缺口改变真实联邦基金利率，权重 w_1 和 w_2 均为 0.5。

$$FFR - \pi = 2\% + 0.5(\pi - 2\%) + 0.5[(Y - Y^*)/Y^*] \times 100 \quad (11-2)$$

考虑等式右边第二个表达式。它指出给定产出缺口，如果通货膨胀率上升到超过 2%，法则要求美联储提高真实联邦基金利率，反之，则降低真实联邦基金利率。例如，如果产出缺口和通货膨胀缺口都为零，那么遵照泰勒法则，真实联邦基金利率应为 2%，名义联邦基金利率应为 4%；如果通货膨胀率提高到 4%，产出缺口保持为零，那么根据法则要求，美联储应把真实联邦基金利率设为 3%，名义联邦基金利率为 7%。

严格遵守泰勒法则的中央银行在通货膨胀率上升时将提高真实利率水平，反之则降低真实利率水平，这个重要的政策操作指引就是著名的“泰勒规则”。这种反周期的政策操作有助于稳定通货膨胀率。过去中央银行曾经有过不遵守“泰勒规则”而犯下严重错误的例子，在本章的后面我们将对此进行讨论。

表 11－1 显示了假设 w_1 和 w_2 均为 0.5 或者 1，在不同通货膨胀缺口和产出缺口下，中央银行根据泰勒法则应该设定的名义和真实联邦基金利率。

表 11－1　　泰勒法则规定的联邦基金利率

案例	π (%)	$\pi-2\%$ (%)	w_1	产出缺口 (%)	w_2	泰勒法则中的名义 FFR（%）	泰勒法则中的真实 FFR（%）
A	2	0	0.5	0	0.5	4	2
B	4	2	0.5	2	0.5	8	4
C	0	－2	0.5	－4	0.5	－1	－1
D	2	0	1	0	1	4	2
E	4	2	1	2	1	10	6
F	0	－2	1	－4	1	－4	－4
…	…	…	…	…	…	…	…
G	－10	－12	0.5	－30	0.5	－29	－19

资料来源：运用等式（11－1）计算而得。

表 11－1 中，案例 A 假设通货膨胀率为 2%，产出缺口为零，w_1 和 w_2 均为 0.5，泰勒法则要求的真实联邦基金利率为 2%，名义联邦基金利率为 4%。案例 B，经济繁荣使得通货膨胀率为 4%，产出缺口为 2%，泰勒法则要求的真实联邦基金利率为 4%，名义联邦基金利率为 8%。注意，和案例 A 相比，案例 B 要求大幅提高真实联邦基金利率。当经济从情况 A 向情况 B 转变时，美联储"逆风而行"，通过提高真实联邦基金利率与高通货膨胀作斗争。

案例 C 代表了经济衰退时的情形。通货膨胀率为零，产出缺口为 －4%。在这种情况下，泰勒法则要求的名义和真实联邦基金利率均为 －1%。考虑最低的名义利率只能为 0，这表明美联储无法根据泰勒法则行事。最极端的情况是案例 G，代表了 20 世纪 30 年代大萧条时期的状况。在这个案例中，通货膨胀率和产出缺口分别为 －10% 和 －30%。假设 w_1 和 w_2 均为 0.5，泰勒法则要求真实和名义联邦基金利率分别为 －19% 和 －29%。在最低名义利率只能为 0 的限制下，不难理解为什么凯恩斯说货币政策无力将经济从 1932—1933 年的大萧条中拯救出来。

表中的案例 D、E 和 F 代表当 w_1 和 w_2 均为 1 时泰勒法则对产出和通货膨胀缺口的变化而作出的反应。比较从 A 到 B 和从 D 到 E（两种情况的外部条件相同），可以看出泰勒法则在后者中作出了更激烈的反应。在从 A 到 B 中，名义联邦基金利率从 4% 变为 8%，真实联邦基金利率从 2% 变为 4%；而在从 D 到 E1 中，名义联邦基金利率从 4% 变为 10%，真实联邦基金利率从 2% 变为 6%。赞成更为激进政策的美联储理事会成员支持赋予 w_1 和 w_2 更高的值，就像在案例 D、E 和 F 中那样。

泰勒法则和通货膨胀目标制

根据等式（11－1）和等式（11－2），一个更大的正产出缺口和一个更小的负产出缺口代表经济运行更为强劲，因为一国的失业率和产出缺口具有较强的负相关性，等式（11－1）和等式（11－2）可以看做要求中央银行对通货膨胀率和失业率目标予以同等考虑。那些支持严格遵守通货膨胀目标制的人也许赞成忽略泰勒法则的最后一项，将政策目标集中在通货膨胀上。也就是说，忽略产出缺口和与之相关的失业率，将 w_2 权重设为零。

然而，我们可以解释正如等式（11－1）和（11－2）所表示的，泰勒法则与支持通货膨胀目标制的目标是一致的。如果不存在大的供给冲击，产出缺口的大小就是反映未来通货膨胀变化情况的重要指标。正的产出缺口加上失业率低于自然失业率，通常表明通货膨胀率将上升。未来通货膨胀率的变化和产出缺口的大小呈现正相关性。负的产出缺口加上失业率高于自然失业率，通常表明通货膨胀率将下降。因此，可以将泰勒法则看做是为方便美联储实现通货膨胀目标制而提出了一个操作程序。

在存在供给冲击的情况下，中央银行面临稳定产出和稳定通货膨胀率的权衡。举例来讲，能源价格的大幅上升对推高物价和拉低产出施加了压力。如果美联储的目标是稳定物价，就必须提高利率以减少总需求，但是这将减少产出并增加失业。在这种情况下，保持物价稳定是以增加产出和就业的不稳定性为代价的。经济学家因此对中央银行的最优策略存在争议。

实施泰勒法则存在的问题

在实践中，运用泰勒法则存在几方面的问题：一是测量等式（11－1）和等式（11－2）中的通货膨胀缺口和产出缺口存在困难。目前存在几种不同的价格指数，泰勒法则中的通货膨胀率大小（联邦基金利率大小）取决于使用的价格指数。在通货膨胀率的计算上，是采用将波动较大的食品和能源价格排除在外的核心价格指数，还是采用包含这两者的总通货膨胀指数也存在争议。更为根本的是，尽管我们有统计实际 GDP 的可靠方法，但在潜在真实 GDP 和自然失业率的测算上存在困难，从而我们只能依赖预测，但不同的经济学家给出了不同的预测值。因为这些原因，产出缺口的大小也就存在不确定性，因而泰勒法则给出的利率也存在不确定性。

二是在实施货币政策或财政政策和停止政策的时点之间还存在不同种类的且延续时间较长的时滞。时滞可以分为认知时滞、决策时滞和生效时滞三类，它们的存在使得运用泰勒法则或者相机决策的货币政策机制变得复杂化。

认知时滞是指理想的政策实施时点（只能在事后确认）和政策制定者认识到需要采取政策的时点之间的时间差。由于重要的变量数据例如 GDP、工业产值、各种价格指数都是时点数据而不是连续数据，它们在事后修订中或许还会有很大变化，因此认知时滞是不可避免的。

决策时滞是指认识到政策需要改变的时点和政策实际上开始实施的时点之间的时间差。由于美联储公开市场委员会每年召开八次会议，美联储主席根据情况需要也可以召开临时会议，决策时滞通常较短。当2008年9月雷曼兄弟公司倒闭时，美联储在几个小时之内就采取了适当的政策。相比较来看，由于财政政策需要国会批准，经常会遇到较大的政治阻力，其决策时滞相对要长得多。

生效时滞是指政策实施的时点和政策开始影响经济活动的时点之间的时间差。货币政策影响GDP存在较长的时滞，因为它必须首先影响诸如银行贷款、利率、汇率、资产价格和财富之类的变量。商业投资和房屋建筑并不会对利率和信贷松紧度迅速作出反应，招投标、雇佣建筑工人、融资安排等决策必须提前计划。同样，消费支出对利率和财富改变的反应也存在时滞。货币经济学家早就指出，货币政策作用于GDP和物价水平的时滞很长并且充满不确定性。

这些时滞的存在表明，为了使之更加有效，泰勒法则必须采用通货膨胀和产出缺口的预测值而不是当期值。这表明有效运用泰勒法则要求相当准确的经济预测。由于预测GDP、潜在GDP和通货膨胀率非常困难，特别是当要求1年或以上的平滑数据时，这就构成运用泰勒法则的主要障碍。

三是由于技术、管制、市场结构和其他因素不断变化，经济结构也就随着时间不断变化，这意味着泰勒法则中最优的权重（w_1和w_2）也需要随时间而变化。

四是泰勒法则没有将金融危机纳入考虑范畴。金融危机时期不同债务融资工具收益率之差会受到很大影响，例如公司债券和长期国债收益率之差，以及商业票据和短期国债收益率之差在2008年金融危机时期大幅飙升。因为公司债券和商业票据收益率在公司投资决策方面起着非常重要的影响，又因为危机时期这些收益率的上升和联邦基金利率水平相关联，所以在金融危机时期适当的联邦基金利率水平可能不同于正常时期（假设通货膨胀和产出缺口不变）。

在2008年的金融危机之前，反对美联储在泡沫初级阶段采取措施的意见在中央银行家中占了主流。作为1987年至2006年时期的美联储主席，格林斯潘尤其反对在泡沫并未变得危险之前就采取措施压制它。伯南克在2006年接替格林斯潘，在这个问题上他和格林斯潘并无太大分歧。然而，随着2007—2009年房地产和信贷泡沫的破裂，全世界很多国家都因此遭受了巨大损失，许多经济学家为此改变了观点。美联储目前显然正在研究使用工具遏制危险泡沫发展的可行性。

对运用货币政策遏制泡沫膨胀的建议表明，在等式（11－1）和等式（11－2）的右边应该增加一项额外的内容，这个变量应该能够描述泡沫的发展变化情况。这个论题非常具有争议性，因为识别泡沫是很困难的。只有少数经济学家明确表达了在2007—2008年房价崩溃之前房价确实存在泡沫的观点。

所有这些问题表明，在一国的中央银行决定实施泰勒法则之前，必须作出一系列明确的判断。同样，如果中央银行打算将短期利率水平调整到大幅偏离泰勒法则规定的水平，它也应该提出令人信服的调整理由。

V. 以泰勒法则为标准来评价美国货币政策

由于大量不确定性的存在，货币政策制定者有时不可避免地犯下一些政策错误，以泰勒法则为标准来评价货币政策既有趣又有用。在事后观点和泰勒法则的帮助下，有可能发现美联储在某些阶段在货币政策上过于激进或过于保守。在过去80年间，共有5个非常明显的时段：1930—1933年，1965—1969年，1974—1979年，1982—1986年，以及最近的2002—2005年（美国房地产和信贷泡沫快速发展时期）。

泰勒法则和大萧条

直至第二次世界大战之后，关于国民收入账户的统计制度才建立起来。同样地，直到20世纪50年代，联邦基金市场才开始出现。这些事实使得运用泰勒法则评估20世纪30年代早期的大萧条变得复杂。然而，20世纪20年代和30年代的短期国库券收益率数据是存在的，它可以作为联邦基金利率的较好替代指标。内森·波尔克和罗伯特·高登编制了实际GDP和潜在GDP的季度数据，这就使得计算大萧条时期的产出缺口变得可能。假设通货膨胀缺口和产出缺口的权重均为0.5，通过泰勒法则计算得出的1928—1938年间理想的短期国债收益率和这些年的实际短期国债收益率如图11－1所示。

注意，在1929年中期，国库券收益率和泰勒法则计算的数值基本相同。在1929年8月，衰退开始了（随后演变成大萧条），负的产出缺口开始形成，这导致泰勒法则计算出的短期利率开始下降，并在1930年第一季度变为负值。到1930年中期，温和的通货紧缩开始出现，负的产出缺口变得更大，这表明泰勒法则要求更低的短期利率。在 1930 年底之后实际的短期国债利率非常低，1931 年均值为 1.2%，从 1932 年中期至 1934 年中期均值为 0.25%。

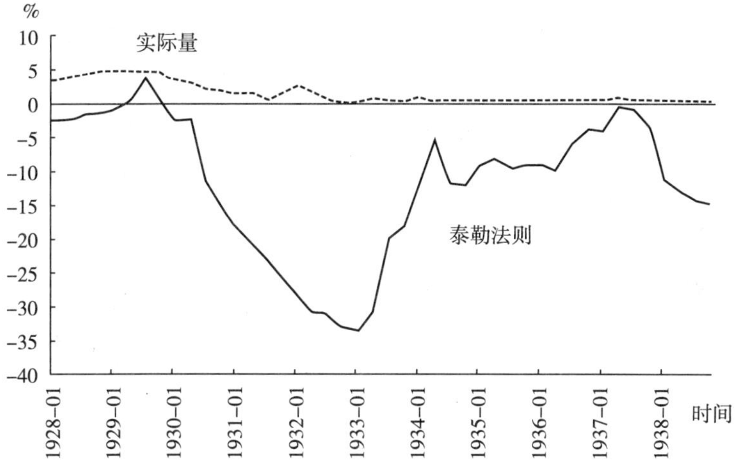

资料来源：短期国债收益率来自美联储理事会，“银行和货币统计”（华盛顿：国家首都出版社，1943），第 460 页。泰勒法则的利率是由以下两组数据计算而来：FRED 数据库，罗伯特·J. 高登的“经济周期：连续和变化”（芝加哥：芝加哥大学出版社，1986，第 781～850 页）中的“数据附录”，内森·波尔克和罗伯特·J. 高登。

图 11－1　实际的和泰勒法则规定的短期国债收益率（1928—1938 年）

到 1930 年中期，泰勒法则计算得出的短期国债收益率为两位数的负值。受制于名义利率最低为 0 的限制，美联储没有进一步下调名义利率的空间。随着经济下滑，负的产出缺口进一步扩大，在 1931 年秋天达到超过－25%，在 1933 年第一季度达到最低的－35%。从 1931 年中期到 1933 年第四季度，通货紧缩率扩大到 10%。在超过 30% 的负产出缺口和两位数的通货紧缩率影响下，泰勒法则计算得出 1932—1933 年早期的短期利率低于－30%。泰勒法则要求的巨大负利率水平与凯恩斯的“你完全无法控制”的论点相一致，后者认为一旦经济陷入衰退，货币政策也就变得无能为力。

这并不是说美联储在大萧条的灾难面前毫无过错。美联储犯下了收紧贴现窗口政策、对银行恐慌浪潮应对不恰当、在货币供给乘数和货币流通速度大幅下降的情况下任由银行准备金下降等错误，这些错误应该被看做是造成大萧条严重性的主要原因。一旦美联储的早期错误使得严重的通货紧缩开始降临，货币政策的效力也就被大大削弱。

泰勒法则和实际联邦基金利率（1960—2010年）

图11-2显示了从1960年至2010年早期的实际联邦基金利率，以及使用两种不同的通货膨胀指数计算的泰勒法则利率。规则1使用GDP平减指数衡量通货膨胀率，规则2使用核心GDP平减指数（排除了食品和能源价格）。两种办法都采用通货膨胀率和产出在过去12个月的平均数作为当期数据。产出缺口计算采用实际GDP和国会预算办公室计算的潜在GDP。这张图用于讨论在过去50年美联储犯的几个严重错误。

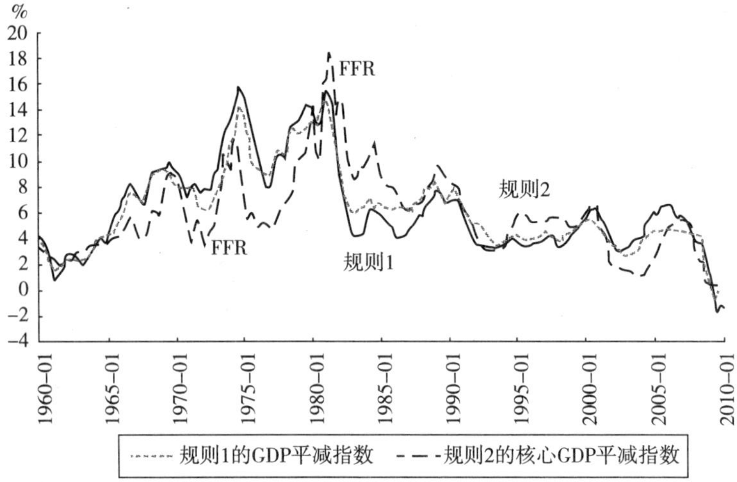

资料来源：圣路易斯联邦储备银行，FRED数据库。

图11-2 实际联邦基金利率和泰勒法则利率

（1960年第一季度至2010年第一季度）

越南战争时期的通货膨胀（1965—1969年）

截至1965年中期，美国经济在经历了1960—1961年的衰退之后实现了连续5年的扩张。失业率在4.5%左右，和当时的自然失业率相差不大，美国决定增加其在越南的军事支出。军费的增加刺激了总需求，通货膨胀率从1965年的低于2%上升到1969年的高于5%。当通货膨胀压力增大时，美联储在提高联邦基金利率方面行动迟缓。[4]它没能遵守泰勒法则。和泰勒法则的要求相反的是，美联储允许真实联邦基金利率大幅下降。从

1965 年第四季度至 1969 年第一季度的 14 个季度中，实际联邦基金利率比泰勒法则 1 要求的水平平均低 280 个基点（2. 8 个百分点）。考虑到下降的真实联邦基金利率和上升的货币增长率，泰勒法则表明通货膨胀率肯定会上升。[⑤]这是美联储犯下政策错误的一个无可辩驳的例子。

20 世纪 70 年代的通货膨胀

在 1969 年 11 月美国经济迈入了为期一年的衰退，伴随着 1971 年 8 月出台试图控制工资增长的措施，1972 年底通货膨胀率被拉低至 3. 5%。一场严重的以原油价格大幅上涨形式表现出来的供给冲击使经济从 1973 年开始陷入滞胀，通货膨胀率和失业率均大幅上升。1974 年中期，美联储开始大幅降低联邦基金利率。

正如图 11 -2 所显示的，美联储连续几年将联邦基金利率水平保持在了远低于泰勒法则要求的水平。美国的通货膨胀率逐渐走高，在 1980 年早期达到最高点 13% 的水平。如图所示，在整个 70 年代，相对于泰勒法则的要求，美联储的货币政策过于宽松，部分程度上导致了这十年的平均通货膨胀率达到 8% 的水平。[⑥]在五年半的时间内（从 1974 年第一季度至 1979 年第三季度），美国联邦基金利率比泰勒法则 1 要求的水平平均低 440 个基点。经济学家普遍认为，在 70 年代的后 5 年美联储犯下了重要的政策错误，政策过于宽松。

美联储并非故意要实行膨胀性质的政策，那么如何解释美联储的错误呢？在这个问题上存在争议。泰勒教授认为，1979 年 8 月保罗 · 沃尔克担任美联储主席之前，美联储缺乏相关经验，没能分辨名义利率和真实利率。在等式（11 -2）的左边，美联储遗漏了 π 选项。当通货膨胀率上升时，美联储提高了名义利率，但是幅度不够，不足以抵消通货膨胀的影响。因此，当通货膨胀预期上升时，真实利率却在下降，这导致了更高的通货膨胀率。从这个观点看，由于没能集中关注真实利率，美联储无意间采取了顺周期政策，而非逆周期政策。

另外有观点认为，美联储没能考虑 70 年代自然失业率和潜在 GDP 增长率的变化。当婴儿潮时期出生的一代人在 70 年代进入劳动力市场时，摩擦性失业和结构性失业均有所增长，因此推高了自然失业率。忽略这一现象意味着美联储低估了自然失业率，高估了潜在 GDP 的增长水平。从等式（11 -2）看，美联储高估了产出缺口的绝对值，错误地认为经济中存在过多闲置资源，因此采取了过于激进的政策。[7]这也表明了使用泰勒法则面临的主要困难——自然失业率、潜在GDP增长率和产出缺口的不确定性。

沃尔克时期的通货紧缩（1981—1986年）

1979年8月，吉米·卡特总统提名由保罗·沃尔克担任美联储主席。沃尔克将对自己的任命看做是对通货膨胀的一次纠正机会。通货膨胀从20世纪60年代中期开始攀升，在沃尔克任命时年通货膨胀率达到12%左右。美联储采取了一系列措施将联邦基金利率从1979年8月的11%提高到了1981年7月的20%。[8]

因为在过去15年间通货膨胀已经习以为常，通货膨胀预期已经深深地根植于公众的心里，美联储决定不踩刹车，直至通货膨胀心理被彻底击退。尽管实际通货膨胀率已经从1980年的12%下降至1983年的4%，美联储仍将联邦基金利率水平维持在8%以上，并直至1986年早期。从1982年第一季度至1986年第二季度，美联储将联邦基金利率保持在高于泰勒法则1要求的430个基点的水平上（见图11-2）。

建筑业和汽车等利率敏感行业的发展被高企的利率水平所阻碍。在1981年7月，美国步入了严重的衰退。美国的失业率在1982年11月达到了10.8%，是自大萧条以来的最高水平，在1986年中期仍然保持在7.2%。根据事后的观察来看，高度紧缩的政策或许保持了过长的时间，一些观察家认为沃尔克领导的美联储政策明显过头。另外一些人则认为沃尔克是英雄，或许是美联储历史上最伟大的主席，称赞他有勇气坚持紧缩政策，直到通货膨胀被彻底打垮，为格林斯潘时期长达20年的低通货膨胀率和经济繁荣奠定了基础。

格林斯潘时期的宽松货币和房地产泡沫（2002—2005年）

1987年8月，艾伦·格林斯潘被任命接替沃尔克担任美联储主席，并在这一职位上一直做到2006年，继任者为伯南克。在他执政时期，美联储因为促进了“大稳健”时期的形成而被广泛赞誉，在此时期内产出和通货膨胀率都非同寻常地稳定。[9]

相比前任，格林斯潘领导的美联储较为严格地遵守泰勒法则，表现在自1987年之后联邦基金利率和泰勒法则规定的水平非常接近。然而，从图11-2中可以看出，在2001年衰退、“9·11”恐怖袭击以及股市崩溃（2000—2002年，也称科技灾难）之后，美联储将联邦基金利率保持在远远低于泰勒法则规定的水平。从2002年秋季至2005年末的三年多时间内，联邦基金利率平均保持在低于泰勒法则1规定的270个基点的水平。相对于当时的低利率，这个缺口特别大。许多评论家认为这是导致房价和信贷泡沫的重要原因，泡沫最终破裂并引发了大危机。

对这一时期货币政策的传统解释是，格林斯潘非常担心美国经济正处于通货紧缩的边缘。日本当时正在经历长期性的中度通货紧缩，经济停滞，失业率大大高于一般水平。美联储认为低利率政策可以避免美国陷入日本式的通货紧缩和停滞。

结果自然就是，宽松的政策鼓励发放大量的低利率的抵押贷款。当2005年底这些贷款被重新定价、利率大幅提高时，许多家庭发现他们已经负担不起每月还款额，这导致了贷款违约、抵押止赎，以及房屋的强制拍卖，造成房价大幅下跌并最终引发了大危机。

Ⅵ. 结论

大量不确定性的存在使得出于稳定经济的目的而制定货币政策非常困难。按照简单的总供给和总需求的宏观分析框架来思考，发现总需求和总供给曲线的位置并不确定。尽管教授们可以简单地在黑板上画出这些曲线，但政策制定者们却不知道它们的确切位置。同时还存在造成这些曲线移动的非政策性因素，它们的作用力度也是不确定的。政策制定者们对动态过程也不确定这些曲线随时间移动的速度，以及产出和价格水平调整到新平衡点所需的时间。无法确定的还有充分就业时的产出水平以及相应的自然失业率。另外，政策制定者们还要面对经济结构和货币政策传导机制——货币政策影响经济活动的渠道——的不确定变化。以上这些因素都在随时间而变化。

这意味着货币政策的制定和实施不可避免地存在失误。不论是采取相机抉择机制还是单一规则机制，这些失误都是无法避免的。通过检查事中及事后的经济稳定性、美联储设定的短期利率水平偏离泰勒法则的程度，我们可以在事后对货币政策开展评价。通过这样做我们可以指出美联储在过去100年间所犯的几个主要错误。然而，这样的研究也可以揭示无数个美联储表现得比遵照泰勒法则更好的例子。

在一个政府力量较弱并且有严重通货膨胀历史的国家，采取并遵守严格的货币政策规则可能比运用相机抉择机制更好。而对政府力量较强且较稳定的发达国家，则不能作出同样的判断。在美联储是否应该采取货币政策规则以更好地服务于国家这个问题上，经济学家们存在争议。如果在大萧条之前美联储抛弃相机抉择机制而采用货币恒定增长规则或泰勒法则，严重的经济衰退就有可能避免。然而，鉴于制定和实施货币政策的艺术性和科学性的进步，具有高度专业水准的中央银行家们应该能够通过运用相机抉择机制而获得更优的表现。

注释

① 从美联储的情况来看，在过去 50 年里很难发现明显的政治力量左右决策的例子，唯一一个经常引用的例外是在 1972 年大选前一年货币供应量的快速增长。1972 年在任的理查德·尼克松和乔治·麦戈文竞选总统，美联储主席亚瑟·伯恩斯是由尼克松任命的，在选举前 12 个月美联储使广义和狭义货币供应量增长率超过了两位数，在接下来的 18 个月通货膨胀率也超过两位数。

② 为什么在泰勒法则中理想的通货膨胀率是 2% 而不是 0 呢？这是因为随着时间推移，实际通货膨胀率总会围绕理想目标上下波动。如果理想通货膨胀率为 0，那么我们会在某些时段陷入通货紧缩。在这种情况下，基于名义利率最低为 0 的约束，货币政策可能在刺激经济增长方面无效。如果经济陷入衰退，同时年通货膨胀率为 -2%，即使中央银行将名义利率设为 0，真实利率也将为 2%。此水平的真实利率是中央银行所能控制的最低真实利率，但在经济衰退时期，很可能仍不够低从而刺激总支出。为了避免此类状况，大部分经济学家赞成将经济运行保持在一个较低的通货膨胀环境中。

③ 在 2010 年奥巴马总统提名的 3 名候选人中，珍妮特·耶伦是货币政策专家。许多分析人士为她贴上了“通货膨胀鸽派经济学家”的标签，她最关心目前持续居高不下的失业率。

④ 越南战争时期的美国总统林登·约翰逊或许是现代史上最活跃也最倾向支持干预政策的总统。他不反对敦促美联储主席威廉·麦克切斯尼·马丁不要提高利率。约翰逊认为高利率不利于申请抵押贷款的房屋所有者。近期的总统们在自己不具备专长的经济学方面表现得更为人性化，也更尊重美联储的政策独立性。

⑤ 在 20 世纪 80 年代之前，货币政策影响经济活动的方式和今天不同。《Q 条例》规定了商业银行可以向存款账户支付利息的上限，该条例直到 20 世纪 80 年代中期才失效。当市场利率逐步突破存款利率上限时，大量存款从银行和储蓄机构流出，

转而购买利率较高的短期国债、商业票据、货币市场共同基金。金融脱媒使银行不得不大量减少包括按揭在内的贷款数量。在这种情况下，经济活动减缓给房屋建筑带来很大影响。早期的货币政策规则可能和等式（11－2）有所不同。

⑥ 货币政策并不是导致20世纪70年代通货膨胀的唯一原因。在这十年中，原油价格上涨了12倍，从1970年的每桶3.35美元上升到了1980年4月的39.5美元。美元的贬值也推动了通货膨胀。美元贬值在很大程度上是由宽松的货币政策导致的。然而，货币政策以外的一些因素也造成了20世纪70年代后期美元的走弱。

⑦ 这两个观点在以下两篇文章中有所描述，“关于货币政策规则的历史性分析”，约翰·泰勒，载《货币政策规则》，芝加哥大学出版社，1999年；“货币政策历史性分析和泰勒法则”，阿萨纳西奥斯·欧菲尼德斯，载《货币经济学杂志》，2003年7月。

⑧ 在图11－2中，1981年4月的联邦基金利率是18.52%，但这是经过月度和季度平均之后的值，实际联邦基金利率在1981年7月达到19.93%的峰值。

⑨ 这确实是经济史上一个成功并值得纪念的时期。真实GDP增长率和通货膨胀率的标准差均大幅下降。1991年和2001年的两次衰退也是第二次世界大战之后10次衰退中最温和的。根据明斯基的理论，该阶段唯一例外的不幸的副产物可能就是2002—2006年发展出的信贷和房地产泡沫。

第十二章　监管改革建议

Ⅰ．概述

资深经济学家大都不会相信，通过制定一系列监管改革措施就能终结美国金融危机的历史。金融危机似乎是资本主义制度的痼疾，大力鼓励创新和冒险是其根本原因。然而，大多数人认为，认真设计的改革方案能够修正经济社会中扭曲的激励机制，降低未来金融危机的发生频率和严重程度。

为了应对20世纪30年代早期的大萧条，国会当机立断，颁布了一系列引人注目的法案，建立联邦存款保险制度，强化美联储系统的职能，并且成立联邦证券交易委员会以减少华尔街欺诈和其他恶名昭彰事件的发生；通过了《格拉斯—斯蒂格尔法案》，将商业银行与投资银行业务分离开来。在这些重要立法行为的作用下，在随后的70年里金融危机很少发生，且表现得相对温和。然而出乎意料的是，美联储和其他中央银行精心制定的曾把这个世界从大萧条中拯救出来的政策措施，这一次，却因大危机情况的特殊性使得金融改革措施收效甚微。2010年7月，奥巴马总统签署《华尔街金融改革和消费者权益保护法案》，该法案包括了几个重要条款，但却并不被认为是一部合适和合理的法案。

在美国，金融业具有极大的政治影响力，它似乎不仅掌控着监管机构，而且还掌控着美国政府。据报道，2009年金融业花费近5亿美元来游说国会，以期把提议中的金融改革方案对金融公司的影响降到最低。游说费用产生了高额回报，法案中个别关键性的、为降低金融体系抵抗危机的脆弱性的条款，在最终进行表决时或被删除，或被轻描淡写。

为了制定应对大危机的合适的改革方案，必须客观评估它的起因。由于影响大危机的因素为数众多、复杂且相互关联，经济学家一致反对给予不同影响因素以相应权重，一些人对包括美联储在内的政府部门进行了最严厉的指责。例如，一些人责备在信贷和房地产双泡沫快速度膨胀之时，美联储却将其联邦基金目标利率维持在极低的水平。其他人则集中批评《社会再投资法案》，该法案鼓励抵押贷款机构给那些低收入家庭和无力购房家庭提供贷款。还有一些人指责政府资助的房地产企业——房利美和房地美，购置大量次级抵押贷款支持证券，刺激这些衍生金融工具的过度发行并且因此推动资金流入房地产行业。

除了上面所提到的三方面指责外，还有人认为双泡沫产生的主要原因是私营经济部门的不当行为。从20世纪90年代后期开始，相互交叉的大型金融服务公司在无所顾忌地快速追逐经济利益的同时，为求一己之私，承担了越来越大的风险。这些风险与社会整体的最大利益格格不入。在一个多样化行业中，激励机制的普遍性错位对解释引发金融危机的连串事件大有裨益。金融改革方案必须能够有效地矫正这些激励机制，以便使它们与社会整体目标一致，从而降低未来发生更大的危机的可能性。然而，由于强有力的财务激励，任何新的监管措施都不可避免地会引发被监管机构的补偿性行为，以部分或全部地规避监管。这就是金融监管的历史，新的改革措施需要分阶段实施。

Ⅱ. 谁是罪魁祸首：政府还是私营经济部门？

受过专业训练的经济学家习惯于欣赏高度竞争环境下自由市场的积极作用。亚当·斯密的无形的手的观点——认为每个人在追求个人利益的同时也在无意识地为整个社会作贡献——在经济学家中长期盛行。当有人提出市场失灵是造成金融危机的关键原因时，许多经济学家本能地寻找其他的解释。由于无管制的竞争性市场普遍会提高经济效率且产生最优结果，自然就会有人出来指责政府的错误政策引发了大危机。保守的经济学家通常会说，大危机是政府失灵，而不是市场失灵造成的。

批评美联储的人指出：在2002年至2005年双泡沫迅速膨胀期间，美联储维持了极低的利率水平。正如作者在第四章和第十一章所指出的，在2002年到2005年这段时期，美联储将联邦基金利率维持在极低水平。这一时期利率水平低于泰勒法则的几百个基点。如果有先见之明的话，美联储无疑应比原本提前12~24个月提高利率。但是不论是美联储还是绝大多数的经济学家都没有预见到危机的到来。

牢记美联储的首要职责非常重要。1946年的《就业法案》规定美联储最主要的职责是：保持高就业率，促进合理价格水平的稳定性。美联储的首要职责不是维持任何某一个经济部门的稳定，比如股票市场或者房地产市场。美联储之所以实施低利率政策，是出于履行法定职责的考虑，即国家处于通货紧缩的关口。当通货紧缩成为现实而且持续发生时，中央银行就有可能失去对经济的控制力，而使国家陷入长期的经济停滞。这种局面，会令我们背负沉重的代价，就像日本“失去的十年”一样。

批评美联储的阵营并不承认房地产泡沫形成于20世纪90年代后期，这段时期联邦基金利率已经相当高了，符合泰勒法则，而且美联储在2002年到2005年这段时期所执行的宽松货币政策并没有明显地降低30年固定抵押贷款利率水平，传统上其为主要的抵押贷款品种。事实胜于雄辩，那种短期利率水平过低导致信贷和房地产泡沫的观点，也被德国和加拿大的情况所驳倒：在这期间，这两个国家也维持了相当低的短期利率水平，但是它们却避免了严重的房地产泡沫。

不可否认的是，美联储维持过低短期利率的政策会令贪婪的放贷人有机可乘，他们用低到让人难以置信的初始利率引诱容易上当的买房者接受浮动利率的按揭贷款，这就使本来高不可攀的房子变得可以负担了。低利率也让鲁莽的购房者敢于大幅改善住房条件。众所周知，要想做到这一点，只能依靠庞氏融资，即凭借持续快速上涨的房价，通过再融资去偿还未来的贷款。真正的罪魁祸首并不是美联储的货币政策，而是监管机构（包括美联储）不闻不问的态度。当金融机构发放成千上万的高风险按揭贷款时，监管机构对此却视而不见。

《社区再投资法案》也对双泡沫形成产生影响，因为它要求银行为低收入家庭提供按揭贷款。但是，《社区再投资法案》是于1977年通过的。如果这是主要原因，那为什么金融危机没早些发生？大多数失败的次级贷款是由按揭经纪人和按揭银行发放的——它们超出了《社区再投资法案》的约束范围。当根据《社区再投资法案》计算大型银行持股公司的投资比率时，其附属的按揭贷款机构并没有包括在内。很明显，《社区再投资法案》不是导致这次危机产生的主要原因。

考虑到房利美和房地美对本次危机的“贡献”，它们同样需要受到惩罚。虽然这两个公司没有直接涉及次级贷款的证券化业务，但它们购买了大量的次级贷款抵押，极大地拓宽了房地产业的融资渠道。它们在 2002—2006 年间的所作所为应该受到谴责，因为它们大量买进高风险的抵押贷款支持证券和大幅提高杠杆比例。它们是私有公司，但它们的高层管理人员却被鼓励承担难以置信的风险，以期赚到数百万美元的奖金。同时，还有一点非常重要，就是雷曼兄弟公司、美林集团、贝尔斯登公司和花旗银行等遇到的极端问题，它们将此归因于自己所持有的贴着“私有标签”的债券，这些债券由摩根士丹利、高盛和雷曼兄弟公司发行，而非房利美和房地美。

政府要为大危机承担何种责任？最正确的定调应该是监管责任，监管机制没能跟上金融技术快速发展的步伐。很大程度上，这是由于私人企业受到利益驱使而规避监管。大型投资银行和银行控股公司拥有一支精干的律师和金融工程师队伍，他们的任务就是找到规避以限制风险和预防危机为目标的监管措施的新方法。政府监管人员与高盛集团和摩根士丹利公司的雇员相比，总显得低人一等，薪酬也存在差距。由于这个原因，金融危机是不可能消失的。

Ⅲ. 改革建议：基本思路

首先，我们应从转变对金融业的认识开始，对此关键性改革进行思考。自第二次世界大战以来，金融服务业占国民生产总值（GDP）的比重已经上升了 3 倍。最近几年来，根据标准普尔 500 的统计，金融业的利润超过其所有统计公司总利润的 1/3。在光景不错的年份里，薪金排名前 25 位的对冲基金经理的总收入超过标准普尔 500 所有统计公司中全部 CEO 收入的总和。因此，特别是在过去的几十年里，金融业已逐渐成为令人心驰神往的行业，吸引着无数怀揣梦想的有志青年。据国际领先的投资银行高盛集团的报告显示，2009 年是金融业非常不景气的一年，然而其 30 000 名高级雇员的工资和奖金收入平均为 60 万美元。高盛集团向其数以千计的交易员、经理和职员支付的薪金平均超过 100 万美元。究其原因，很大程度上是由于那些雄心勃勃的高智商人士对潜在奢侈生活的期盼，这个国家的许多优秀大学毕业生都将自己的事业追求与华尔街金融联系起来。举个例子，近几年，超过 40% 的男性毕业生选择走上这条道路，其中不乏毕业于哈佛大学和加州理工学院等名牌大学的学生。而投身电气工程、自然科学和教育等收入水平低但相比更重要领域的优秀学生少之又少。

过去25年金融业的大规模增长似乎暗示了国家资源的社会性错配。市场力量引导资源流向回报率最高的领域，这通常被称做“社会期望现象”。然而，错误的信号似乎已经引导过多的资源进入金融领域。经济学家认为，“黑天鹅”事件的出现——意指不可避免的灾难最终发生在任意某年的极小概率事件——说明市场配置资源能力的失效，市场倾向于忽视这种灾难性事件发生的可能性。这种资源错配类似于百年一遇的洪水和建在冲积平原上的房屋。如果有人将大危机看做是“黑天鹅”事件，并且认为自1980年以来，逐步的金融自由化、经济全球化以及金融工程技术已经诱致企业承担放大的金融杠杆和更大的风险，并且忽略了不可避免的偶发性灾难风险。那么，近几年市场向金融行业分配了过多资源从而导致危机发生的观点也就不无道理了。因此，政府干预市场可以说是有据可依，就如同那个在冲积平原上建房的提议一样。

金融业惊人的增长对社会贡献如何？不可否认，它已经给社会带来许多重要的收益。许多金融市场竞争愈演愈烈，它们以更为低廉的交易成本吸引顾客。低收费经纪商、在线交易，以及交易所交易基金的出现，已经为节俭的美国中产阶级购买多样化的股票投资组合提供了现实可能性——而过去只有富人才能做到这样。货币市场基金的出现，让成千上万家庭手中的低收益银行储蓄有了更好的选择。高效的期货市场的发展，让农民和公用事业企业等能够有效应对价格的不利变化。金融创新能够并且基本上已经让社会受益。

另一方面，从2010年的发展情况来看，华尔街金融公司隐秘的金融工程革命造成800万美国人失业，引发美国和其他国家各级政府的财政危机以及危及美联储的政策独立性。在欧洲，大危机造成的主权债务危机和对其后果的应对措施已经导致财政紧缩方案的出台，威胁到北美和欧洲可能陷入长期的经济停滞，由16个国家组成的欧元区已经陷入了危险境地。除大萧条外，大危机所造成的巨大损失也是美国历史上从未有过的。

从公共政策的观点来看，也许将金融业视为公共事业的时间已经来临——与我们的生活息息相关的行业，但必须接受严格的监管，使其能够为公众利益服务。出于对金融机构追逐利润与金融安全之间的权衡，大危机的经验教训表明，公共政策的制定需要将金融安全摆到重要位置。这个问题事关社会利益，即使它意味着放慢金融技术进步的脚步，让这个行业不再那么令人神往。大危机已经表明，金融业应该被视同于核能和烟草产业——这些行业的产品含有毒性物质，很大程度上会对社会产生负外部效应。当生产和消费将成本强加给第三方，既非生产者也非消费者时，负外部效应因此就会产生。二手烟导致肺部疾病，农业生产排放的亚硝酸盐致癌，醉酒驾车导致高速公路死亡，都是负外部效应的例子。

思考现代金融危机的一种有用方式是将危机看成是大型金融企业强加于社会的负外部效应，它鼓励金融企业投机冒险，因为收益归于那些赌赢者，而成本则通过救助而被社会化，最终由纳税人埋单。由于负外部效应的存在，即便是最狂热的自由市场主义经济学家也同意，因为不是所有的生产成本都由生产企业负担，这种情况下市场失灵就会发生。如果公司能够随意忽略外部成本，那么自由市场就会将产品和服务价格设置的过低，也就是说生产和交换的数量将大大超过社会预期，比如香烟、酒类和汽油等产品的生产就是这种情况。经济学家认为，修正市场失灵问题的有效方法是强制公司将外部成本内部化。其中一个方法是征收产品税，这也表明对烟、酒和汽油的（购买）征税是正当合理的。

根据金融机构对未来可能发生的系统性危机的“贡献”按比例强制征税，能够有效降低它们过度投机冒险的倾向。按照公司的大小、相互关联性和承担的风险，税率呈阶梯式上升。如果设计合理，征税可以促使金融公司减少风险行为。同时它还可以为救助失败机构提供救助资金，确保纳税人不会跌入救助银行和其他金融机构的成本困境。英国曾推行此种税收。然而，在谈判结束前的最后一分钟，为了使2010年金融改革法案能够获得通过所需的票数，这项征税提议却被删除了。

大而不倒

要避免大型金融公司过度承担风险，就必须允许它们倒闭，这是保守派的一贯论调。“创造性破坏”——虚弱和低效的公司倒闭能产生积极、有利的影响——是资本主义的特征之一。相比于计划经济，市场经济体制能够持续不断地加快促进生活水平的提升。但是，要求政府不对相互关联的大型金融公司的倒闭进行保护性干预，则是这个观点的愚蠢之处，其后果自然是对2008年雷曼兄弟公司的垮台置若罔闻。若不是美国和欧洲国家的中央银行和政府超常规地采取迅速的、创造性的、积极的行动，该观点可能已经将世界拖入第二次大萧条的深渊。[①]任何行政部门，不管是自由派还是保守派，民主党还是共和党，必须也必将在未来采取行动阻止具有系统重要性公司的倒闭。只能这样，否则后果将不堪设想。

西蒙·约翰逊认为，大型银行、对冲基金和保险公司会敏锐地意识到，由于其规模庞大、内在联系错综复杂，政府不会允许它们垮台，道德风险问题就此浮出水面。这些公司必然会倾向于承担更大的风险，这就意味着周期性危机的发生不可避免。[②]约翰逊指出，这些公司会千方百计地绕过监管，过度承担风险以获取更大利润，这与它们过去的所作所为毫无二致。照此观点，解决道德风险问题的唯一办法就是：确保没有任何公司能做到大而不倒。

实现这一办法的唯一途径就是将这些规模庞大、内在联系错综复杂的公司分拆成更小的公司。如此一来，它们的倒闭就不会对金融体系造成伤害。举个例子，花旗集团拥有大约两万亿美元的资产。基于大量的实证研究，约翰逊表示，银行总资产达到 1 000 亿美元后，规模经济和范围经济效应不再发生作用。绝大多数实证研究表明，银行效益最大化的规模临界点大大低于这个数字。言外之意是：如果大型金融公司没有效率或者没有其他关联收益，比如花旗集团和高盛集团，但它们过度承担风险的倾向却对金融体系构成威胁，那么我们应该把它们分拆成更小的机构，以便安全地允许它们倒闭。举个例子，把花旗集团分拆成至少 20 家独立公司，任何一家公司的总资产都不超过 1 000 亿美元。为了生存利益，这些“小而能倒”的新公司将有足够强的动机去降低自己所承担的风险。

想要尽快达成这一目标，我们应该激励花旗集团等大型金融公司自愿分拆资产，最明显的方式莫过于强行设置一个递进的资本比率要求制度——资本比率（资本/总资产）随着银行规模的增长而递增。当银行资产介于 250 亿 ~1 000 亿美元时，资本比率要求为 12%；当银行资产大于 1 000亿美元，资本比率要求为 20%，同时再辅以严厉措施，使银行不能通过金融工程技术、资产表外化和其他技巧逃避资本比率要求，这就可以促使花旗集团大幅缩小资产规模。税收条款也是促使大型金融公司缩小规模的一个替代性方法。

不幸的是，美国金融业却走上了另一条道路——不断地集中。投资银行业基本上处于少数几个寡头的垄断之下，比如极其强大的高盛集团和摩根士丹利公司。雷曼兄弟公司垮台之后，这个行业变得更为集中。由于大银行在2009年到2010年间接管了超过250家倒闭的小银行，商业银行同样也变得更为集中。欧洲和加拿大的银行体系始终维持高度集中的态势。不管是奥巴马政府还是美联储都支持缩小具有系统重要性公司规模的提议。美联储理事丹尼尔·塔鲁洛并不反对这个提议，但却将它视为最后手段。因此，其结果就是分拆大型金融公司的提议从未被实际讨论过。

尽管2010年颁布的金融改革法案对具有系统重要性的大型金融公司的拆分问题没有作出决定，但对于那些没有经历冗长和昂贵的破产程序而正处于破产中的大型金融公司，该法案实际上赋予了联邦政府对其进行分拆和破产清算的责任和权力，其中包括对保险公司和投资银行等非银行公司进行控制和分拆的新权力。然而，即便法案已经签署，也并没有排除纳税人救助破产公司的可能性，怀疑论者也对监管部门执行的可行性提出质疑。

Ⅳ. 需要解决的特殊问题

正如前文所提到的，双泡沫给我们带来了金融危机和损失惨重的结局，其形成应该归因于一系列偏离正轨和错误的激励措施。面对各种利益主体，这些激励措施与降低金融危机的发生频率和严重性以服务公众利益的愿景并不相符。我们将在这部分讨论几种偏离正轨的激励措施及其修正提议。

薪酬制度

这一问题的核心就是面对华尔街的交易商、大型投资银行、银行控股公司、对冲基金、保险公司以及其他金融服务业公司职员的财务激励。绝大多数的公司所有者——股东——对长期投资回报最大化感兴趣，经理人、交易商和CEO们则强烈追求短期薪酬的最大化。由于信息的不对称——经理和交易商不可避免地比股东（委托人）掌握了更多的公司信息，股东无法引导交易商和经理人（代理人）接受追求公司和股东长期利益的观点。这就是我们所熟知的委托—代理问题。

冒险行为包括购买高风险证券，比如抵押债务工具和其他复杂的金融工具；高杠杆率操作；发行短期债务筹资购买长期债券等。由于在很短时间内就能赚到非常可观的收入，许多经理人和交易员能够在一年之中赚到普通工人一辈子的工资，所以他们都会抱有“我会离开，你也会离开”的心态。意思是说，就算危险将至，公司会在 3 年后倒闭，能奈我何？通过几次关键性的操作，就能在很短的时间内挣到一大笔钱，足够过上舒适的养老生活。

为了引导交易员、经理人和公司高层管理人员着眼于公司长期利益来促进公司财务稳定，需要重新修订薪酬体系。其中一项建议是公司提供限制性股权激励——接受者只有在几年后才能兑现这些股权。也有人认为兑现期为 10 年是个不错的建议。更有甚者认为，绝大部分激励性股权直至退休才能兑现。在华尔街现行的文化中，交易员和管理者在好年景中会受到重奖，而在差年景中也不会受到惩罚。当他们为公司赚取数以千万美元的利润时，他们可以得到数额不菲的奖金。而当他们“赌输了”，令公司损失惨重，也不会遭到惩罚。这项安排明显鼓励管理者承担更大风险。而薪酬政策所作出的变化是，公司设立奖励基金，以过去 10 年的平均绩效为标准进行奖励，达到适当减少冒险行为的目的。

对公司来说，监控和降低风险的更有力的激励措施是对奖金资金池进行委托管理，资金池由债务抵押工具和其他隐秘的衍生债券组成。这将是个共享收益、共担风险的游戏。2009 年，瑞士信贷公司从资产负债表中剥离 50 亿美元的有毒的债务抵押工具资产，注入用于支付管理人员未来奖金的基金。这个计划如果提前推出，并且采取措施禁止未来的奖金获得者采取对冲保值行动，将有效激励交易员和经理人维护好公众利益，降低金融体系在未来发生系统性崩塌的可能性。

如果薪酬制度中的这些改变仅在一家公司内推行，那么这家公司的许多高级雇员就会流失到其他公司。因此，公司董事会将拒绝执行新的薪酬方案。也许美国政府需要强势推行薪酬制度改革。有人可能认为政府部门有充足的理由这么做，因为为了拯救私人企业和避免出现世界末日，政府已投入数千亿美元资金，而如果不对金融行业实施切肤之痛的改革，类似大危机的悲剧仍将重演。在理想情况下，这个改革应该由世界主要国家同时推进——这是一个难以达成的目标。2010 年金融改革法案没有涉及薪酬制度改革问题。

资本比率和流动性要求

一家金融公司的资本即是其股本或者净值——其总资产减去总负债后

的剩余，股本由公司所有者持有。监管机构对商业银行和投资银行设置资本比率要求，也就是说，监管机构设置最低的资本/总资产标准。第四章中曾提及，雷曼兄弟公司、高盛公司和美林公司等投资银行在2007年危机袭来时的资本—资产比低至3%或4%。尽管这是合法的，但这样的资本比率要求实在太低了。

金融公司的财务杠杆率可以定义为总资产/资本之比。这些大型投资银行的财务杠杆通常为25:1～33:1。也就是说，其1美元的资本或股本中能够支撑25～33美元的贷款和其他资产。在好年景时，高杠杆率能够为公司所有者带来惊人的股本回报率。而在萧条之年，高杠杆率导致的巨大亏损会让这些公司因无力偿债而破产。2004年，投资银行成功游说美国证券交易委员会，允许它们大幅调高杠杆率（降低资本比率要求）。[3]不幸的是，由于雷曼兄弟公司的杠杆率为25:1，只要其资产价值缩水4%就会导致公司破产。大危机期间，雷曼兄弟公司的许多高风险抵押贷款支持证券账面价值急剧下降，这也就是导致其破产关闭的真相。

如果一家银行或公司被要求遵守更高的资本比率要求，其所有者在倒闭中也就损失更为惨重，公司也就会从事更低风险的投资活动。因此，更高的资本比率要求能够减轻道德风险问题。另外，当然，如果一家银行拥有更多的缓冲资本，它就能够承受侵蚀资本并导致其破产的更大冲击，它也就不会那么容易倒下。由于这些原因，几乎所有的经济学家都支持把提高资本比率要求作为改革方案的可行且必要的内容。重要的是，资本比率要求同样需要扩展到保险公司和构成影子银行体系的其他非银行金融公司。

一项有趣的提案得到了不同派别经济学家的一致支持，那就是要求具有系统重要性的金融公司以混合债—股债券形式维持一定的后备资本水平。当公司的实际资本比率下降到某个触发性的临界点时，这些金融公司在账面上发行和持有的债—股债券将自动转换为股本或资本。举个例子，假设金融公司除了被要求遵守8%的最低资本比率外，还要求在总资产中维持10%的后备资本。当财务损失导致现有资本比率从要求的8%降至触发标准，比如2%时，后备资本就能提供足够的资金自动转化成资本，将资本比率推回至8%。这时，银行债权人将被迫将他们持有的债券兑换成股票。

这项后备资本要求能够发挥缓冲作用，提高金融机构的安全性，降低政府救助问题机构的可能性。而且，由于市场要求风险更大的机构对其发行的后备债券支付更高的利率，金融公司将有降低风险的更强动机。银行家强烈反对这项建议（大多数建议他们都反对），因为它会增加商业成本，但这不正是我们终止银行要挟国会以控制公共政策的时机吗？

2010 年颁布的金融改革法案，包括授权监管机构执行更高资本比率标准的条款。然而，正如法案中的其他方面，该条款的细节操作空间被留给监管机构自行酌情处理。受国际结算银行资助的巴塞尔银行监管委员会建立了一个通用的资本比率要求，已被世界上超过 80 个国家采用，其中包括美国。这些复杂的标准见于著名的《巴塞尔协议》，目前全球主要国家正就更高的资本比率标准而在重新谈判。新的《巴塞尔协议Ⅲ》注明，考虑到 2010 年的情况，更为严厉的资本比率要求将在未来很长一段时间后才正式推行。

流动性是指资产能够转换为现金以支付存款人，或者为其他用途提供资金的容易程度。大危机最早表现为流动性危机，起源于众多金融机构特别是影子银行通过短期负债（资金来源），如商业票据和回购债券协议，来筹集资金购买非流动且高风险的长期资产，比如债务抵押工具。这种操作需要经常性的再融资——几乎是每天都要再融资。随着房价下跌，抵押贷款支持证券价值下降，这些投资银行和其他影子银行发现它们无法为短期债务展期。出于对违约的担心，这些机构的贷款人停止对它们贷款。接下来，这就迫使金融公司在困境下卖掉没有流动性的长期债券，这直接导致资产价值的缩水，这就能够解释为何一场流动性危机演变成了清偿力危机。如果金融公司的债务很长时间后才到期，或者如果金融公司持有大量的高流动性资产，这一问题出现时就不会面临那么严重的情况。因此，对金融公司的更高的流动性要求应该是一揽子改革计划的重要部分。

信用评级机构

证券和其他债务工具的质量评级机构已经存在了将近 100 年的时间。早期，这些机构的主要功能是对银行持有的证券进行评级。20 世纪 40 年代至 60 年代的经济形势相对稳定，而到了 70 年代，经济形势恶化，债券违约频繁发生，致使评级机构的作用日益凸显。1975 年，美国证券交易委员会要求所有发行债务的机构都首先需要得到国家认可的评级机构

（NRSRO）的评级。美国证券与交易委员会认可的众多评级机构中，惠誉国际，穆迪公司和标准普尔尤其著名。尽管近年来也有一些小公司得到了美国证券交易委员授予的 NRSRO 地位，这三家公司仍然处于统治地位。

最初，评级机构向投资者收取服务费用。但是“搭便车”问题导致这一商业模式遭到弃用，因为有些个人和公司可以从已经发布的信息中免费得到他们所需要的评级信息。借助美国证券交易委员会的帮助，债券发行方被要求向评级机构申请评级，评级机构也就开始向发行方收取评级费用。

这种安排固有地存在一个明显的利益冲突：众多投资者依赖评级来作出购买债务抵押工具和其他证券的决定。举个例子，养老基金和其他许多购买者都被严格限制购买 AAA 级的证券。处于垄断地位的评级机构从发行方获取巨额服务费用，再加上监管套利——发行方在众多评级机构中寻找最高评级——已经令评级过程充斥腐败。实际上，这已变成一场“竞次”游戏，评级机构冒着被罚上百万美元的风险，给予以次级按揭贷款为基础的债务抵押工具 AAA 评级。不幸的是，多数债务抵押工具和其他有毒债券的购买者只关注评级的表面价值，最终引火烧身，针对信用评级机构的诉讼不计其数便是证据所在。现在，投资银行和其他债券发行公司与评级机构之间的关系非常融洽，以致评级机构通过为债券发行方提供咨询服务来收取巨额“咨询费”，比如建议其将一部分不同风险程度的资产支持证券混入债务抵押工具中，以最低限度地满足 AAA 评级的要求。

被建议的几项改革措施就是瞄准这个腐败而社会成本高昂的体系。首先，由评级机构主导的咨询服务应被禁止。其次，评级机构不得向证券发行机构收取费用。建议联邦政府向被评级的证券发行机构征税，以此弥补评级机构的此项费用。或者，可以要求机构投资者出资共建一个资金池，由监管机构使用池中资金向评级机构购买评级服务。同时，大力降低评级业准入壁垒，以促进行业竞争和改善评级质量，尽管这一点尚不能确定。更确切的是，完全放弃发行证券需由评级机构评级的要求。不同的监管机构可以使用它们自己的方法评估和监控风险。然而，这一方法可能会导致浪费性的重复开支。2010 年金融改革法案没能解决信用评级服务的劣质和腐败问题。

衍生品市场

相关的新型衍生品，诸如债务抵押工具和信用违约互换工具，扮演了助推导致大危机的风险行为的主要角色。就这一点而言，信用违约互换工具起到了特殊的作用。信用违约互换市场从20世纪90年代早期开始出现，其发展从无到有，从小到大，在2008年顶峰时其名义价值超过60万亿美元，已经达到无法监管的地步。这一切拜参议院银行业委员会前主席菲尔·格莱姆所赐。2000年，他推动通过了商品期货现代化法案，免除了信用违约互换工具之类复杂的场外交易衍生品被相关机构（商品期货交易委员会）监管的条款（之后，格莱姆离开参议院，成为一名金融业说客，这是需要被限制的“旋转门”综合征的典型例子）。这个市场不仅难以监管，而且其交易信息也非常匮乏。美国国际集团引发的美国金融灾难直接导致美国纳税人1 800亿美元的损失，究其原因便是美国国际集团为确保AAA级的次级抵押贷款支持证券持有者免遭损失而发行信用违约互换证券。

2008年，由于债务抵押工具和其他证券价格的下跌，美国国际集团被要求为其通过信用违约互换交易担保的证券兑现损失。但是由于免于资本比率监管要求，这意味着美国国际集团没有足够多的资金来弥补交易对手引起的超过4 000亿美元的债务抵押工具的亏空，美国国际集团通过信用违约互换交易对这些债券做了担保。如果美国政府不及时出手干预，美国国际集团很快就会倒闭，这可能引发金融体系的崩塌。从之前一天雷曼兄弟公司倒闭的混乱中醒来，美联储和财政部感到除了阻止美国国际集团倒闭，别无选择。这家公司的内在关联性很强，它与数以千计的公司存在抵押债务工具交易，如果允许美国国际集团倒闭，上百家公司也会随之垮台。

银行和交易商反对让衍生品市场更为透明的建议。市场信息的匮乏，允许银行从衍生品交易中获取巨额费用，也使得交易商可以维持较大的买卖差价并从中赚取巨额交易利润。还是那句话，我们的激励措施偏离了正轨。债务抵押工具、信用违约互换工具，以及其他衍生品的创立者被鼓励保持市场的不透明性和尽可能地减少信息流动，并从中获取惊人的利润。而公共利益则要求相关信息最大限度地流动起来，以致能够减少交易成本，并使监管机构能够获得监控金融体系风险的足够信息。

美国国际集团的轰然倒下，揭示出需要提高衍生品市场的透明度，这包括极度不透明的场外交易市场。可行且可信的衍生品应该被标准化和集中交易，这样可以为公众提供即时信息，并迫使衍生品创立公司提供足够的担保。不能被标准化和集中交易的更专业和更神秘的衍生品应在场外市场上交易。买卖双方的双边合同应该在清算所注册，清算所可以明确合同责任，并要求提供足够的担保。比起那些在交易所集中进行的标准化交易，应该对场外交易采用更严厉的资本比率标准。无论如何，应该尽可能地鼓励所有交易标准化。应该收集上述两种类型的衍生品数据，并做到公开可用，以便减少交易成本和方便监管者识别风险。

在这方面，2010 年金融改革法案取得了重大进步。新法案要求大多数衍生品在交易所公开交易，更复杂的衍生品的首次交易应通过清算所来完成。同时，该法案禁止银行参与高风险衍生品的交易。

监管套利

监管套利是一种规避监管的故意行为。为了减少金融体系易于发生危机的脆弱性，这是一个亟待解决的严重问题。金融公司开展监管套利的方式多种多样，最严重的方式有两种，一种是通过“监管采购”来利用监管机构的规则差异性，另一种是利用监管相对宽松的影子银行体系来开展受限制的业务活动。这两种行为都会加剧系统性风险。

历史上美国已经形成了一套复杂而重叠的金融监管体系。举个例子，每个州都建立了独立的委员会来负责监管州内的银行和保险公司。许多州还拥有针对信用协会和债券发行商的监管机构。在这个极端分散的体系中，联邦政府拥有许多监管金融公司的机构，包括联邦存款保险公司、美联储、货币监理署、证券交易委员会和商品期货交易委员会，等等。重复监管的情况经常出现，因为不止一个监管机构对同一类型的金融机构进行监管。从大的方面说，这种监管体系是美国联邦制政府的产物，是根据针对大萧条而逐步实施的不同法案而建立起来的。

一些监管机构自称保护了现存金融体系，促进了有益的竞争和效率，提供了促进金融体系安全的制衡。但事实似乎并非如此，很大程度上是因为这个体系促进了监管套利，在这个体系下金融公司可以选择最为宽松的监管机构。比如，一家商业银行既可以向州政府，也可以向联邦政府申请营业执照。如果它选择州立银行的执照，那么它就有权成为美联储系统的一分子。这些不同的选择决定了它是受州监管机构监管，还是受美联储、货币监理署或者联邦存款保险公司的监管。有证据表明，不仅银行希望受到宽松的监管，而且“监管采购”的现状也会使得不同的监管机构为了维护它们的地位和存在价值而放松监管。现存监管体系已经削弱了目前的银行监管。

为了提高监管效率和促进金融稳定，这种复杂而重叠的监管体系需要合并和简化。过去，这种地盘之争使得改革难以推行，克林顿政府曾经提议将复杂而重叠的监管结构整合成单一的新监管机构，但却因担忧地位受到削弱而遭到了美联储和其他机构的强烈反对。美联储很可能是监管权力集中化的合理所在。这样做既加强了货币政策与金融监管相协调的重要性，也有利于利用美联储的专业性和相对政治独立性。不幸的是，2010 年颁布的金融改革法案将原有拼凑性的监管结构原封不动地保留了下来。

银行利用影子银行体系同样可以开展监管套利，最近几年这个问题变得尤为严重。直到最近的一二十年，以接受金融安全网保护为回报，商业银行才开始乐于接受监管。安全网包括联邦存款保险和美联储贴现窗口使用权，两者都降低了金融体系发生危机的脆弱性。随着冒险逐利行为的不断升级，银行开始将越来越多的行动转移到影子银行体系进行——公司可以发挥银行功能，但不必受到像银行一样的监管。这些行动，辅以金融工程技术，能够让银行规避资本比率要求，并放大杠杆率作用。考虑到许多影子银行具有系统重要性，例如美国国际集团和雷曼兄弟公司失败所显示的，所以它们也应像银行一样，接受资本比率要求和其他监管限制。而且，监管措施必须不仅应用于影子银行体系中的大公司，而且也要应用于小公司。否则，就会出现大公司向小公司转变的行为，导致新的监管套利形式的出现。总体来说，小公司的行为也能造成系统性的重大影响。

监管激励

就算有合适的监管措施，如果监管者缺乏竞争意愿或激励机制去推动它们，监管行动也会失效。不少批评家指出，大危机的源头并不是没有合适的监管措施，而是监管者缺乏竞争和激励。监管者已经懒于采取适当的行动。举个例子，监管者经常不愿意关闭一个濒临倒闭的大型金融公司，部分原因也许是出于对倒闭后果的不确定和担忧。在来自说客的强大压力下，监管者更倾向于选择“宽容”，它们没能关闭那些技术上已经破产的公司，发生于 20 世纪 80 年代的储贷危机便是一个众所周知的例子。而监管者和被监管机构之间的旋转门效应也产生了异乎寻常的利益冲突，使得监管者的决定更加复杂化。

监管者通常只能从那些地位重要的被监管机构获得一小部分酬劳。传统观点认为，监管者的能力和积极性都赶不上被监管者。过去10年大量的监管失败案例表明，监管者在公众心目的地位需要提升，他们应该被非常重要而有声望地对待。公众必须理解这些职位对社会的价值，而且监管者的薪酬也应该大幅提高。我们需要吸引有服务公众的使命感的理想主义者，像拉尔夫·纳德（美国现代环境保护运动中的重要人物，被视为美国消费者运动之父）或者伊利莎白·沃伦（消费者保护署的积极倡导与游说者）这样的人，吸收他们加入监管体系并在其中担任要职。

一项基于市场的建议最近被哈佛大学和芝加哥大学的教授提出。奥利佛·哈特和路易吉·津加莱斯建议运用市场信号促使迟钝的监管机构迅速行动起来。[4]这项建议的运行原理为：正如后备资本计划，金融公司将被要求满足两层资本监管要求。除了需要满足资本比率要求外，金融公司还被要求发行初级长期债券——只有在其他债务得到清偿之后，这项债务才能被偿付，这些债券能够在市场上交易。如果银行出现问题，并且资本受损，债券价格将会下跌，并向公众发出问题信号。但是，由于公司债券市场相对来说比较狭小，而且流动性不强，所以价格和收益提供的信号可能并不完全可靠。哈特和津加莱斯认为，流动性更强的债券能够如实反映公司的财务状况，它能被设计成信用违约互换工具，给银行债券提供担保的信用违约互换工具的价格，反映了银行债务不能被全额偿付的可能性。

如果信用违约互换工具的价格上升到了一个特定的水平，说明市场察觉到银行大幅上升的风险，监管者就应该介入，并开展压力测试，测试各种假设性的冲击如何影响银行的财务变化。如果银行通过了压力测试，则说明银行被充分资本化。如果失败了，银行就会被要求额外增加资本。如果这些措施都失败了，那么银行就将被接管或者出售，股东被扫地出门。这项建议——假设信贷违约互换市场能为即将出现的问题提供可靠而前瞻性的信号，将导致关键性的监管行动，否则可能毫无用处。通过消除监管者行动的随机性，这项建议解决了监管宽容的问题，并提供了确保及时干预的机制。

政府资助按揭贷款企业的政策

房地美和房利美公司建立的目的是通过改善按揭贷款市场的运行和降低按揭贷款成本，提高住房所有率水平。这是对美国房屋所有者的众多补贴政策之一。一些人认为这种对房屋所有者提供优惠的政策对租房者来说有失公平，其他人则怀疑提高住房所有率的好处。这些人都建议废除政府资助按揭贷款企业政策。

另外一些人认为推进住房所有率是有益于社会的目标，认为应该继续对按揭贷款企业提供资助以推动这个目标，包括继续实行政府资助按揭贷款企业政策。如果这个观点被采纳，那么消除国家资助按揭贷款企业的双重目标——提高公共利益与高级雇员薪酬最大化——之间的冲突则是极为重要的。做到这一点的一个可行方式是，回归房地美和房利美的创办初衷即纯粹的公众利益，高级雇员应该根据技能和经验获得薪酬，但是要取消基于短期利润的奖金。重新定位的公司应该恢复它们的证券化和按揭担保的原始功能，通过满足严格的标准，确保纳税人的风险处于较低水平。2010年颁布的《华尔街改革和消费者权益保护法案》（多德—弗兰克法案），没能解决房地美和房利美的地位问题。这个有争议的问题很可能会在2011年和2012年引起国会的注意。

V. 结论

在国会作证之前，高盛集团CEO罗伊德·贝克兰梵认为大危机是一场意外的、无法避免的事件，就像天灾一样。这个推断是不正确的，甚至是危险的，因为它不再强调实行适当的监管改革的紧迫性。现实中，我们放任危机诱因的酝酿与发展，严重的金融危机就是可预见到的必然结果。只是我们不能预见灾难发生的时间表。

改革的康庄大道有两条，它们都可以消除现代经济体系易于发生严重金融危机的脆弱性：一是更为彻底的方法，改革金融体系的结构，消除少数问题机构倒闭影响整个金融体系安全的可能性。这就需要对金融业进行大规模的重构，将单个金融公司变得足够小，以便允许任何公司倒闭。2010年颁布的金融改革法案回避了彻底性的改革。二是更为实际的方法，制定一系列改革措施，促进单个机构的发展与金融和经济的长期稳定相一致。这一策略为2010年颁布的改革法案所接受。然而，经国会通过和奥巴马总统签署的最终妥协法案中，几项建设性的提议被删除。如果这项法案不能在今后10~20年内避免大危机的再次发生，直指巨型金融机构的公众愤怒将促使我们进行更为彻底的改革。

注释

① 对美联储主席伯克南、美国财长鲍尔森和纽约联储主席盖特纳围绕雷曼事件所作的有魄力的决议和行动的说明，见2009年9月21日《纽约时报》第56~81页，“八天”，作者：詹姆斯·B. 斯图尔特。

② 《13位银行家》，作者：西蒙·约翰逊和詹姆斯·夸克，纽约，派特农图书，2010。

③ 这是一个关于普遍性的“监管俘虏”现象的例子，被监管公司“俘获”监管机构。一个可行的金融改革计划必须解决这种有害的现象。

④ 见《国家事务》，“控制华尔街风险”，奥利佛·哈特和路易吉·津加莱斯，2010年春。